为什么孩子越大，我们越疏远

伤心父母的自我疗愈与亲情重建

[美]
约书亚·科尔曼
Joshua Coleman

著

高李义

译

新华出版社

图书在版编目（CIP）数据

为什么孩子越大，我们越疏远：伤心父母的自我疗愈与亲情重建 /（美）约书亚·科尔曼著；高李义译. —北京：新华出版社，2024.2
书名原文：when parents hurt
ISBN 978-7-5166-7318-8

Ⅰ.①为… Ⅱ.①约… ②高… Ⅲ.①家庭教育—经验—美国 Ⅳ.①G789.712

中国国家版本馆CIP数据核字（2024）第049682号

著作权合同登记号：01-2024-0300

WHEN PARENTS HURT:
Compassionate Strategies When You and Your Grown Child Don't Get Along
Copyright © 2007 by Joshua Coleman, Ph. D. All rights reserved.
This edition arranged with Joshua Coleman, Ph. D.
through Andrew Nurnberg Associates International Limited.

本书中文简体版权归属于新华出版社和东方巴别塔（北京）文化传媒有限公司
版权所有

为什么孩子越大，我们越疏远：伤心父母的自我疗愈与亲情重建

作　　者：［美］约书亚·科尔曼	译　　者：高李义
出 版 人：匡乐成	特约策划：巴别塔文化
责任编辑：樊文睿	特约编辑：赵昕培
责任校对：刘保利	封面设计：蔡炎斌

出版发行：新华出版社	
地　　址：北京市石景山区京原路8号	邮　　编：100040
网　　址：http://www.xinhuapub.com	
经　　销：新华书店、新华出版社天猫旗舰店、京东旗舰店及各大网店	
购书热线：010-63077122	中国新闻书店购书热线：010-63072012
照　　排：胡凤翼	
印　　刷：天津鸿景印刷有限公司	
成品尺寸：145mm×210mm　32开	
印　　张：11	字　　数：218千字
版　　次：2024年4月第一版	印　　次：2024年4月第一次印刷
书　　号：ISBN 978-7-5166-7318-8	
定　　价：68.00元	

版权专有，侵权必究。如有质量问题，请与出版社联系调换：010-63077124

献给本书读者

目录
CONTENTS

第一章 —— 001

动辄得咎的父母
与子女关系不佳,我做错了什么?

第二章 —— 011

做父母,我们总是新手
我们都不完美,我们都能成长。

第三章 —— 031

内疚从何而来
为真实的错误负责,向臆想的失败告别。

第四章

观念分歧

043

用宽恕弥合鸿沟。

第五章

当代父母的新挑战

071

新时代带来新挑战,我们没有经验可循。

第六章

羞耻因何而起

091

别用羞耻审判自己。

第七章

个体差异与互不匹配

113

家庭的理想是和而不同。

第八章

棘手的青春期

应对青春期的孩子需要宽严相济。

145

第九章

离婚的伤害

一段婚姻结束不等于我是失败的家长。

173

第十章

问题婚姻与问题配偶

队友拖了后腿,我需尽力而为。

205

第十一章

子女长大却没有成人

希望子女成功理所应当,但亲子双方都有自己的生活。

231

第十二章

冷漠的成年子女

265

我就在这里,不离不弃。

第十三章

父母也曾是孩子

295

终止冲突的代际传递。

后　记	321
致　谢	324
注　释	327
附　录　当顾家的男人三思而行	340

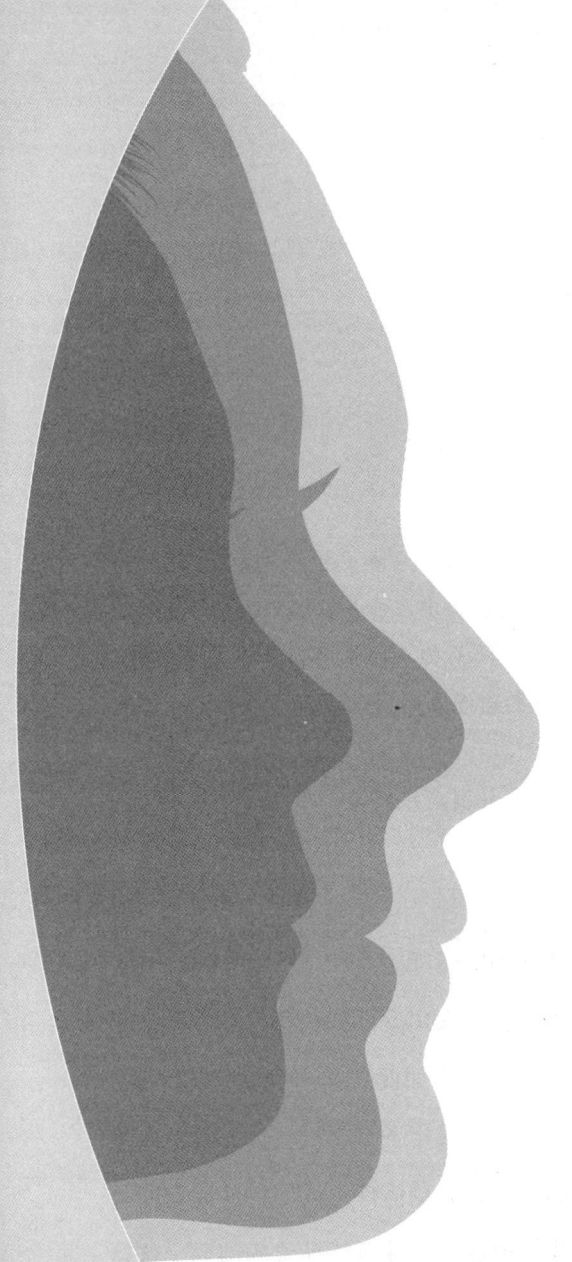

第一章
动辄得咎的父母

与子女关系不佳，我做错了什么？

亲爱的妈妈：

  我已经决定再也不和你有任何联系。请不要再给我写信或打电话。我无法不去想，在我的成长过程中，你从未陪伴在我身边。每次见到你或与你交谈，我都会在随后的几周里感到沮丧、愤怒和不安。这对我来说不值得，我需要继续自己的生活。请尊重我的意愿，不要再联系我。

——23 岁的克拉丽斯写给 48 岁的母亲菲奥娜的信

  第一次前来就诊时，菲奥娜坐在我的沙发上，没看我一眼，也没说一句话。她把手伸进钱包，取出女儿的信递给我。她似乎在说"这就足以说明一切了"。的确如此。作为一名心理学家，我曾为许多像菲奥娜的女儿这样的成年子女提供咨询。在某些情况下，我帮助他们像克拉丽斯一样起草信件，或支持他们切断与父母一方或双方的联系。我知道这些信件可能导致的结局。这是一件十分严肃的事，风险极大。除非治疗师仔细考虑过这些决定的长期影响，否则他无权就此提供建议。

　　我同情坐在我面前的这位悲伤的母亲，因为我知道这封信可能是菲奥娜与女儿的最后一次联系。一大堆问题已然在我脑海中回荡。她女儿为何对她如此愤怒？为了修复母女关系，菲奥娜做了哪些尝试？她有多大能力承担责任或以非防御性的方式倾听女儿的抱怨？她会在多大程度上接受我提出的应对之策？

　　"我很替你难过，"我边说边把信递回去，"这一定让你很痛苦。"

　　菲奥娜看上去松了口气，好像她本以为我会责备她。"我无时无刻不在为她担心。我一直在想，我做了什么可怕的事，竟让自己的孩子与我反目？我自己肯定犯了不少错误，但我对待她的方式和对待其他三个孩子的方式并没有太大差异。"她开始抽泣，"在我的四个孩子中，克拉丽斯一直是最难相处的。即使在她小的时候，似乎也很难取悦她。我们为她做了一切。个人治疗、家庭治疗、药物治疗……能想到的办法我们都尝试过，可是似乎没有什么能让她感到快乐，或者觉得我们之间存在亲密关系。我的其他孩子都讨厌她，因为她把家里本该属于他们四个人的所有时间、精力和金钱都吸干了。她也不和我的其他孩子说话——除了年纪最小的那个。这真是令人心碎。"她边说边伸手抓取纸巾，"太令人心碎了！"

父母应该受到指责吗？

不久前，我还会认为菲奥娜一定是做了什么大错特错的事，才导致她的女儿产生如此剧烈的反应。我接受的心理学培训告诉我，成年子女的问题总是与父母的某种虐待息息相关。虽然这通常是事实，但并非所有家庭都是如此。如果这是事实，情况往往比大多数治疗师和心理自助书籍作者意识到的要复杂得多。

经过随后几个月的咨询，我逐渐发现菲奥娜是一位通情达理、认真负责的母亲。正如她的故事和其他故事表明的那样，你有可能成为一位尽职尽责的家长，但事情仍可能不如你所愿。即使你每一件事都做对了，你的孩子长大后仍可能不愿与你建立你一直希望建立的那种关系。即使你每一件事都做对了，你的孩子最终仍有可能走上歧途，让你痛心不已。即使你每一件事都做对了，你的孩子仍有可能看起来迷茫无措、失去更多，而且选择同样迷茫的人当朋友或伴侣。即使你每一件事都做对了，尽管你的孩子拥有天赋和才华，或者拥有大多数人梦寐以求的智商，他仍有可能无法成功地步入成年阶段。

我们中很少有人能够摆脱对子女的愧疚。这可能是我们进化遗产的一部分，是大自然让我们对子女保持敏感的一种方式，哪怕是在他们长大成人之后。有些父母需要对危害孩子的越界行为负责。虐待、乱伦、忽视和酗酒是越界行为的几种令人震惊的极端情况。然而，无论父母的过错是轻是重、是真是假，如今的父母都因子女的失败和指责困惑不已。他们需要的是对自己的指导和支持,而不是更多关于如何对待孩子的建议。

青少年和成年子女给家长造成的伤害

由于养育任何年龄段的孩子都会遇到挑战和挑衅性事件,我原本可以从母亲分娩开始,一直写到孩子的各个发展阶段。然而,我选择将本书主题局限于青少年和成年子女造成的伤害。我之所以从青少年开始,是因为亲子之间最激烈的对抗始于青春期。尽管许多父母希望或祈祷他们的孩子有一天长大成人,摆脱像秋千一样的情绪波动、难以"融入"群体、叛逆,以及脾气令人难以忍受的问题,但大多数父母在孩子青春期时就开始意识到,他们即将成年的子女现在可能与2岁、5岁和10岁时没有什么两样,也不会更容易相处。他们改变的只有发型和着装。

成年子女则是另一回事。撇开经济因素不谈,年轻人几乎完全可以自由决定是否与你待在一起。而年幼的子女只有在父母离婚时才有类似的自由。在父母离异的情况下,法院裁决或生活安排可以使孩子在与无监护权家长相处多长时间上有更多选择。

换句话说,成年子女可以更加自由地对父母的快乐和幸福发起"猛攻",对自己的成长经历有自己的看法,并且理直气壮地陈述这些主张。这是他们的童年,不是你的童年;是他们的经历,不是你的经历。如果以上说法还不清楚,那这么说吧——现在他们成年了，过的是自己的生活！成年子女现在可以平等地与父母协商确定亲子关系的亲疏远近，而这在历史上是闻所未闻的。

这不是育儿书籍

养育子女是光荣也充满艰辛的，它是一项危险的任务。你投入大把时间，审视每一个决定和行动，尽你所能。然而，那个曾经崇拜你、需要你的孩子现在可能会拒绝你、羞辱你或贬低你。那个曾经最令你快乐和骄傲的年轻人可能会最令你担忧和失望。那个曾经给你写亲昵的字条、给你拥抱的可爱孩子现在对你爱搭不理，或者对你竖起中指。

一些父母经过多年的治疗、药物试验、自我反省或家庭干预后得出如下结论：其他父母以及所有儿科医生、心理学家和脱口秀都说，只要按部就班，所有父母都可以与孩子建立期待已久的关系；我应该停止听从这些人的意见。本书就是为这些父母撰写的。这些父母认定这些善意的顾问太天真或被误导了，又或者单纯是无知和错误的，因为坦率地说，他们的确如此。这些顾问的建议基于一种育儿模式，而对那些每次打开青少年子女的房门或连试图让成年子女回电话时都会感到痛苦、内疚或失望的人来说，这种模式几乎没有帮助。

后续章节简介

本书第二章将帮助你了解你和你孩子现在的关系以及这种关系出现的原因。该章概述了你身为父母可能受到的种种伤害，并将提出问题，帮助你开始思考自己为什么会受到伤害以及你需要怎么做。

虽然所有父母都不免心存内疚，但一些父母一直认为他们毁了自己的孩子，有时甚至是在没有任何相应证据的情况下产生这样的看法。第三章和第四章旨在为那些对自己过去的行为感到内疚或者在应对子女当下指责方面需要帮助的父母提供指导。

当下人们关于育儿和子女的理想信念在历史上是前所未有的。我们关于子女需要什么和父母应该如何行事的大多数想法在很多方面都存在缺陷，这些想法大大加剧了父母的羞耻感和失败感，它们促使子女和其他人觉得自己有权将子女有问题、存在不足或与父母关系不佳归咎于他们的父母。"父母"和"子女"这两个概念的定义每隔一百年，甚至每隔几十年就会发生变化。第五章将试着基于历史和经济的背景对今天的父母加以审视。

第六章探讨了许多父母在与子女关系紧张之际感到的羞耻。我们将研究你容易感到羞耻的原因，并为克服这些感觉提供指导和练习。

第七章详细介绍了父母和子女性格不合时会出现的问题。有些事对父母而言再自然不过，但却完全不能被孩子接受，甚至与孩子的需求相悖。在遇到这样的事情时，亲子间就会出现不和。我们将关注性格不合如何在亲子关系中造成长期冲突，并提供建议和解决方案。

青少年可能会让父母感到自己不称职、愤怒、害怕和绝望。如今，青少年的父母面临着特殊的挑战，原因是同龄群体日益强大的力量正取代父母的权威。第八章旨在帮助父母应对难以管教的青少年引发的各种棘手情绪，并就如何以及何时进行干预提供指导。

第九章着眼于父母因离婚而产生的内疚、混乱和失落情绪。本章还将研究前配偶和再婚家庭可能导致的离异父母与子女间的疏远，并提供指导和练习。

虽然离婚会导致父母和子女之间的关系紧张，但难以为继的婚姻也会造成同样的影响。在第十章中，我们将关注当配偶或伴侣使你更难成为一个好家长时出现的创伤。常见的情况包括配偶或伴侣沟通能力差和他们存在愤怒管理问题、虐待行为、精神障碍或成瘾问题。文中将提供相应的指导和练习。

在第十一章中，我将为一些伤心的父母提供帮助。他们之所以伤心，是因为他们的青少年或成年子女无法开启自己的生活。这些子女包括那些已经搬出家门的孩子和仍然住在家里的孩子。

对父母来说，最痛苦的经历之一莫过于成年子女拒绝与自己建立关系或让这种关系变得极其难以应对。第十二章正是为那些被成年子女拒绝的父母写的。这些子女要么不断指责父母，要么

第一章　动辄得咎的父母

完全切断与父母的联系。文中将就何时继续追求、何时放弃与子女的关系，以及如何获得内心的宁静给出指导。

育儿之所以困难，部分原因在于子女会触发你自己在童年时期的痛苦情绪。在第十三章中，我们将探讨你自己的童年经历如何影响你的育儿方式，以及你对孩子对待你的方式作出的反应。文中将给出建议、练习和指导。

本书的目标读者

本书是为有以下情况的父母创作的：

- 对于自己对待孩子的方式感到万分内疚、羞愧和懊悔。
- 养育因疾病或性格而难以教养的子女，甚至难以对这些子女付出爱。
- 与孩子的关系因离婚而发生深刻变化。这种变化包括子女拒绝或指责你、拒绝与你接触，以及因你离婚而受到伤害。
- 现任或前任配偶一心想要破坏你在子女心目中的形象。
- 尽职尽责但成年子女拒绝与你联系。
- 因伴侣（包括前配偶或现配偶、男友或女友）的缘故无法如愿给予孩子安全感或无法精心养育孩子。
- 在重要方面与孩子存在差异。例如，你成功且有上进心而孩子有学习障碍；你脆弱、缺乏安全感而孩子具有攻击性、拒人于千里之外；你情绪低落而孩子积极主动、敢于冒险。
- 因成年子女不快乐或不成功而受到伤害。

如果你在抚养孩子的过程中失去了一些重要的东西，比如你的风度、自尊，成为你渴望成为的父母的机会，或者修复你自己痛苦的童年所造成伤害的潜力，那么这本书就是为你准备的。虽然有数以千计的书告诉你如何更好地养育子女，但是没有一本书关注一个同样重要的主题：治愈父母的创伤。如果后者是你的目标，这本书就是为你写的。

第二章

做父母，我们总是新手

我们都不完美，我们都能成长。

常有父母前来找我咨询时，在前一天晚上刚刚责骂了自己蹒跚学步的孩子。他们这样做是因为孩子做出某种令人不快的行为，比如咬了妹妹的鼻子，或者在猫去猫砂盆时踢了它一脚。这些父母会问我，他们是否应该现在就开始为无法避免的心理治疗攒钱。他们会设想孩子向一位不时点头的心理治疗师倾诉，描述母亲残酷和不公正地责骂他的情景，并且说他受到这样的对待只是因为他正常地和妹妹玩耍或温柔地抚摸家里的猫。"我妈妈真坏。难怪我有亲密关系问题！"

虽然一些育儿行为会给孩子造成问题，但我认为，我们需要更加细致和完整地考虑问题，而不是只关注治疗师、政客和脱口秀主持人的看法。我们有必要更广泛地关注现实，因为诸如基因、经济、同龄群体、兄弟姐妹、文化和个性的影响因素会使一些孩子让他们平庸的父母看起来和自我感觉很好，而使另一些孩子让他们杰出的父母看起来和自我感觉很糟糕。有些孩子天生就会让父母屡屡犯错、痛心不已。有些环境会造成孩子的问题，而

第二章 做父母，我们总是新手

这些问题与父母是否完全遵循最新和最佳的育儿建议关系不大。

由于育儿是一门近似的科学，因此对每个孩子而言都完美的结果或干预方法往往不存在。在试图让一个敏感的孩子感到安全时，我们可能被指责过度保护孩子，没能提供合适的环境让他学会容忍焦虑和恐惧。在试图让一个叛逆的孩子更加顺从时，我们可能被指责过度限制孩子，错过了他乐于配合以及兴致盎然的时刻。这些"错误"可能源自我们对表达爱的尝试，也可能源自疲惫、强烈的担忧，或者只是源自因为不得不向一个需要不断重新平衡的系统提供反馈而感到的难以言喻的烦躁。

虽然父母应该平等地爱所有孩子[1]，但无论是在孩子年幼时还是长大后，父母对每个孩子的感觉都并不相同。这有什么奇怪的吗？一个对渴望温情和爱的父母表现出温情和爱的孩子[2]，会比一个难以抚慰、叛逆和沉默寡言的孩子得到更多的回应和温柔。

所有难以管教的孩子都倾向于表现出我们希望避免在自己身上看到或让世界上的其他人知晓的行为和情绪。我们会因孩子的不良表现发脾气，说一些我们永远无法想象自己会说出的愚蠢的、伤人的话，并祈祷在杂货店里或亲戚聚餐时没有人听到这些。与各年龄段的孩子相处的种种困难[3]让父母感到沮丧、羞愧，并嫉妒所有与子女融洽相处的父母。

完善育儿方式

研究型心理学家戴安娜·鲍姆林德（Diana Baumrind）的权威型教养理论[4]影响了众多家长和心理学家。这是一个有用的概念，也是我经常向那些寻求一般准则的父母推荐的概念。从这个角度来看，父母分为三种类型：专制型、宽容型和权威型。专制型父母的特点是过多地控制孩子，很少表现出爱。宽容型父母的特点是表现出大量的爱和极少的控制。权威型父母表现出大量的爱和大量的控制。鲍姆林德的研究结果表明，总的来说，权威型教养方式是子女成功发展的最佳预测指标。

人们很容易得出结论："因此，如果你是权威型父母，便可以轻而易举地完成育儿工作。你可以通过提供适度的爱和控制，将完美的孩子培养成一个健康的成年人。"但实际情况并非总是如此。育儿工作之所以令人困惑进而危机四伏[5]，其部分原因在于，适用于甲的方法未必适用于乙。有些父母对某些类型的孩子很有一套，但对另一些孩子却毫无办法；有些父母会带男孩而不会带女孩，或者会带女孩而不会带男孩。还有些父母甚至觉得，养猫胜过养孩子。

有些孩子就是容易抚养。几年前，我前往洛杉矶拜访儿时的朋友肯尼，在他家遇到了几个乖巧的年轻人。肯尼把我介绍给他的妻子后，我们在他的客厅里坐下来。除了收音机转到了一个经典摇滚电台后发出的乐声，屋子里静得出奇。

第二章 做父母，我们总是新手

"唉，真遗憾。"我环顾他那整洁得令人生疑的家说道。

"怎么了？"他问。

"我本想见见你的女儿们。你不是说她们会在家吗？"

"哦，她们在家。她们在隔壁房间里一起玩儿。我想她们可能在一起看书，或者只是做她们想做的事。"接着，他提高声音喊道："埃米莉、埃莉丝，出来吧！我想让你们见个人。"

他的两个女儿分别是 9 岁和 13 岁。两人像电视上孩子们走进房间那样，面带微笑、神色平静地走进了客厅。如果在电视上看到她们，观众会觉得电视台给她们的报酬很不错。

"我想让你们见见我的朋友乔希。"肯尼介绍道。

"嘿，乔希。"年长的女孩说。"嘿，乔希。"年幼的女孩以同样的口吻说道。她与姐姐极其相似，只是年纪较小而已。女孩们在我们面前的地板上坐下来。之后，肯尼和我不间断地聊了一个半小时。嗯，一个半小时。

"伙计，"我说，"你是怎么让她们这样做的？"

"哦，她们总是这样。她们是真正的乖孩子。"

啊哈！这就对了。她们是乖孩子！但我的孩子们不是乖孩子吗？在杂货店的收银台旁练习摔跤动作会让他们成为坏孩子吗？尽管当我有朋友到访时，他们会不断打断我，让我不断地要求他们："等一下，等一下，亲爱的，你打断我了。好的，等一下。亲爱的，好的，你能不能……你能不能让我把话说完！"——这会让他们成为不乖的孩子吗？

"是的,我的孩子也不错。"我说。我的孩子们是好孩子,只是他们不容易相处。他们一点儿都不容易相处。

事实上,我的儿子们很吵闹,而且总是动个不停。正因为如此,作为家长,我有很大一部分精力用于控制和约束他们,这样他们就不会把我们的房子拆了,然后用残垣断壁建造滑板坡道。我对女儿比对他们要有耐心得多。她的性格平静而内敛,这就为玩耍、交谈或阅读腾出了时间。多么美好的画面!

因为我的儿子们是异卵双胞胎,所以我能进行自己的特别科学实验,可以观察到相同的教养方式如何养出两个截然不同的15岁男孩。例如,他们中的一个似乎不受父母干预的影响。如果我的一次谈话最终以"因为这是我的命令!"无礼地结束,那我一定是在和他谈话。我很喜欢他,钦佩他的人格力量。然而,他很难理解"不"这个字,这意味着我们的关系会比我期望中的更纠结。对他采用以冷静和明确设限为特征的权威型教养方式?当然可以,不过得在我几杯马提尼酒下肚之后。

我另一个儿子的情况正好相反。当我感到不耐烦时,我可以看到自己的情绪像低烧一样笼罩着他。他的兄弟似乎对我的行为视而不见,而他却像声呐一样在不断变化的海底追踪它。这让他变得多愁善感,很容易对事情太过耿耿于怀。

我的成年女儿的性情介于两个弟弟之间。她的适应能力和我那个多愁善感的儿子一样强,但她的天性会不断转变。如果不注意,她回过头来就会让我难堪。她小时候很随和,但在青春期和

第二章 做父母，我们总是新手

成年初期，她收回了童年时出让的每一寸土地。

正是因为我和女儿的关系，我才决定写这本书。我在20多岁时结婚又离婚，并在19年前再婚，之后才有了双胞胎儿子。虽然我的女儿现在和我非常亲密，但在她年轻时，有好几年，她几乎不回我的电话，也没什么兴趣见我。那几年时光艰难而令我迷茫。还是别提了，那是我生命中最痛苦和困惑的几年。

我们都预期在某个时刻放开孩子。在某种程度上，当他们第一次步履蹒跚地走出我们的怀抱时，我们就开始为失去他们而悲伤。但没有父母希望如此。多年之后，当你看到一张旧照片上3岁的孩子坐在你肩膀上，快乐天真地把小脑袋靠在你头上，对着蔚蓝无云的天空微笑时，你不会想放开孩子。当你迫切想要成为一个慈爱的好家长，并在似乎越来越没有保障的世界上收获看似显而易见和万无一失的回报时，你不会想放开孩子。你永远不会预期将来不断尝试用一个周末、一天、一封信、一个电话来试探和修补离婚的余波以及它埋下的隐患给亲子关系造成的裂痕。你不会、不会，永远不会。

然而，无论你处于离婚还是结婚状态，这种情况都有可能发生。而且，根据我的来访者和朋友的经历判断，这种情况经常发生。我经常收到一些父母的来信。他们怀着深深的失落和渴望、内疚和悲痛、愤怒和羞愧，对他们对待孩子的方式感到懊悔，对他们的孩子对待他们的方式感到遗憾，对他们生活的转变感到难过。懊悔、遗憾、难过。

他们都想知道下面这些问题的答案：我应该如何应对这些感觉？我担心孩子的生活，不论他是不是和我生活在一起；我担心孩子可能永远不会振作起来，成为一个功能健全的成年人；我担心再也见不到或再也不能接近世界上对我最重要的那个人；谁应该理解我的这些忧虑？

如果向别人承认你的感受会招致更多的羞辱，而且这种羞辱来自他们善意但往往伤人或令人茫然的建议，你如何袒露自己的心声？无论表达得多么不明确，这些建议产生的前提都是：你一定做错了什么，才会在大多数人认为不可破坏的关系中制造距离或问题。

我可以谈论这些，因为对我来说那些年似乎安然无恙地过去了，或者说我希望如此。需要架设的桥梁已经架好，我和女儿脚下的流水相对清晰。幸运的是，在我处理与女儿的关系时，我有几个朋友已经经历过类似的关系破裂，或与我同时经历这些。他们的青少年子女或年轻的成年子女与成瘾问题、饮食失调、焦虑、抑郁、自残、自杀未遂、糟糕的学业做斗争，或者只是将他们推开。其他为人父母的朋友提供的智慧和指导是无价的——当你想给孩子发一封愤怒的信、对他退学的行为进行报复，或者提出大量不必要的建议时，他们能让你冷静下来。

由于我的亲身经历，当一些父母找我咨询，向我展示他们刚刚寄给孩子的自以为是、充满内疚的信，我对他们只有同情。这些信详细说明了他们强烈地感到担心，觉得自己被不公平地对待、贬低、抛弃了。在绝望和痛苦中，父母们以某种口吻写下："你这个忘恩负义的小屁孩！我已经厌倦了被当作坏人。如果你想见到我或改变我们的关系，你主动联系我，寻求改变！"

我的回答几乎总是一样的："我完全可以理解你为什么写这样的信。这对我来说是完全说得通的。然而，我认为你现在必须给你的孩子写一封不同的信。"

本书的很大一部分内容都将与这封不同的信有关。说白了，我对你孩子的兴趣不如我对你的兴趣强。你的孩子无论多么娇贵，如果他需要，都可以接受心理治疗。我的重点是你和你的健康。如果我向你提供育儿建议（我偶尔会这样做），与其说这是因为我希望你成为一位好家长，不如说是我希望你能重新站起来。

你需要一个向导，因为关于这个话题的资料并不多。父母的内心世界几乎是一个禁忌话题，除非它涉及调动资源来创造一个完美的孩子。

造成影响的不仅是父母

以免我没有说清楚，我要补充一句，除了作为父母的你的行为，还有许多外部因素影响着你的感受和孩子的成长。亲子关系并不是凭空形成的。例如，行为遗传学领域的新发现表明[6]，孩子同样有可能影响父母的行为方式。尽管儿童发展方面的研究已有数十年历史，但我们中的许多人仍然处于让-雅克·卢梭（Jean-

Jacques Rousseau）的观点和约翰·洛克（John Locke）的观点之间。前者认为儿童是完全天真无邪的；而后者认为孩子是空白的画布，供父母在上面描绘自己的野心和渴望。本书试图重塑这一观点。

最近在儿童发展和遗传学方面的研究结果[7]很有价值，因为它们表明，儿童来到这个世界时所具备的行为能力远超我们的想象。几乎打从子宫里出来的那一刻起，他们就在审视我们，看什么是有效的。这项研究表明，大约一半的儿童行为与我们的疼爱程度、积极倾听和我们提供的刺激性环境无关，而与身体的构造者——DNA——告诉它的东西息息相关。

此外，当大多数人（特别是心理学家）谈论先天和后天时，我们认为后天就是父母的教养行为。事实证明，更准确的说法是基因和环境各占一半，而且环境绝非简单地与父母和刻毒伤人的兄长相关。从这个角度来看，全面的环境观必须回答以下问题：

- 父母对子女遗传的气质做何反应？例如，我们现在知道，子女的攻击性气质会大大增加父母作出攻击性反应的可能性（行为遗传学家称之为子女对父母的影响）[8]。
- 父母的基因是如何影响他们的行为以及他们对子女的反应的[9]？
- 兄弟姐妹对某一子女或其与父母的关系做何反应[10]？研究表明，孩子经常将父母对待兄弟姐妹的方式与对待自己的方式进行比较,这种感知中的待遇差异会影响他们的发展。此外,遗传学研究表明,兄弟姐妹之间存在惊人的差异,这些差异可能会影响他们对父母的看法,包括父母是好是坏、公平与否、关爱他们还是忽视他们。

但请等等。影响孩子发展的因素还有很多!

- 孩子会选择哪个同龄群体[11]?为什么?
- 孩子被排除在哪些同龄群体之外?
- 孩子与老师或其他重要人物有哪些积极的经历,从而使他的生活朝着特定方向发展?
- 孩子有哪些消极的经历?
- 成长中的青少年或年轻人在就业或家庭之外的有意义活动方面可以得到多少机会?

无论父母提供什么,这些因素对于铺就成功的成年生活而言都十分重要。而这还不是全部!影响孩子发展的因素还包括:

- 文化环境如何要求父母对子女的行为进行管理?
- 父母的经济地位如何[12],它能提供什么优势和保护?父母的经济地位对孩子获得和选择朋友或获得教育机会有何影响?

- 经济地位对文化环境中更具破坏性的方面有多大的隔离作用？
- 父母和子女所处的文化环境为他们提供了多少制度支持和政府支持[13]？
- 文化环境对社区应如何参与养育子女有何要求？

亲子之争

如果前面说的这些都还不够棘手，就想想这一点：孩子从一开始就对自身的最佳利益有自己的打算，而他的利益往往与父母的利益相冲突。你现在可能觉得你与孩子不和，但如果你是一位母亲，你们之间的斗争其实从孕期就开始了。胚胎一形成，它就开始派遣强大的荷尔蒙信使制造胎盘，铺设提供食物、空间和舒适感的补给线。胚胎控制了你的脑垂体[14]，使其合成大量绒毛膜促性腺激素，从而确保妊娠得到保护和维持。在你怀孕的过程中，掌管你身体的是你正在发育的婴儿，而不是你。

在大多数人的妊娠期，这种和谐的安排由母亲和即将出生的孩子之间的相互合作支持着。但有时这个过程会出错[15]。例如，如果母亲的身体无法满足胎儿对富含糖分的血液的需求，那么这一问题就会导致妊娠糖尿病。换句话说，早在孩子长成青少年与你顶嘴之前，还是胎儿的他就已经有了自己的计划和策略，以确保自己得到生存和成长所需的全部资源，而且这些策略有可能危

第二章 做父母，我们总是新手

及给自己提供生存场所之人的健康。听起来是不是很熟悉？

这还只是怀孕时的情况。分娩后，对婴儿有利的东西和对母亲（和父亲）有利的东西继续展开竞争。在所有灵长类动物中，人类婴儿的依赖期最长。因此，他们需要父母投入大量的时间和资源——这些资源可能威胁到母亲、父亲或家族的生存。

从一开始，婴儿就在观察我们[16]，看是什么让我们将头转向他们，又是什么让我们转身离开。事实证明，年仅 1 岁的婴儿就会安抚那些看上去伤心的母亲[17]，或者试着安慰其他沮丧的孩子。到 3 岁时[18]，蹒跚学步的幼儿会努力让母亲把注意力从兄弟姐妹身上转移到正在发育的自己身上。

从孩子的角度来看，他们的生存取决于从父母身上获得尽可能多的时间、营养和情感等关键资源投入的能力，同时努力不疏远身为他们生命线的家长。由于婴幼儿相对无助，他们不得不利用一切才能以获取他们迫切需要的东西。正如进化生物学家罗伯特·特里弗斯（Robert Trivers）所写[19]，"子女无法把母亲甩到地上随意吮吸奶水"。婴儿必须使用自己掌握的一切手段，包括讨人喜欢、大声尖叫，以及在一般情况下做个"爱哭的孩子"，从而在和兄弟姐妹的竞争中以智取胜，从父母处赢得更大的好处。

这样一来，父母和孩子的目标就有可能发生冲突，因为父母除了要培养特定的孩子，还要尽可能明智地将资源分配给其他孩子、自己和其他家庭成员。对于孩子的成长，我们的控制权不如我们想象中多，部分原因在于让孩子放弃那么多控制权不一定符合他们的最佳利益。

你可能在想:"好吧,还有其他原因。但你仍然没有告诉我如何应对我现在经历的所有痛苦。"

我会说到这些的。帮助正在路上。首先,让我们回答几个问题,确定你现在所处的位置。

调查问卷:界定你的问题

选择最能描述你的情况或经历的语句。你可以根据自己的意愿在某个问题中选择多个语句。你可能会发现,一边打钩一边记笔记,把你的想法和感受写成日记,或者写下你认为特别有用或令你不安的主题,都会很有帮助。这部分内容更多地以界定问题为目标,而不是解决问题。解决问题是后面的工作。

在你成为父母时,你的希望和梦想是什么?

☐ 我和孩子将成为最好的朋友或变得非常亲密。

☐ 我将能够成为一个胜过我父母的家长,或者给孩子我自己从未得到的东西。

☐ 为人父母将是我生命中最有意义的经历之一。

☐ 我可以帮助孩子在学习、体育、社交和其他方面表现得很出色。

- ☐ 我能够体验到一种深沉而深切的爱。
- ☐ _____

在这些梦想方面,你感到过怎样的失望?

- ☐ 我觉得我的孩子好像讨厌我。
- ☐ 我经常觉得不喜欢我的孩子,希望自己从未成为父母。
- ☐ 我对我的孩子成为什么样的人以及他选择什么样的生活感到失望。
- ☐ 我犯了许多我父母在我身上犯的错误。
- ☐ 我一直是一个比我父母好得多的家长,然而我的孩子却让我觉得自己很失败。
- ☐ 我认为其他人可以比我更好地抚养我的孩子,这让我感到难过和羞愧。
- ☐ _____

在孩子问题上,你觉得哪种情绪对你来说是最沉重的负担?

- ☐ 内疚。
- ☐ 焦虑。
- ☐ 恐惧。
- ☐ 愤怒。

- ☐ 担忧。
- ☐ 悲伤。
- ☐ 懊悔。
- ☐ 沮丧。
- ☐ 失望。
- ☐ 以上都是。
- ☐ _____

你认为这种情绪出现的最大原因是什么？

- ☐ 作为家长，我过去犯了一些糟糕的错误，并且/或者现在继续犯这些错误。
- ☐ 我的孩子认为我过去不是一个好家长，尽管我认为自己是。
- ☐ 我的孩子认为我现在不是一个好家长，尽管我认为自己是。
- ☐ 离婚对我和孩子相处的时间产生了质量或数量方面的影响。
- ☐ 我前夫（妻）的行为使我的孩子疏远了我。
- ☐ 我很难理解孩子的性情。
- ☐ 我的孩子非常排斥我。
- ☐ 我的孩子看上去和其他孩子不一样。这让我一直为他的未来担心。

- ☐ 我的伴侣或前任伴侣给我的孩子带来了问题。
- ☐ 婚姻或男女关系中的压力使我对孩子反应过度。
- ☐ 我的个人问题导致我没能像我希望的那样成为一位称职的家长。
- ☐ 在孩子的成长过程中,我过于频繁地在外工作,我对此深感担忧或懊悔。
- ☐ 我对使用体罚感到内疚。
- ☐ _____

身为父母对你生活的其他方面有什么影响?

- ☐ 我大部分时间都感到沮丧和不知所措。
- ☐ 我很难专注于生活的其他方面。
- ☐ 我大部分时间都感到内疚和担忧。
- ☐ 我觉得自己的身份和自尊心好像受到了损害。
- ☐ 我被悲伤情绪压倒。
- ☐ 我感到愤怒、痛苦和怨恨。
- ☐ 我为孩子的未来感到害怕。
- ☐ 我的婚姻和其他关系受到了负面影响。
- ☐ 我的工作受到了影响。
- ☐ 我觉得自己一直对孩子或者对我与他的关系感到担忧。
- ☐ _____

如何使用本书

每位家长都面临着自己的挑战。这些困境没有放之四海而皆准的解决办法。根据你的情况，我可能建议你耐心等待，也可能建议你继续联系你处于青春期或成年的子女，不管这有多么不值得或这让你感觉有多么糟糕。在某些情况下，我会建议你对亲子关系中的裂痕承担很大的责任，而在其他情况下，我可能建议你纠正投射在你身上的非常扭曲的自我认知。相较于不虐待孩子但被指责虐待孩子的父母，真正虐待孩子的父母需要一套不同的反应。如果一对父母在孩子16岁时受到他的拒绝，那么当孩子到了21岁、28岁或40岁时，这对父母可能需要采取不同的方式与孩子相处。此外，相较于一个暴饮暴食或有自杀倾向的青少年，一个口无遮拦、令人讨厌的青少年也需要父母作出不同的反应。

在组织这本书的过程中，我考虑到练习对一些读者有帮助，而对另一些读者没有帮助。一些人无法忍受认知行为练习，而另一些人则不愿意在理解当下的问题时不断回顾自己的童年。一些人认为准则有用，而另一些人在受到教育、获得信息或实用建议时表现得更好。因此，本书的大多数章节会提供混合的上述资源。

有一些原则对你的康复至关重要。这些原则基于数百项关于什么能帮助人们从情绪伤害中恢复过来，并在未来免受情绪和生理压力影响的研究。我将它们总结如下。你不需要记住它们。我们将在接下来的论述中详细介绍这些原则。

康复的基本原则

做下述事情有利于你的康复：

- 无论你的何种行为导致你与孩子的关系出现了问题，都要勇敢地承担起责任。
- 弥补你的过错。
- 开始原谅你的孩子过去或现在对你的伤害（这并不意味着宽恕或原谅不良行为，或忽视和贬低你受到的伤害）。
- 开始原谅你作为父母所犯的错误。
- 培养对子女的同情心。
- 培养对自己的同情心。
- 不再过度陷于愤怒、内疚、羞耻和懊悔，将注意力集中于希望、感激和乐观。
- 基于你作为父母和个人的优点和成就，建立你的身份认同，并书写你的人生故事，而不是书写关于你的痛苦或失败的故事。
- 获得并保持来自朋友、家人或信仰的支持。
- 回馈社会。

我知道这些步骤很多,而且每一步都需要你努力。然而,你从这些基本步骤中获得的力量将积极辐射到生活的其他方面。对任何父母来说,管理内疚感都是非常重要的步骤。这就是我们接下来要探讨的话题。

第三章 内疚从何而来

为真实的错误负责，向臆想的失败告别。

认为自己毁了孩子的父母背负着巨大的内疚感、羞耻感和懊悔感。在一些家庭中，这些父母的行为确实有害。然而，即使是不易察觉的育儿错误，或出于好意的育儿错误，也会给父母留下持久的伤痕。此外，因为没有衡量孩子指责的指标，许多父母会错误地认为自己造成了伤害。这些信念可能特别麻烦，因为它们可能使父母的行为产生新的问题。

如今，做一个好家长意味着要对孩子的抱怨保持敏感，这对前几代人而言是闻所未闻的。虽然这种敏感性提高了建立更亲密、更充实关系的可能性，但它也提高了父母在这个过程中感到自己不称职、羞耻或内疚的可能性。就下面的例子进行思考，看看这些指责中隐含的对父母的要求如何变得越来越令人困惑：

- 一个蹒跚学步的孩子在人行道上摔倒了，他因母亲没有采取行动防止自己摔倒而生气。
- 一个蹒跚学步的孩子在人行道上摔倒了，孩子的父亲因妻子没有采取行动防止孩子摔倒而生气。
- 一个 10 岁孩子的老师打电话给孩子父母,说她怀疑他们的儿子"因为家里最近发生的事"在学校遇到了问题。
- 一个 13 岁的孩子告诉母亲自己讨厌她,因为她"太以自我为中心了",并补充道:"难怪爸爸要和你离婚!"
- 一个 18 岁的孩子告诉父母,自己的成瘾问题是一种呼救,并质问父母为什么他们没有早点儿发现并让自己接受治疗。
- 一个 20 岁的年轻人在上完大学二年级后退学了,并告诉父母:"这是你们的错,因为你们总是给我这么大的压力,逼迫我取得成功!你们从来不在乎什么能让我快乐!"
- 一个 30 岁的男子拒绝与母亲有任何联系,因为他认为母亲从来没有为她是个糟糕的家长承担责任。

在 20 世纪下半叶之前[1],很少有父母会对如何处理这些情况感到困惑,特别是在孩子仍然住在家里时。他们深信孩子有义务向父母证明自己有价值,而父母没有义务向孩子证明自己有价值。老派的父母会回应说:"孩子不尊重人,需要摆正他的位置。"虽然这并不总是更好的想法,但这一理念使那时的父母免受如今的父母在面对孩子的抱怨时所受的内疚、自我怀疑、困惑和痛苦的困扰。

本章探讨了内疚在造成父母痛苦方面所起的作用,以及如何忍受孩子的批评和排斥这一棘手问题。本章是为那些在养育子女方面犯了严重错误的父母和那些行为相对无辜的父母写的，也是为那些身处上述两种常见状态之间令人困惑的境地的父母写的。

否认内疚需要付出的代价

康妮是一位单亲妈妈，有一个14岁的女儿。在康妮开始接受治疗时，她已经停止酗酒两个月了。像许多处于恢复初期的人一样，她想通过心理治疗发现过去十年中使她不断借酒浇愁的问题。她的诉求之一是了解父亲的暴怒怎样破坏了她的自信心和安全感。

虽然她没有直说，但我怀疑康妮对自己教养女儿方式的感受也是痛苦的来源。我之所以得出这个结论，是因为每当我询问她女儿的情况时，她都会说："她经常抱怨身为母亲的我不在她身边。但是，天啊，我现在不酗酒了。我以为她会为此高兴。"或者说："哦，她的经历不及我成长过程的一半糟糕，她必须改变这种自以为是的态度。"很明显，在康妮女儿的这些抗议和批评背后，潜藏着康妮对自己多年来作为家长的行为感到的内疚和懊悔。

为什么康妮会对女儿的抱怨如此不屑一顾？因为她急于减轻自己作为母亲感受到的无意识的内疚、悲伤和遗憾。康妮儿时的愿望之一是，她在成为母亲后绝不像父母对待自己那样对待孩子。她曾发誓,她永远不会像她父亲那样发脾气,也不会像她母亲那样忽视孩子。但像许多在问题家庭中长大的人一样,她最终还是成了她父母那样的家长。当康妮酗酒时,她经常下班后在外面待到很晚,等女儿睡着后才回家。当她的女儿抱怨时,她大喊道:"世界不是围着你转的,小姑娘。我的生活应该有一点儿乐趣,而不是只有你和你的需求!"

内疚与自我同情

我知道,为了让康妮开始从内疚中恢复过来,她需要逐渐为自己对待女儿的方式承担一些责任。然而,她首先需要培养对自己的同情心,这样她才能理解自己为什么会做出这样的选择。为什么自我同情如此重要?因为持续的内疚感和懊悔感会让人感觉糟糕透顶。当人们感觉糟糕透顶时,他们就会失去客观判断力,并会尝试通过对自己的痛苦做出过度反应或否认这些痛苦来管理这些感受。他们深陷被背叛、被误解或内疚的感受之中,而这对任何人——他们自己或孩子——都没有好处。

在康妮的案例中,她因自己对待女儿的方式产生了内疚感,而压抑这种内疚感的需要导致她贬低女儿的抱怨,对此反应不足。实际上,康妮是用手捂住自己的眼睛,然后假装女儿看不见自己的问题。这导致她的女儿升级自己的行为,试图让母亲看见自己。她女儿的行为显然酝酿着一场危机,从长远来看,这只会加剧康妮的内疚感和自我厌恶感。

建立自我同情

康妮对自我同情的概念理解有误。许多人都有相同的误解，所以我常常不得不就此与来访者争论。但我确实在努力，因为这是治愈为人父母的创伤最重要的基础之一。一些常见的错误观点是：

- "我只是为自己感到难过。"
- "我是一个糟糕的家长，所以我自我感觉糟糕是恰当的。"
- "如果我对孩子的痛苦或失败负有任何责任，我就没有权利过上快乐的生活。"
- "我不知道同情自己会是什么感觉。"

这些都是常见的错误观点。让我们更仔细地审视它们。

"我只是为自己感到难过。"

自我同情与自怜不是一回事。自我同情是一种能力，即相信无论你的错误有多么可怕，爱和宽恕都是你与生俱来的权利和人性的一部分。虽然你的孩子不欠你爱和宽恕，但你应该向其他家庭成员（如果他们有能力）、你的朋友、咨询师、你的信仰和你自己寻求同情和宽恕。

我要强调的是，支持有健康和不健康之分。健康的支持不仅包括你受之无愧的安慰，还包括关于你自己或你的生活中可能需要的改变的反馈。研究表明[2]，如果一个人寻求并且获得了支持，但这种支持的提供者未经慎重考虑便同意寻求帮助者的观点，而不帮助他们发展另一种或更健康的观点，那么这些需要支持的人不会从中获得那么多好处，因为这种"支持"使他们成了受害者。

"我是一个糟糕的家长，所以我自我感觉糟糕是恰当的。"

当我们意识到自己伤害了所爱的人（尤其是孩子）时，内疚是一种可以预见和理解的反应。承认你的错误、做出承诺、制订计划做出改变，这些对你的康复至关重要。然而，继续惩罚自己不应该成为你计划的一部分。这帮不了你的孩子，也帮不了你。它阻碍了你的成长，抑制了你满足那些需要你给予爱和关注之人的需求的能力，也让你更难从那些愿意提供爱和支持的人那里获得爱和支持。

"如果我对孩子的痛苦或失败负有任何责任,我就没有权利过上快乐的生活。"

自我同情不是找借口。自我同情是试着接受自己只是凡人。我曾为一些父母提供咨询。他们中有些人的孩子自杀了,有些人的孩子存在严重的成瘾问题、学业一直很糟糕或不断辍学,又或者不善于管理成年生活。在每一种情况下,如果父母能够培养对孩子以及自己的同情心,他们即使感到极度内疚、失落或失望,也能够获得一些宁静。

培养自我同情的一部分内容是理解为什么我们会犯为人父母时所犯的错误。例如,随着康妮更好地理解她对待女儿时的无意识行为同她父母对她做出的行为一样,她因这些行为产生的羞耻感得以减轻。随着她的羞耻感减轻,她能够为自己的行为承担更多责任。随着她对自己的行为承担更多责任,她得以改善与女儿的关系。

"我不知道同情自己会是什么感觉。"

在谈到同情自己时,我见过的一些最有同情心的人显得很绝望。这些人中,有的在成长过程中需要付出很多,却不能期望因此得到多少回报;有的则在没有同情、支持或培养的环境中长大。由于过去很少获得支持,他们如今也不知道如何向自己提供支持。他们感到自责，觉得自己不配得到这些。自我同情与一种能力密切相关——原谅自己、原谅他人，并允许积极的情绪进入你的生活和意识。这种能力的一个关键方面是做出进行弥补的决定。

如何对孩子进行弥补

对孩子做出弥补，你需要记住以下准则：

- **勇敢地向你的孩子坦白自己的错误**。省去种种原因、理由或任何让孩子觉得他没有权利抱怨的细节。
- 对你的孩子可能因你的行为产生的感受表示由衷的同情。
- 避免用为自己辩护的方式回应孩子的愤怒或悲伤。你有时可以为自己的行为或选择给出理由，但不是在进行弥补的时候。
- 不管是在弥补开始时还是结束时，都要向你的孩子表示感谢，感谢他花时间听你把话说完。
- 让你的孩子知道，无论他将来何时想要谈论这个问题，你都愿意再次与他对话。

基于这些，康妮给她的女儿写了下面这封信：

亲爱的南希：

　　我知道你最近经常说我没有在你的成长过程中陪在你身边，每当你这么说，我都会对你发火。你说得对。我陪伴你的时间远远不够，你有权生我的气。我想为此道歉。这一定让你感觉很糟糕。因为我爱你，所以面对我在酗酒的那些年里可能给你带来的伤痛令我很痛苦。这就是每当你对我说起这件事时，我都会变得非常愤怒和戒备的原因。但如果你想告诉我你的感受，我现在愿意倾听。我也想让你知道，无论现在还是将来，只要你想谈这件事，沟通的大门永远是敞开的。

爱你的妈妈

　　在经历最初的不信任和犹豫之后，康妮的女儿开始积极回应母亲的坦诚和态度变化。之后，她开始更多地谈论自己的自残行为，并允许康妮帮助她接受治疗。换句话说，当康妮能够正视自己作为家长的错误时，她的女儿与她越来越亲近，而不是像康妮担心的那样，女儿有可能因为发泄心中的愤怒或失望而变得与她更加疏远。这是因为康妮的女儿将母亲承认错误的行为视作一种力量和奉献的声明，认为母亲更强大了，而自己能够更好地依靠身为家长的她。

第三章　内疚从何而来

应对不合理的指责

不合理的指责，或基于不完整描述的指责，可能产生与基于现实的指责一样多的内疚、羞耻、愤怒和困惑。为人父母之所以令人困惑，部分原因是我们处于青春期或成年的子女可能会指责我们做了一些我们没有做过的事。他们可能会完全断章取义地看待我们的行为，也可能将出于爱和保护的行为理解为自私、伤害或破坏。他们可能将自己生活的不如意归咎于我们，这与我们的观点或记忆存在出入。他们可能无法对我们的努力给予肯定，也无法认识到，鉴于我们自己有着不愉快的童年，成为好父母需要我们付出巨大的努力。他们可能不理解我们维持婚姻或离婚有多艰难，或者他们自己的脾气如何使他们难以引导。

培养和保持你内心的宁静不仅需要你考虑自己的体验，还需要考虑孩子的体验。让我们来看看孩子的处境。

第四章

观念分歧

用宽恕弥合鸿沟。

我知道你可能尝试过所有你能想到的方法来修复你和孩子的关系。我之所以知道这一点，是因为作为父母持续感到的悲伤、懊悔、被遗弃、内疚和担忧是一个成年人所能遇到的最沉重、最令人迷茫、最不可动摇的情绪。出于爱或绝望，大多数父母会竭尽所能来摆脱这些情绪。然而，尽管付出了种种努力，不论是否无辜，我们都必须首先接受孩子的观点，即我们本可以采取不同的做法，多一些爱，多一些敦促，或者少一些担心。一个敏感的孩子可能希望你能找到一种方法让世界变得不那么令人痛苦。一个具有攻击性或叛逆的孩子可能希望你更加耐心与和蔼。即使你已经尽力而为，阅读心理自助书籍，向其他家长、儿科医生、学习专家、社交技能顾问、你的治疗师或者你孩子的治疗师咨询，但你的孩子仍然有权抱怨你做得不够。

最残酷的讽刺之一是，即使为人父母的我们努力做到极度的尽职尽责，我们还是有可能造成伤害。这方面的一个例子是，一些父母试图在避免他们自己的父母所犯的错误时，伤害了自己与

第四章 观念分歧

孩子的关系。我的一位同事于20世纪60年代在一个嬉皮士公社里长大,他说:"因为我的父母反对他们父母的保守主义,所以我当时被赋予了极大的自由。他们担心纪律和限制会破坏我的纯真和创造力。记得在我10岁时,我问我的父母是否可以和他们一起抽烟,他们说:'由你决定。如果你认为这是一个好主意,那这就是一个好主意。'我当时才10岁!我怎么知道什么是好主意?现在我有了自己的孩子,我对他们极其严格。我的孩子们几乎要得到允许才能眨眼,他们为此怨恨我,但这好过我的经历。"

也许他是对的。但采取与我们的童年经历截然相反的教养方式可以防止一些问题,也会导致其他问题。例如,有一对夫妻冒着生命危险来到美国,为的是让孩子们获得自己从未拥有的机会。他们会不遗余力地督促孩子们要出人头地,并大声批评孩子们的努力甚至成就。如果孩子们在学校表现不好,这对夫妻就责备孩子们。结果,他们的孩子们在成年后被无价值感和内疚感所累。鉴于这对夫妻了解的育儿之道,他们已经竭尽所能了。但这对夫妻害怕孩子们会像自己一样受穷,这让夫妻二人对自己造成的伤害视而不见。当他们的子女在成年后批评他们严厉的教养方式时,他们感到困惑,感觉自己遭到了背叛。

他们现已长大成人的孩子应该既往不咎吗?当然,只要孩子们能够做到。但是,在我们的文化中,"面对现实""继续前进""长大成人"之类的压力太多,以至于很多人不能长时间地回顾过去,为他们没能从父母那里得到的东西感到悲伤,而不被人指责不成熟。他们最终将自己的匮乏和混乱归咎于自己，却不理解这些问题是如何产生的。

还记得在康妮的案例中自我同情如何帮助她接受自己和女儿吗？对我们的孩子来说，自我同情也起到同样的作用。如果孩子把所有的问题都归咎于自己，他们就可能还没有准备好原谅父母。有时候，无论父母的意图多么高尚，只有当孩子知道自己不应该受到"苛刻"对待时，他们才会原谅父母。作为父母，我们必须承认我们可能给孩子带来了问题，即使我们做出了牺牲而且努力做到最好。你应该同情自己尽了最大努力，你也应该试着理解你的孩子抱怨你做得还不够。

作为一名治疗师，我知道，对于生活在家庭中的孩子来说，一些从表面看起来微不足道的事情可能是令人窒息或有害的。"我母亲对于育儿方式的评价标准非常宽松。"一位来访者曾经告诉我，"她只觉得告诉孩子你爱他们、不要打他们就好了。我父亲没打过我们，所以在她眼里他是一个成功的父亲。每个人都喜欢我父亲，因为他真的很有趣、很外向。他们从未发现他日复一日、不易察觉地羞辱我们。"

在心理治疗中，我常听到人们因为对几乎无法辨认的童年创伤感到受伤和愤怒而斥责自己。"我的父母并没有打我或骂我，他们只是与我疏远，从来没有告诉我他们爱我。很多人的问题比我严重，这不应该是我沮丧的原因。"这是来访者经常说的一句话。但有时候，这就是他们感到沮丧继而感到与父母疏远的一个原因。如果父母能够认可孩子的抱怨，而不过分为自己辩护，那么他们修复亲子关系的机会就会更大。这不是保证，只说明一种更高的可能性。

当我为一对正在考虑离婚的夫妇提供咨询时，我告诉他们，如果他们有孩子，他们需要尽一切可能来修复婚姻。我之所以告诉他们这些，是因为我知道有一天他们的孩子会问他们什么时候复合，或者他们为什么不尝试挽救婚姻。到了那个时候，尝试过所有办法的父母会感觉更加平静。

尽一切可能修复你和孩子的关系也是这个道理。如果你的孩子抱怨你，或者你认识到为人父母的自己把事情搞砸了，你会希望自己可以心安理得地说："我正在尽我所能进行弥补。"或者说："我已经尽我所能，但没能成功。每个人都会在生活中犯错。我应该得到宽恕和同情。如果这种宽恕和同情不能来自我的孩子，那就来自其他人和我自己。我必须停止惩罚自己。"

不同的看法

每一位家庭成员对一个家庭都有独特的个人经历和看法，了解这一点至关重要[1]。不妨这样想想：在一个四口之家，有四场不同的戏剧在同时上演。虽然每个家庭成员都能看到共同舞台上发生的部分剧情，但他们的视线被一块幕布部分遮挡。在这块幕布背后，另一场戏剧正在上演，而这场戏剧又被另一块幕布遮挡。这就是为什么兄弟姐妹对父母的看法可能大相径庭[2]，父母对孩子的看法可能大相径庭，配偶对彼此的看法也可能大相径庭。

在黑泽明（Akira Kurosawa）的电影《罗生门》(Rashōmon)[3]中，四位叙述者在京都的罗生门从各自独特的视角讲述了同样一起犯罪的过程。在迈克尔·多里斯（Michael Dorris）的小说《碧水橙舟》(A Yellow Raft in Blue Water)中[4]，三代美国土著妇女雷欧娜（Rayona）、克里斯蒂娜（Christine）和艾达（Ida）从截然不同的视角讲述了她们冲突交织的共同生活。

谭恩美（Amy Tan）的小说《喜福会》(The Joy Luck Club)[5]展示了1949年之前出生在中国的四位女性的生活，以及她们在美国出生的女儿们在加利福尼亚的生活。在与"阿姨们"的讨论中，这本小说的年轻讲述者开始意识到这些母亲们在中国过着怎样的生活，这使她理解了她们为什么希望看到孩子与自己的过去保持联系。叙述者说："她们在我身上看到了自己的女儿——同样无知，同样对她们带到美国的所有真相和希望漠不关心。她们看到女儿们在母亲说汉语时变得不耐烦；女儿们认为母亲用蹩脚的英语解释事情时很愚蠢。她们发现'喜'和'福'对自己的女儿来说有着不同的意义。对这些在美国出生、心灵封闭的人来说，'喜福'不是一个词，它并不存在。她们看到，女儿们生下的孙辈不会继承这种代代相传的连接。"谭恩美的小说展示的常常是悲剧性的层面，孩子看到和经历的事情与父母常常感觉和打算的事情之间存在认知上的鸿沟。

他们意欲何为？

尽管孩子的目的似乎是伤害你，但情况通常要复杂得多。孩子们有时会通过指责我们，并审视我们接受这种指责时有多么从容来辨明方向。在那一刻，他们看到了我们的纯真、我们的冲突和我们的付出。青少年和年轻人学习如何应对压力的方法之一是像其他人对他们一样对待我们，并看看他们能从与我们的互动中学到什么。

青少年的社交世界往往是一个充满羞耻、拒绝和蔑视的地狱。你可能会说，这些只是我处于青春期的两个儿子带给我的感受。为什么孩子会这样对待父母？[6] 部分原因是，他们正在努力学习如何应对在周末聚会、学校走廊上或放学后闲逛时遭到的类似的拒绝或嘲弄。理想的情况是，当他们"粗暴对待"我们时，我们能够保持平衡。这样一来，当他们下次遇到他人的粗暴对待时，就能把我们相对更有风度的行为当作榜样。

很多时候，孩子们需要责备我们，这样他们才不会自责。有着难相处的气质或其他疾病的孩子可能会有强烈的羞耻感和自我厌恶感。不管是好是坏，批评父母做得不够或大错特错，都是减轻这种负担的一种策略。我们可能觉得这不公平，但育儿并不是用努力换回报的公平交易。它更像是用努力作为交换，看看接下来到底会发生什么。

理查德是一位 23 岁的男子,我在与他父母和妹妹一起进行的家庭治疗中见到了他。理查德患有一种严重的社交焦虑症,这使他无法约会或获得更具挑战性的工作。虽然他在智力方面颇有天赋,但他在大学一年级后就辍学了,之后在旧金山的田德隆区①送比萨饼养活自己。

我为这个家庭提供了几个月的咨询,并且取得了进展。然而,大部分进展来自允许理查德指责父母让他感到失望。在为他提供能够增强自信和自尊的经历方面,咨询没有提供更大的帮助。在对理查德母亲和父亲的观察中,我可以清楚地发现他们爱自己的孩子,并愿意为他付出。虽然他们作为父母犯了一些错误,但他们的错误肯定在正常范围内,远未达到病态。理查德的父亲可以被指责对工作过于投入,母亲可以被指责太爱操心。但综合考虑,在我看来,理查德的社交焦虑症不太可能源于糟糕的教养方式。理查德的妹妹甚至没有注意到父母的这些行为。

也许这正是受伤的父母需要做出最多的细微调整的情况。理查德的父母本可以为儿子做更多事情。如果他们知道关于高度敏感的孩子的一切,理查德可能会在成年后得到更坚实的支持。但这并不意味着他们是坏人或糟糕的父母。在另一个时代,除了依靠父母的老练和敏锐,孩子还可以从其他渠道获得支持来发展自

---

① 田德隆区是旧金山市内贫穷混乱的一个区,路上常见醉汉、吸毒者和乞丐,亦是各类罪案的"温床"。(本书脚注均为译者注。)

第四章 观念分歧

己和开启成人生活。审视父母本可以采取哪些不同的做法好像确实是一种指责，但这并不是目的。

所以，当你的孩子因你的"错误"或他们的现状而指责你时，尽量不要过于惊慌或沮丧。让我们再来看看理查德。他的父母本可以告诉儿子他的生活有多好，以及自己给予过他哪些帮助和善意，但这对于这对夫妻有什么好处？作为他们的治疗师，我本可以对理查德说："你的父母似乎犯了一些错误，但总的来说，他们是相当出色的父母。我认为你患有一种源于生化因素的社交焦虑症，药物治疗和个人治疗将起到很好的作用。"

我没有采取这种立场，因为那会适得其反。我们通过皮肤感知世界，它是我们人格的生物方面。一个生来就有严重害羞、焦虑或社交退缩气质的孩子可能会认为包括家庭在内的各种关系存在着潜在的威胁、冷漠或苛求。如果理查德的父母读过关于这个主题的所有知识，也许他们的儿子现在会表现得更好。但是，和绝大多数人一样，他们不知道有什么可以帮助自己。

但这不正是这种文化——没有人愿意为任何事情承担任何责任，所有人都想责备别人——的全部问题吗？我倒希望事情如此简单。这种文化的问题在于，在当下这个历史阶段，父母从亲戚、邻居、企业和政府那里得到的支持最少，却要为孩子的问题负责。家庭曾经存在于一个丰富的生态系统中[7]，由一个能提供支持的群体提供食物和滋养，但现在，家庭独自站在贫瘠的荒野中。这种文化的问题在于[8]，社会环境为儿童和青少年创造了一个独立的世界,大大削弱了父母的影响力和权力,同时,政客和专家把校园枪击案、毒瘾以及所有已知的青春期和成年期紊乱归咎于父母。

但与此相关的对话并未在主流社会出现,因此它肯定不会在家庭中出现。治疗师们会强调父母所犯错误的重要性,因为不管怎样,父母都处于冲突的第一线。作为一名心理学家,我的首要目标是帮助来访者减轻使他们陷入焦虑、抑郁和目标抑制的自我憎恨。讨论他们的家庭是合乎逻辑的切入点,因为家庭是孩子自我发展的最重要背景之一。父母不是仅有的影响因素,也不总是最重要的影响因素,但他们仍然很重要(这就是为什么本书后面有一章探讨了童年对你的影响)。

尽量别把问题个人化

斯坦福大学的心理学家弗雷德·罗斯金(Fred Luskin)发现[9],发觉一个事件或一段关系中与自己无关方面的能力,对我们在该事件或关系中免受潜在伤害至关重要。他的研究表明,被深深伤害过的人往往会产生"冤屈故事",导致他们花大量时间回顾过去,从而感到受伤和不快乐。

罗斯金发现他的理论和方法在各种场合中都得到了验证。也许最令人信服的例子是他对分别信奉爱尔兰天主教(Irish Catholic)和新教(Protestantism)的母亲们进行的咨询,这些母亲都有一个儿子被谋杀。显然，没有人比孩子以这种方式离自己而去的人更有权利感到委屈和受伤。然而，这些母亲都能够利用罗斯金在《学会宽恕》(*Forgive for Good: A Proven Prescription for Health and Happiness*) 一书中总结的技巧，获得更高程度的平静。罗斯金的研究以及宾夕法尼亚大学的马丁·塞利格曼（Martin Seligman）等人的研究表明[10]，宽恕自己和他人的能力，以及摆脱责备自己或他人的有害情绪的能力，与一系列积极的心理和身体结果有关。例如，能够更好地宽恕自己和他人的人生活得更快乐、患心脏病或心脏病发作的风险更低。此外，当损失和疾病发生时，他们也能够更好地应对。

宽恕意味着什么？

宽恕并不意味着你对孩子或其他人施加的不公对待视而不见，也不意味着你永不生气。宽恕并不意味着你必须与伤害你的人建立关系（但如果这个人是你的孩子，我会鼓励你在相当长的一段时间内尝试这么做，下文对此有更多介绍）[11]。宽恕并不意味着你必须接受、原谅或尊重那些使你遭受痛苦的人的行为。宽恕也不意味着你应该摆脱自己曾造成的伤害，而不首先发自内心地尽力来补偿你伤害过的人。

宽恕自己和他人十分重要，因为这是一种夺回自己的权力、为自己的感受负责并专注于自身康复的方式。罗斯金用首字母缩略词 HEAL 总结了他的研究中提出的疗愈步骤：希望（Hope）、教育（Educate）、肯定（Affirm）和对自身健康的长期付出（Long-Term Commitment to Your Well-Being）。以下是他的步骤总结，我对其进行了修订，以使其符合父母们的需要：

希 望

希望是重申你作为父母的最初理想和愿望。例如，让我们回顾第二章末尾的调查问卷。

在你成为父母时，你的希望和梦想是什么？

- ☐ 我和孩子将成为最好的朋友或变得非常亲密。
- ☐ 我将能够成为一个胜过我父母的家长，或者给孩子我自己从未得到的东西。
- ☐ 为人父母将是我生命中最有意义的经历之一。
- ☐ 我可以帮助孩子在学习、体育、社交和其他方面表现出色。
- ☐ 我能够体验到一种深沉而深切的爱。
- ☐ _____

你选出的语句表明了你的核心价值观和优点。这些价值观对你的信念至关重要。你是谁？你认为生活中最重要的是什么？我们很快就会回到这个问题上。

教 育

罗斯金和其他研究人员发现[12]，对自己或他人的行为方式抱有僵化的信念会提高自己遭受持续痛苦的可能性。在教育这一步骤中，我们鼓励你审视罗斯金所说的"无法执行的规则"，即你持有的对自己或他人应该如何行事的看法。无法执行的规则是那些你很难或无法控制的规则。例如，以下是一些父母经常持有的无法执行的规则。

- "无论如何，我都有权得到成年子女的尊重。"
- "在我成年子女的心中，我为人父母所做的所有好事应该能抵消我所犯的任何错误。"
- "我的成年子女没有权利拒绝见我，希望见我的频率也不应远低于我的意愿。"
- "如果我的成年子女拒绝我或虐待我，我一定是罪有应得。"
- "我的成年子女没有权利伤害我或拒绝我，因为我为他们奉献了一生，为他们做出了巨大的牺牲。"

练习：反驳旧规则

尽可能多地写出你能想到的规则。然后根据"你无法控制他人行为"这一原则，写出对这些规则的反驳。下面的例子是对上文所述规则的反驳：

规则："无论如何，我都有权得到成年子女的尊重。"

反驳："虽然我可以做一些事情来让我的孩子更尊重我，但他是自己的主人，有自己的脾气和对事物的看法。我对此没有什么控制力。"（显然，对于青少年，你对他们对待你的方式有更多的控制力，但随着他们的年龄增长，这种控制力会逐年减弱。）

规则："在我成年子女的心中，我为人父母所做的所有好事应该能抵消我所犯的任何错误。"

反驳："虽然我希望我的孩子能够看到我所有的奉献，但我不能强迫他。他要么看到，要么看不到。他看不到我的奉献是不幸的，但这不是一场一定会摧毁或主宰我生活的悲剧。"

规则："我的成年子女没有权利拒绝见我，希望见我的频率也不应远低于我的意愿。"

反驳:"虽然我想念我的孩子,并希望能更频繁地见到他,但他是一个成年人,有他自己必须要做的事。他可以决定与谁见面以及见面的频率,即使我不喜欢这样。我对此几乎没有控制力。"

规则:"如果我的成年子女拒绝我或虐待我,我一定是罪有应得。"

反驳:"孩子拒绝或虐待父母的原因多种多样。认为一切都是我的错让我感到不安。他是自己的主人,对事情有自己的看法;但是,我不需要接受他对我的看法。"

规则:"我的成年子女没有权利伤害我或拒绝我,因为我为他们奉献了一生,为他们做出了巨大的牺牲。"

反驳:"我现在是或曾经是一位尽职尽责的家长,我对此深感自豪。我不需要通过我的孩子对待我的方式来验证这一点,从而让自己知道这一点。虽然我希望可以与他建立更密切的关系,让我从对他的承诺中受益,但这不是我注定应得的权利。"

你知道这样做有什么用吗?在每一种情况下,你都要直视处于你痛苦核心的信念,然后把这一信念修改为更有可能被接受和平静的观点。接下来我会向你展示更多的细节,因此,如果你还不完全清楚该怎么做,请不要担心。你需要进行一点儿练习,这对你有极大的好处。

用更健康的信念取代造成痛苦的信念,这对你的康复至关重要,因为有时生活就是一个接一个的挫折。健康信念的作用就像汽车驶过坑洼处时减震器的作用。坑洼是生活中不可避免的失望、拒绝、伤害和损失。你无法避免它们,但可以得到具有缓冲效果的减震器。

塞利格曼的研究表明[13],你对过去的看法直接影响你对现在和未来的感受。父母经历的许多痛苦都与过去发生的事件有关,例如离婚、无法陪伴孩子、过于挑剔或过于追求完美、遭到口头或身体虐待。塞利格曼在《真实的幸福》(*Authentic Happiness: Using the New Positive Psychology to Realize Your Potential for Lasting Fulfillment*)一书中写道:"对过去抱有频繁而强烈的消极想法阻碍满足和满意情绪的产生……这些想法使宁静与和平成为无稽之谈。走出这种情感荒野的唯一途径是通过改写你的过去来改变你的想法。宽恕、遗忘或压制不好的记忆。"改写过去并不意味着在你造成了伤害的情况下表现得好像你没有造成伤害,而是意味着培养对自己的同情心,这样你就能理解为什么你会做出那样的决定。

塞利格曼发现了一件非常重要的事情:你对过去的体验可以通过专注于对自己和他人的感激和宽恕加以改变。培养你的希

第四章 观念分歧

望、乐观精神和信心可以改变你对未来的感受。就算以你现在的处境来看这似乎是不可能的，也不要气馁。哪怕你的天性或过去的经验让你对感激、希望或乐观保持警惕，这些感受也是可以建立起来的。我很快就会回到对塞利格曼研究的讨论，但现在让我们继续讨论罗斯金的最后两个步骤——肯定和长期付出。

肯　定

在这里，你回顾第一步——希望，并肯定你对孩子或对为人父母的自己的积极意图。不管事情的结果对你或孩子来说如何，你都要加以肯定。为什么？因为我们并不总是对事情的结果有那么强的影响力。我们只对自身关于生活和自我的感觉有影响力。你的目标是不再因为孩子对待你的方式而感到受伤，并开始用更积极的视角看待你的意图。

让我们举一个父母普遍心怀的期待作为例子："我和我的孩子将成为最好的朋友或变得非常亲密。"

19岁的里芭在父母离婚后站在了母亲一边。因此，在过去一年半的时间里，里芭的父亲杰弗里很少与女儿联系。当他们见面时，杰弗里受到了里芭的疏远和蔑视。虽然杰弗里因女儿的表现而难过，但他继续联系女儿，帮她支付上大学的费用，并为自己过去对她犯下的错误做出了弥补。杰弗里需要外界支持他的核心价值观，那就是以成为一个好父亲为荣。为了做到这一点，他不仅要审视自己最初的希望，还要肯定尽管他得到的回报很少，但他过去是个好父亲，现在依然是个好父亲。

通过回忆你所做的积极努力，与你作为父母的积极意图或核心价值观保持联系，这一点至关重要。我们来做一个练习，写出你作为父母的优点或核心价值观。

练习：肯定你作为父母的价值

选择与你的情况相符的句子：

☐ 我爱我的孩子（是的，你会因此受到赞扬）。

☐ 我试图弥补我所犯的错误。

☐ 我一直非常尽职。

☐ 我已经接受了咨询，因此我不会把过去的痛苦强加给我的孩子。

☐ 我阅读育儿书籍和杂志、接受育儿咨询，或与儿科医生交谈，以便帮助我的孩子。

☐ 我为我的孩子做出了经济上的牺牲。

☐ 我为我的孩子做出了其他牺牲。

☐ 我是一个比我父母更好的家长。

☐ 为了使我的孩子免受离婚的影响，我维持着不幸的婚姻。

☐ 为了使我的孩子免受我的婚姻带来的伤害，我选择

第四章 观念分歧

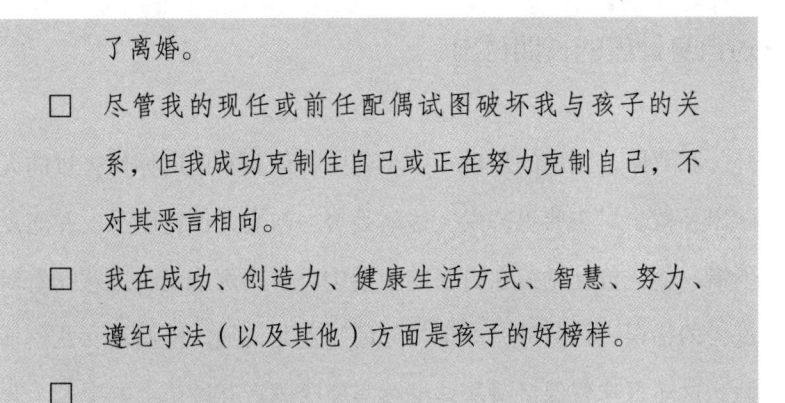

了离婚。
- □ 尽管我的现任或前任配偶试图破坏我与孩子的关系，但我成功克制住自己或正在努力克制自己，不对其恶言相向。
- □ 我在成功、创造力、健康生活方式、智慧、努力、遵纪守法（以及其他）方面是孩子的好榜样。
- □ _____

在一张卡片上写出适合你的肯定语。随身携带这张卡片，每天读两次，在你感到悲伤、内疚或懊悔时多读几次。为什么？因为你的大脑在同一时间只能思考这么多事。如果你积极地向大脑灌输积极的事实或记忆，它就没有那么多时间和空间去思考消极的东西。

塞利格曼和斯坦福大学的戴维·伯恩斯（David Burns）以及宾夕法尼亚大学的亚伦·贝克（Aaron Beck）等其他研究人员发现[14]，积极地质疑消极的信念有助于让人感到快乐。塞利格曼建议，你在应对消极思维时，要表现得像在他人——比如你的孩子——面前为自己辩护。然而，质疑消极信念需要你与自己对话，而非与你的孩子对话。稍后我将介绍你要对孩子说什么。在这一部分，我想帮助你应对你内心的斗争。批判性地处理证据是质疑消极思维的题中应有之义。这与罗斯金关于"无法执行的规则"的想法有共通之处，因为这些规则基于建立在薄弱证据上的信念。

· 061 ·

对自身健康的长期付出

在罗斯金提出的最后一个步骤中,你要承诺向你伤害过的人做出补偿。对杰弗里来说,这就是努力与女儿保持联系,并愿意不惜一切代价让她留在自己的生活中。对康妮来说,这意味着对过去的错误进行弥补,并学习如何与女儿沟通,从而让女儿信任她。这还意味着保持清醒并继续实施嗜酒者互诫协会的十二个步骤。这最后一步往往需要长期付出、发展新的技能,包括努力消除愤怒和悲观、培养更健康的生活方式和沟通技巧、进行冥想和减轻压力,以及其他技能。这一步涉及承诺每天做一些事情来治愈过去并展望未来。

感恩的态度

研究人员发现[15],培养感恩之情会增加你的生活乐趣,并使你免受以前和未来的伤害的影响。为什么感恩会有如此强大的效果?

- 感恩使你与对你和你的生活而言正确的事物保持联系。它唤起了快乐感和放松感。
- 感恩是一种以当下为中心的活动。它有助于你关注当下,而不是那些你无法控制的事件。
- 感恩会增加你的力量感,因为你专注于你所拥有的,而不是你没有的。
- 感恩可以增加你的自豪感，这对消除羞耻感至关重要。
- 感恩可以增加你的能量，因为你被迫关注当下的喜悦，而不是被对过去的懊悔或对未来的担忧耗尽精力。
- 感恩是几乎所有精神实践的核心。拥有精神生活已被证明可以促进健康、快乐和长寿。

芝加哥洛约拉大学的研究人员弗雷德·布赖恩特（Fred Bryant）和约瑟夫·韦罗夫（Joseph Veroff）开发了一种他们称为"品味"（savoring）的感恩技巧[16]。品味是指对积极体验进行回顾并尽可能从中获取一切美好的东西。我们大多数人在物质主义文化中长大，这种文化承诺更好的东西即将来临："不，不是那个；肯定是下一个！"因此，品味对我们这些人来说是反直觉的。品味对快乐生活很有帮助，因为它能促进你利用过去或现在发生的不重大但积极的成就和经历。关于品味的说明如下：

与他人分享你的积极经验：与他人分享积极经验可以让你将自己的经验置于人际关系的背景中。当他人从我们的积极经历中获得快乐时，这些经历对我们来说将更加真实。

建立你的记忆：建立记忆的两个简单方法是看那些令人非常愉快的照片或在日记中记下愉快的经历。例如，经常看看记录你最喜欢的假期或成就的照片。细细品味你对这些事件的记忆或感受。只使用那些明显积极的记忆。避免使用那些让你百感交集的照片或记忆。

祝贺你自己：自豪是羞耻感的最好解药，而且往往是抑郁症的最好解药。回忆和品味你过去或现在的成就是你获得自尊的关键。向自己或对你感兴趣的人吹吹牛。关心你的人希望你快乐并且为自己感到自豪和高兴。

全神贯注于当下：这一步需要你把所有应该正在做的、应该已经做了的或者明天需要做的事情从脑海中剔除。

练习：列出你的品味清单

列出给你带来快乐的成就、记忆或事件。将记录你最喜欢的假期或活动的照片收集起来。只使用那些明确积极的记忆或照片。根据上文的准则，每天练习两次。

应对指责或批评的一般准则

你的孩子很可能因为你的抚养方式而批评你。有些不满是小事，有些不满可能是大事；有些不满可能使你们的关系更密切，有些不满可能使你们渐行渐远。驾驭孩子的批评对每位父母来说都是一个挑战。与那些持"我已经尽了最大努力了，忍着点儿吧"立场的父母相比，能够听到孩子的批评（即使那些批评是不真实的）而不至于太过沮丧的父母，更有可能建立更紧密和更健康的亲子关系。

下面是一些回应指责和批评的一般准则。这些准则是为你与处于青春期或成年的子女进行沟通或你的行为明显存在重大问题时准备的。我并不是说家庭中的所有磕磕绊绊都要按照下文的建议进行讨论或协商。例如，因为我们的指示，年幼的孩子有时不得不做一些事情，不管他们喜不喜欢。此外，多年来你可能一直感觉自己被对孩子的内疚感操纵，因此，你觉得通过改变沟通方式获得积极结果的可能不存在。我理解你的感受，但正如爱因斯坦所说："不能用与制造问题时的思维同一水平的思维来解决问题。"记住这一点，并参考下面给出的针对不同情况的沟通建议。

如果你发现自己对别人对你说的话感到过于不安或戒备，请采取温和的沟通方式

对你的指责："我小时候需要你的时候，你从来不在我身边。你总是以自己为中心！"

你很想说："你这个忘恩负义的小子！你知道我为你牺牲了多少吗？"

你应该说："我没有意识到你会这样想，听到这样的话我很痛苦。但我知道你告诉我的事情非常重要，所以我很高兴你来找我。"

如果你觉得自己遭到了过度挑衅，无法进行富有成效的对话，请避免事态升级

对你的指责："我觉得你作为家长对我满不在乎，我想和你谈谈这对我来说是什么感觉。"

你很想说："我宁愿喝汽油也不愿和你谈这个问题。"

你应该说："听到这句话，我现在很难不产生戒备情绪。把你的想法写成一封信怎么样？我想如果我可以坐下来花几天时间读这封信，就能更好地消化它。"

如果你作为父母把事情搞砸了，那就别粉饰；你越诚实，就越可能修复伤害

对你的指责："你从未保护我免受父亲的暴怒。我觉得被你们两个人背叛了。这让成年的我不可能有一种健康的人际关系。"

你很想说："别再自怨自艾了。你觉得你父亲总是暴怒吗？你过得比我小时候好多了！与我的童年相比，你的童年简直太幸福了。你至少有一个爱你的母亲。你无法建立健康的人际关系不是我的错。"

你应该说："你说得对。我没有充分保护你免受你父亲的虐待，我对此感到很难过。我应该对你好些。"

第四章 观念分歧

在你的孩子提出这个话题后的几天内,主动再次提出这个话题

你很想说:"如果你再也不提出这个话题,那就太好了。我是不可能再提这个话题的。你认为我愿意听你对我横加指责吗?"

你应该说:"我想看看你对我们上周谈论的事情做何感想。我真的很感谢你主动告诉我你一直以来的感受。我相信,对你来说,与我谈论此事并不容易。在那以后,你对此是否有其他想法?如果你想多谈谈,请告诉我。沟通的大门永远是敞开的。"

尽可能认可孩子的实际情况,即使你只同意一小部分

对你的指责:"你总是这么不耐烦!"

你很想说:"哦,可怜的孩子。我很抱歉,我已经为你竭尽所能了。"

你应该说:"是的,我可能真的很不耐烦。我明白为什么我的表现会被认为(或曾被认为)是冷漠无情的。"或者:"你可能是对的。"或者:"我很抱歉。"

如果你无法同意他所说的任何事情，请认同他的情绪，不要说他的感受是错误的

对你的指责："我觉得你真的一点儿都不在乎我！"

你很想说："我为你做了那么多，开车带你去你想去的地方，给你买任何你想要的东西，给你所有我从未拥有过的东西，到头来却被你这样指责？"

你应该说："你会这样想，我真的很难过。我最不希望的就是让你觉得我不在乎你。没有什么能比这更离谱了。是什么让你有这样的感觉？"

你要意识到，你的孩子提出问题可能是为了拉近与你的距离，但他表达的方式可能很伤人

说一些像这样的话："我确信你告诉我这些事情并不容易。我很高兴你愿意向我敞开心扉。"当然，我们都知道你不会真的感到高兴；你可能会感到被背叛、受伤害或内疚。然而，你必须从这样的角度看待这些互动：孩子的目的不是伤害你，而是寻找机会建立更好的关系。

如你所知，围绕孩子的指责和批评展开互动需要你保持极大的克制。为了关系的改变和修复，你们可能需要长期进行持续对话。不要因为这些话题涉及令你痛苦的领域就避免重提。请表明

第四章 观念分歧

你希望在问题得到解决之前保持对话。如果没有解决方案,请明确表示你重视孩子把问题摆上桌面的努力,并表示你愿意在未来进行更多的交谈。

修复过程中最重要的步骤之一需要你具备减轻内疚和担忧的能力。我鼓励你与你的孩子进行的对话可能与你曾经和你的父母进行的任何对话都截然不同。如今的父母被要求拥有极高的成熟度,这在历史上是罕见的。了解当前的育儿标准如何造成这种压力,对于你形成对自己的健康看法至关重要。

在下一章,我们将暂时离开父母的内心世界,进入父母生活的社会历史环境。

第五章

当代父母的新挑战

新时代带来新挑战,我们没有经验可循。

在当今的育儿杂志中，关于如何减少担忧的建议是常见的内容。我的建议是：停止阅读育儿杂志，停止看新闻。

停止听广播，不上互联网，不买报纸，不看任何脱口秀，也不去任何书店。忽略那些声音、图像，以及专家、学者、牧师、政治家和广告商散布的所有揭示死亡、伤害、自卑和学业失败潜伏在孩子生活的各个角落的新闻！他们都在传递同样的信息：只有你时刻警惕、奉献并教导孩子，你才能保护他，并为他提供他需要和应得的一切照顾。虽然你会受到影响的前提是你在乎这些，但你确实在乎，不是吗？

下面的例子[1]是一位读者的问题和一位专家在一本很受欢迎的育儿杂志中给出的答复。

问题是："因为我从小到大一直听到关于我长相的负面评价，所以我经常告诉自己3岁的孩子她有多漂亮。我的朋友说这会让她'飘飘然'。究竟谁是对的？"

专家提醒这位读者，她不应做得太过火，因为她有可能传达

第五章 当代父母的新挑战

"外表比什么都重要"的信息,因此她应该只"偶尔"赞美女儿的美丽。专家还建议这位妈妈用对孩子个性的赞美来平衡对她外貌的赞美:"鼓励她变得聪明、有趣、坚强和勇敢……"

截至目前,我已经撰写育儿和婚姻建议专栏多年了,所以我有资格发表意见。这个例子中的交流方式是很常见的:读者提出了一个相当温和的关切,而专家的回答最终引发了更多的问题而不是给出答案。例如,专家回答"应该只'偶尔'赞美女儿的美丽",这引出了更多的问题——什么样的频率才算"偶尔"?怎么知道何时越过了从提高孩子的自尊到导致她变得极度自恋的界限?对于一个3岁的孩子来说,"飘飘然"到底是什么?

"鼓励她变得有趣、坚强和勇敢"——好吧,这位母亲说她担心自己过分地赞美她的女儿,她并没有说她作为家长完全手足无措。即便如此,你也不得不好奇,鼓励一个3岁的孩子变得有趣应该采取什么策略。"亲爱的,别梳头了,好好练习你的脱口秀段子!""宝贝,记得今天在托儿所为其他孩子模仿萨拉·西尔弗曼(Sarah Silverman)[1],但不要模仿那些令人反感的部分。我每年花两万美元送你去托儿所,我们需要托儿所的推荐来让你进入一所好的幼儿园!现在去练习吧。不,不要在镜子前练习!这会让你变得飘飘然!"

虽然儿童的生活质量在20世纪得到了空前的改善,但当今

---

[1] 美国影视女演员兼编剧。

的父母却被吓坏了。他们纠结于最细微的育儿错误，担心自己在愤怒或疲惫状态下脱口而出的一句话会毁了孩子的一生。一些新妈妈的做派让人觉得，如果她们的丈夫不像自己一样醉心于阅读所有关于怀孕、儿童早期发展和 SAT 考试的书籍，他们就是在虐待孩子。父母双方都担心，如果他们不密切关注孩子从托儿所到高中每一年级的成绩，他们的孩子就会错失日益收紧的大学入学机会和不断萎缩的就业机会。

因为工作而不能陪在孩子身边、让孩子经受父母离婚的影响，或者在孩子身上花费的时间或金钱太少，今天的父母普遍会因此感到内疚。由于自己可能离婚，许多父母认为他们与孩子的关系可能是他们可以依赖的一种关系[2]。因此，许多父母把所有的精力都放在孩子身上，而让自己的婚姻走向终点[3]。这些为人父母的担忧、内疚和过高标准是怎么来的？

新的家庭模式

20 世纪 20 年代以来，随着家庭模式从专制转向民主，父母和子女之间的界限发生了根本性的变化。从积极的一面来看，这为亲子间的亲密关系和友谊创造了新的机会。对前几代人来说，出现这种亲密关系和友谊的可能性要小很多。如今许多年轻人在大学毕业后搬回父母家，除了经济因素的影响，还因为他们实际上喜欢和父母在一起[4]。

第五章　当代父母的新挑战

虽然育儿态度的变化在一定程度上是孩子们的福音,但这也让父母和子女对如何正确使用权威以及保持亲子间的界限感到困惑。家庭的民主氛围[5]、育儿建议的普及程度、认为孩子脆弱的文化观、媒体和市场为孩子创造独立世界的能力,以及父母内疚感的增长,这些因素共同丰富了孩子在家庭中的权利。这使亲子双方的地位变得平等,使孩子能够以历史上前所未有的方式评判、拒绝和羞辱他们的父母。

父母的错

到20世纪30年代中期[6],大多数母亲报告说,她们每年至少阅读五本育儿小册子或书籍,订阅至少一种育儿杂志。这些读物所讨论的常见问题与今天育儿杂志的内容类似,包括如何解决情绪化、尿床、睡眠,以及兄弟姐妹相互竞争的问题。

虽然育儿建议已经存在了几个世纪[7],但在20世纪它们出现了一个重大转变,即开始把孩子的问题归咎于父母。这种观点的转变从根本上改变了育儿建议,而育儿建议也从根本上改变了父母,削弱了父母对自身育儿观念的信心,鼓励他们听从医学和心理专家的意见。

西格蒙德·弗洛伊德(Sigmund Freud)是将成人心理问题与错误的育儿方式联系起来的最重要促成者之一[8]。他的许多观点至今仍是我们日常语言的一部分。(例如,当有人说"那家伙的肛门性人格太明显了！"他们使用的就是弗洛伊德的概念。这一概念根植于这样一种观点，即过度限制性的如厕训练会导致一种紧张型或强迫型人格。顺便说一句，事实并非如此。）

随着弗洛伊德的理论受到欢迎，人们愈发倾向于采纳冷静的专业建议，而这些建议与浪漫主义者多愁善感的儿童观形成了鲜明对比。1928年，行为主义心理学家约翰·华生（John Watson）在全美声名鹊起[9]。他声称，如果实施他的科学方法，父母可以采用适当的技术将他们的孩子塑造成他们选择的任何人。他的大胆声明引起了数百万人的注意，并将父母无所不能的信念推向了新的高度。华生写道：

> 给我一打健康的婴儿，让他们在我设置的特殊环境中长大，我可以保证，任意选择一个婴儿，无论他的天资、爱好、倾向与能力如何，他父母的职业与种族如何，我都能把他训练成我选择的任何类型的专家——医生、律师、艺术家、商人，甚至乞丐和小偷。

华生的观点有其哲学基础[10]，即约翰·洛克的理论：孩子来到世界上时是一块白板，需要由父母和其他人加以塑造。然而，华生的观点比洛克的"白板说"更为极端。为了让父母们达到他设定的雄心勃勃的目标，华生建议家长们采用严格的喂养时间表，只提供最低限度的爱和关注。华生相信，通过适当的奖惩，孩子们可以学会不哭不闹（要真是这样就好了！）。在增加父母的不安全感和破坏他们的信心方面，华生是一个重要人物，因为他和弗洛伊德共同指出，孩子的成败完全取决于父母。

父母们反对以华生建议的那种系统性的冷漠对待自己的孩子。本杰明·斯波克（Benjamin Spock）博士抓住了这股抵触浪潮[11]，主张采取一种更有爱心、更温柔的方法。1946年，斯波克所著的《婴幼儿保健常识》（*The Common Sense Book of Baby and Child Care*）一书在出版后的头六个月就售出了75万册。历史学家史蒂文·明茨（Steven Mintz）在《哈克的木筏：美国童年史》（*Huck's Raft: A History of American Childhood*）中写道[12]："加尔文主义者认为孩子是原罪的果实，行为学家告诉母亲'永远不要拥抱和亲吻'孩子。与他们不同的是，斯波克博士敦促父母相信自己的本能，与婴儿交谈和玩耍，用爱沐浴他们。"虽然斯波克的观点吸引了渴望更温和育儿观的公众，但他几乎没有削弱育儿行为中的小失误可能对孩子造成无法挽回的伤害这种理论[13]。

谈判桌上的孩子

除了贵格会教徒（Quakers）和美洲原住民的观点有明显不同，依靠内疚、羞耻或痛苦的策略一直到维多利亚时代都主导着美国的育儿态度[14]。在20世纪，这些策略逐渐让位于新的方法[15]——与儿童谈判以帮助他们理解自身的行为和动机。强调帮助儿童发展更强的"内部控制点"[16]被认为是在官僚机构、大公司和管理层构成的多层面社会环境中驾驭自我的关键,这种自我与农村生活中的社会隔离和独立所要求的自我完全不同。

然而,这种对孩子内心生活的关注也有弊端。家长开始担心家庭内外的经历可能会危害孩子的健康[17],20世纪50年代和60年代,他们开始要求学校更多地采取合作的教育方式保护孩子的自尊心。在这种压力下,学生的成绩开始提高:D提高到C,C提高到B,B提高到A。截至2001年[18],94%的哈佛大四学生以优异的成绩毕业(那不幸的6%真可怜)。到2001年,加利福尼亚一些学校的毕业年级有多达40位致告别辞的最优生[19],而不像长久以来那样只有一个名额。这表面上是对其他担心孩子感受的家长的一种安慰和收买。

体育教练在赛季结束时给孩子们颁发奖杯,不管他们属于失利的队伍还是胜利的队伍。20世纪以前的父母认为,竞争和压力会让孩子更加坚强;而当代的父母开始担心,与其他孩子做比较会让孩子感到不安全、气馁或受伤害。父母们越来越担心他们在发展和保护孩子的自尊方面做得不够。

病态的母亲

20世纪,出现了越来越多的理论,这些理论指责父母导致幼儿、青少年和成年子女出现了令人不安的行为。这种指责往往是不准确的。颇有影响力的儿童心理学家布鲁诺·贝特尔海姆（Bruno Bettelheim）表示[20]，让孩子患上孤独症（即自闭症）的罪魁祸首是母亲对孩子的持续疏远。贝特尔海姆将她们称为"冰箱母亲"（icebox mothers），因为贝特尔海姆发现她们很少对患有孤独症的儿童微笑或与之互动。然而，由于我们现在知道孤独症是一种基于基因的疾病，通常以缺乏情绪和社交反应为特征，因此更有可能的情况是，母亲未能对孩子作出回应是因为孩子提供的回应更少。

同样，患精神分裂症的儿童的母亲也被认为要对这种通常在青春期出现的疾病负责。格雷戈里·贝特森（Gregory Bateson）的理论认为[21]母亲的双重束缚交流（double bind communication）导致了孩子的精神分裂症。该理论在20世纪70年代我还是一名本科生时非常流行，也颇具影响力。双重束缚理论认为，父母（通常是母亲）通常会发出一个指令，同时发出另一个与之不相容的指令，这会让孩子发疯。例如，"走开/待在近处"。虽然这种育儿方式肯定会造成焦虑，但我们现在知道，这不足以导致精神分裂症这种受遗传因素影响很大的疾病。高度紧张的家庭环境可能更容易使精神分裂症出现在对这种症状具有遗传脆弱性的人身上，但这与父母导致孩子患精神分裂症有很大不同。

其他学科也提出了父母负有责任的假设。人类学家玛格丽特·米德（Margaret Mead）写道[22]，文化是"已习得行为的系统体系，是由父母传给孩子的"。虽然这听上去很合理，但我们现在认识到，父母只是孩子吸收文化价值观的众多途径之一。在年龄较大的孩子身上，同龄人在文化传播方面对他们施加的影响似乎比父母造成的影响要强得多。

危险的家庭环境

20世纪初，一连串新的家庭危机开始凸显。到20世纪30年代，电力、冰箱和其他家用电器的危害[23]每年导致3万人死亡，其中儿童的人数极高。母亲们再一次受到了抨击。例如，一位红十字会官员在1947年写道："预防家庭事故在很大程度上是家庭主妇的责任。"在同一时期，有关交通危险的运动导致许多城市地区的父母将孩子限制在家里。到第二次世界大战时，事故成为儿童死亡的主要原因。历史学家彼得·斯特恩斯（Peter Stearns）在《焦虑的父母：美国现代育儿史》（*Anxious Parents: A History of Modern Childrearing in America*）一书中写道[24]："……风险和事故的概念也被重新定义，以支持一种几乎明确的立场，即事故不是真正的意外，而是由父母的过失造成的。"他表示，虽然19世纪的育儿手册也向父母提供了子女健康和性格方面的建议，但在当时，事故在很大程度上被认为是不可避免的。

第五章 当代父母的新挑战

广播、电视和隔壁的罪犯

20世纪30年代至50年代，人们对广播腐蚀能力的担忧与当今的人们对电视、电影和互联网的恐惧相似得惊人。例如，斯特恩斯引用了1933年发表在《斯克里布纳杂志》(Scribner's Magazine) 上的一篇文章，其中写道[25]："我想让我的孩子至少推迟几年再了解如何抢劫银行、凿沉船只、射杀警长，以及不忠对情感的影响、丛林中的危险和毒品成瘾的恐怖。" 1945年，美国只有5000户家庭有电视机[26]；15年后，每8个美国家庭中就有7个接通了电源，一家人围在一起看电视。

尽管电视具有娱乐价值，但它带来了一种新的传播媒介，可以立即传递令人不安的信息——儿童面临危险、好的父母需要保持警惕。这促使人们逐渐认识到，一些家庭之外的力量可能会影响孩子，从而削弱父母的权威。

媒体行业利用了父母的不安全感，高谈阔论如何找到问题并解决它。要想让观众不换频道，最好的办法莫过于问这样的问题——"你的社区是否不受与儿童癌症有关的化学品的影响？等我们回来后揭晓。""你知道该如何预防青少年肥胖吗？请继续关注。""互联网是否会让你的青少年子女遭遇性捕食者[①]？休息过后将呈现更多内容。"

---

① 性捕食者是欧美国家对诱骗性侵女童之人的统称。他们在网络中专门诱骗、猥亵、性侵儿童，尤其是十几岁的花季少女。

在杂志、电视、书籍和广播中，这些内容通常都以"三大"为话题，例如"三大增强孩子自尊心的方法""关于当今大学不可不知的三大事实"。而我想让他们说一说"最讨人厌的三大问题"。

媒体给出的"事实"往往是错误的，并对一些最令人不安的都市传说的滋长负有责任。例如，我这一代的大多数人都记得，我们在万圣节时能获得极大的自由。我们会得到巨大的糖果棒。对，巨大的！但最令人兴奋的是，过万圣节成年人不参与，这就是它的魅力所在。

尽管我很不愿意承认，但我不可能让我的孩子在还小的时候独自玩"不给糖就捣蛋"的游戏。万圣节期间，我和住在附近的其他家长护送孩子们挨家挨户串门，就像牧人驱赶着一群穿着巫师袍的乞儿。为什么？也许是因为1982年开始流传关于苹果里藏有剃须刀片的报道[27]。越来越多的人认为外部世界不再可信，甚至也不能信任我们的邻居。为了成为好父母，父母需要保持警惕。著名的"剃须刀片苹果"从未被发现（尽管人们发现有一些苹果里插着针）。然而，由于媒体无处不及并且有着闪电般的传播速度，罕见事件有可能并持续造成家长的恐惧，进而使罕见事件变得极度可怕。

我再举另一个例子：大多数父母都害怕绑匪和猥亵儿童者潜伏在各个操场周围。也许这是因为20世纪70年代的社会运动声称美国每年发生5万起绑架案[28]。但是，实际数字其实是200—300之间。媒体和一些善意的儿童权益倡导团体的参与激发了各种道德恐慌[29]。它们在20世纪80年代中期让人们戒备恋童癖团伙和儿童色情制品，在20世纪90年代宣传日托丑闻和邪教的恶行，以及现在让人们警惕性捕食者。

我经常看到夫妻在离婚的边缘摇摇欲坠，因为他们非常担心潜在的保姆会绑架、猥亵或暴力对待他们的孩子，以至于夫妻二人从来没有共同外出，花时间与对方好好相处。"我只是在做一个负责任的家长。上述情况可能发生。如果发生这样的事，我将永远无法原谅自己。"我的观点是：今天，负责任的父母是忧心忡忡和心怀愧疚的父母。

游戏时间的危险性

让父母感到内疚的是，他们无法为孩子提供许多快乐和自由，让他们摆脱父母的监督，就像他们自己小时候那样，拥有独自过万圣节的自由。在今天的大多数美国社区，如果一位家长告诉另一位家长，她10岁的孩子整天和朋友们骑自行车外出，但她不确定孩子在哪里，她会因为危害儿童安全而被举报到儿童保护服务机构。

不仅家长越来越担心孩子出门在外时面临危险，就连可供孩子玩耍的场所也在迅速消失。20世纪80年代初至90年代末的短暂时期内[30]，儿童的户外活动和非结构化游戏减少了40%。由于企业、住房开发和社区安全性的下降，许多田地、树林和场地都消失了。美国人口在1900年至1950年间翻了一番[31]，在1950年至2000年间几乎又翻了一番，这也极大地导致了空间的减少。

随着公共空间愈发稀缺和危险，孩子和父母被迫待在同一屋檐下，这在美国历史上是前所未有的。此外，大家庭的减少意味着家庭内外的玩伴越来越少。父母在为孩子提供娱乐方面负有的责任变得更强。他们也更觉得自己有义务这样做[32]，因为他们对孩子的生活变得非常受限和死板感到内疚。在许多家庭中，父母已经不再要求孩子做家务，以便孩子能腾出更多时间娱乐和休闲。如今的孩子不仅仅玩耍，他们还有"玩耍约会"。"玩耍约会"到底是什么呢？它是只玩积木的晚餐约会吗？

父母为孩子提供娱乐的能力也成了孩子评价父母的要点之一。不幸的是，这也是父母比较自己与其他父母时评价自己的要点。例如，在我居住的湾区，冬天时家庭和广告商会掀起一场关于去太浩湖滑雪之乐趣的热议。我在地势平坦的俄亥俄州南部度过了大部分成长岁月，我充其量只是一个水平中等的滑雪者。然而，我十几岁的儿子们不断听同龄人说起周末滑雪旅行、山坡上的度假屋、最新的单板滑雪设备，以及父亲们好几天都和孩子们在一起，不停地在山侧斜坡上修整过的小道上穿行。

我感觉到了压力。我的孩子们很难被我的论点说服——我搬到加利福尼亚，在某种程度上，是为了永远与冬天和雪分开。他们也不同情我日益增长的中年恐惧，即下一次扭伤或骨折将永远结束我行走、慢跑或跳舞的能力。

第五章　当代父母的新挑战

在孩子们看来，我不仅剥夺了他们参加一项有趣活动的机会，而且使他们无缘参加与雪上技巧、U型场地技巧和空中技巧（我都不知道这是什么意思）相关的同龄集体活动。如果不能参与、享受这些乐趣，他们会觉得自己不如别人。因此，作为父母，我也会觉得自己不称职，因为我让我的孩子觉得自己不如同龄人。

因此，我们驱车四个小时前往太浩湖，这在很大程度上是因为我不希望自己看起来像一个敷衍了事的父亲——我生活的社区里父亲们显然都很尽职。是的，在雪地里玩耍很有趣，和孩子们一起建立回忆也很重要。然而，未能按照孩子们的标准，为他们提供他们认为自己有权享受的娱乐并不是虐待儿童。

还有，"我很无聊"的说法虽然是对主观体验的陈述，最终也会成为对父母的称职度和价值的陈述。现在，孩子们可以根据父母所提供机会的好坏来评价父母，从而判断他们有多值得孩子爱和尊重。孩子以后可能将自己的发展结果或失败归咎于父母，不管这么做是对是错。他们可能将父母未能提供"形成性机会"看得远比以往重要。

这种苛责的对象也包括父母参与孩子许多活动的程度。例如，在史蒂文·斯皮尔伯格的电影《铁钩船长》（*Hook*）[《彼得潘》（*Peter Pan*）的翻版]中，船长试图通过安排一场棒球比赛来讨好迈克尔。轮到迈克尔击球时，船长激励他说："这是为了你父亲从未参加过的那些棒球比赛！"孩子义愤填膺地咆哮着，打出

· 085 ·

了一记全垒打。

这是重大的两极逆转[33]。以前的孩子应该赢得父母的爱和尊重,可今天的父母却担心他们会由于做得不够多——不够关心孩子的内心、不够敏感、不够有趣、不够"专注",而不能得到孩子的爱和尊敬。今天的父母们担心,他们在育儿方面真实地犯下的或想象中的错误有一天可能会再次困扰他们,而这种担心往往是正确的。

孩子自己的世界

矛盾的是,在父母对孩子越来越负责的同时,孩子也越来越受到父母控制之外的影响。正如明茨所写的[34]:"……最重要的发展是家庭以外的机构对社会化的影响越来越大。学校、教堂、电视和商业市场培养了儿童和青年的独立世界。在其中,某些文化和经验被同龄群体共享,而父母甚至年长的兄弟姐妹则被排除在外。"历史学家斯蒂芬妮·孔茨(Stephanie Coontz)曾在《我们一直如此:美国变化中的家庭妥协》(*The Way We Really Are: Coming to Terms with America's Changing Families*)一书中表示[35],现在的青少年玩的游戏与他们的父母在前工业社会中玩的游戏没有什么区别。但现在这一切都变了。

第五章 当代父母的新挑战

儿童消费者

渴望产品且现金充裕的孩子以及心怀愧疚的父母创造了庞大的市场,这种经济潜力在 20 世纪日益显现。在美国,每年有 150 亿美元用于向儿童推销,使儿童每天观看 110 则商业广告[36]。7—16 岁的儿童中有一半拥有手机,25% 的 2 岁儿童在卧室里有电视机。2001 年,美国的 10—19 岁的女孩花费了 750 亿美元自有资金[37],这还不包括父母为他们买的东西。2002 年,4—12 岁的儿童的花费比 1989 年增加了 400%。

当心你的饮食!

越来越多有关杀虫剂和营养不良影响的信息让家长惊觉,原来他们在保护孩子的健康方面做得还不够。他们担心一个小小的判断错误可能会对孩子的发展产生持久的影响,这种担心一直存在,并且一直是媒体的话题。

对儿童营养的担忧现在已经达到了狂热的程度。《芝麻街》(*Sesame Street*)[①] 的制作人改变了"饼干怪兽"的营养习惯,而这个角色之前因对饼干无拘无束的热爱而受到世界各地儿童的崇

[①] 美国儿童节目,综合运用木偶、动画和真人表演等各种表现手法向儿童教授基础阅读、算术、颜色的名称、字母和数字等基本知识,有时还教一些基本的生活常识。

拜。一家报纸报道称,"饼干怪兽"现在的立场是"饼干是一种偶尔食用的食物"[38]。该节目的研究和教育副总裁说:"我们正在教它节制。"

拜托。

把"饼干怪兽"变成一个有节制的食客并不会改善儿童的饮食。正如一位专栏作家指出的,既然这个蓝色的布偶以任何饼干状的东西为食,也许制作人也应该建议年轻观众避免食用垃圾桶盖、飞盘和盘子。

离婚的影响

随着离婚率在20世纪50年代至70年代的上升[39],回归工作岗位女性的数量屡创纪录,父母们也开始因他们为孩子提供的生活质量感到更加内疚和焦虑。这现在仍然是许多父母,特别是职场母亲的内疚和焦虑的持续来源。

20世纪70年代,美国的离婚率飙升[40]。这一现象的推动因素包括离婚法的自由化、离婚的去污名化、同居代替结婚的接受度提高、妇女经济实力的增强,以及强调婚姻中个人快乐感和满足感重要性的新意识形态。

虽然离婚对高冲突家庭中的孩子来说有积极影响[41],但离婚率的上升为孩子和父母带来了新的分离和疏远。我将在第九章指出,孩子有时会与父母中的一方而不是另一方结成联盟,或者将离婚更多地归咎于父母中的一方。这些因素都会导致孩子降低对父母的依恋、忠诚和尊重。

经济担忧和受伤的父母

生活在贫困社区的美国父母不仅为他们的孩子不具备良好的经济前景而悲伤，也为他们无法保护孩子免受警察和帮派暴力的伤害而悲伤。正如历史学家孔茨所写[42]："过分强调父母对孩子的结果负有责任，这对下层阶级的父母尤其不利。研究表明，社会经济地位低下的父母对孩子的影响小于其他阶层的父母。"

当贫困社区的尽职父母看到自己的孩子在竞争越来越激烈、机会越来越少的社会中成长时，他们既害怕又绝望。他们的孩子被要求在就业和大学申请方面（如果这些孩子能走到这一步）与来自资金充裕的公立学校或私立学校的学生竞争。在这些学校，学前教育费用每年就超过 20000 美元。

经济压力也会影响育儿的质量[43]，这可能使父母在当下更容易感到内疚，也容易在日后受到指责，被人指责为从前过于挑剔、愤怒或心不在焉。当我们被指责是糟糕的父母，无论这种指责来自孩子还是我们自己，我们都会产生难以忍受的羞耻感。理解和驾驭这些感受是下一章的主题。

第六章

羞耻因何而起

别用羞耻审判自己。

你越了解羞愧，就越觉得喜剧不那么琐碎。[1]
——《羞耻与骄傲：情感、性与自我的诞生》
(*Shame and Pride: Affect, Sex, and the Birth of the Self*)
唐纳德·内桑森（Donald Nathanson）

与汤米在一起，美好的日子总是少有的，波莉希望这样的日子能变得越来越多。经过一系列评估，汤米最近被诊断出患有爆发型人格障碍（Explosive Personality Disorder），波莉期待学到新的方法与他相处，以使他的康复更加顺利。然而，今天她只是庆幸能在汤米没有爆发的情况下度过这一天。当然，只是到目前为止没有爆发而已。

事情发生时，波莉几乎已经走出了杂货店。她当时正从农产品摊位绕过过道，像一位离世界纪录只有几步之遥的奥运选手那样冲向结账柜台。汤米在此时尖叫道："不！你没有给我买薯片！我想要薯片！！"

第六章　羞耻因何而起

"哦，上帝。不行，拜托，别现在胡闹。"波莉想，"请让我在你发生里氏 9.1 级的崩溃之前离开这家该死的商店。我实在受不了。别在今天胡闹。"

"薯片！妈妈，我想要薯片！"

波莉环顾四周，想看看今天会有多少惊恐的围观者评判她。她平静地说："亲爱的，我们家里有薯片，记得吗？我们昨天刚在商店买了薯片。"

"不！我讨厌那种薯片。我想要好的那种。你保证过我们会买好的那种！"他用一种会让琳达·布莱尔（Linda Blair）[①]感到骄傲的声音尖叫道。

"汤米，我们家里有好吃的那种。"波莉故作镇定地说，但她的恐慌情绪油然而生，想把儿子的小手捏扁，"记得吗，那是你昨天自己选的。快点儿。我们必须回家做一顿丰盛的晚餐，你可以帮忙。"

"不！那些薯片很愚蠢，你也很愚蠢！你是个大傻瓜！！我想要我的薯片！！！"

一群购物者面带轻蔑、鄙视和怜悯从她身边经过。

波莉走向过道，那里摆着引诱汤米的薯片和富含甘油三酯的同类产品。她在羞辱中平静地说："汤米，你不能骂妈妈。还记得我们和爸爸谈过什么吗？不能骂人。"

[①] 美国电影女演员，14岁时曾以精湛的演技出演电影《驱魔人》(*The Exorcist*) 里受到恶魔附身的小女孩。

哈丽雅特在旧金山富裕的郊区希尔斯伯勒抚养她18岁的女儿，这对她来说既幸运又不幸。现在她的女儿到了上大学的年龄，她参与妇女团体晚餐时，谈话不可避免地围绕着SAT分数、大学申请，当然还有谁会去哪里上大学展开。

"利昂纳被布朗大学和耶鲁大学录取了。她拿不定主意上哪一所大学。"哈丽雅特大学时的老朋友马琳说。

"哦"，哈丽雅特说，从面前的肋排中拔出镶有红宝石的小刀，"太棒了！你一定很骄傲！"

"哦"，另一位朋友凯瑟琳说，"里克申请了五所学校，但他只被伯克利[①]录取了！"

"伯克利？这没什么可羞愧的。"哈丽雅特说，她倒了第四杯酒，谈话内容让她头昏眼花，"我听说现在要进伯克利几乎不可能了。"

"鲍比也被伯克利录取了，"哈丽雅特在读书会的朋友康斯坦丝说，"他和里克正在讨论一起住。他还被阿默斯特学院和欧柏林学院录取了。他也在考虑去欧柏林学院，因为那儿应该有一个好的音乐项目。"

"贝姬怎么样了？"那位女儿被耶鲁大学和布朗大学录取的母亲问道。

"哦，她没有被任何大学录取，"哈丽雅特耸耸肩说，"还能

---

① 指加利福尼亚大学伯克利分校（University of California, Berkeley）。

第六章 羞耻因何而起

怎么办?"

"我很遗憾。"那位儿子被伯克利、欧柏林和阿默斯特同时录取的朋友说。

"是的,她的 SAT 成绩不是很好,她在学校的成绩也不是很好。而且尽管我们试图让她申请一大堆学校,可她拒绝这样做。"

"她可以明年再申请。"其中一位朋友提出。

"是的,在此期间她可以做很多事情来提高自己的竞争力。"另一位朋友说。

"她当然可以,"哈丽雅特想,"只不过她没有一点儿雄心壮志。她长期抑郁、有明显的学习障碍,几乎需要一个住家教师盯着才能做家庭作业,就像我从她三年级起就一直在做的那样。"

虽然哈丽雅特的朋友们知道贝姬不是一个容易相处的孩子,但她们不知道贝姬让哈丽雅特遭受了多少羞耻和心痛,尤其是在这样一个孩子们都成绩优异的社区。尽管哈丽雅特奉献了很多、投入了很多,但她作为母亲却仍在众多问题间挣扎,贝姬没能考上大学只是其中之一。

由于今天的父母被要求达到非常高标准的完美,在过去的 30 年里,父母更加普遍地怀有羞耻感。当父母将自己与他人进行比较,特别是与那些孩子看起来更成功或适应能力更强的父母进行比较时,如果自己的孩子举止不端、行为不当、学业失败或行为古怪,这些父母就会感到尴尬和羞耻。此外,孩子在家庭中的权力越来越大,这使得父母更容易被自己的孩子羞辱。

被羞辱的父母背负着一种隐秘而令其感到孤独的负担，因为谈论他们的羞耻意味着打开批评性反馈的大门，从而使他们体验到进一步的疏离感。本章的主旨是就此提供共情和指导。

内疚与羞耻

内疚是我们认为自己做错了什么，比如责备孩子；或者在某种程度上辜负了他，比如没有参加对他而言意义重大的活动。然而，你有可能对自己的行为感到内疚，但仍然相信自己本质上是个好家长。此外，内疚意味着有机会进行弥补："我为自己的所作所为感到抱歉。我能做些什么来弥补你？"

羞耻与内疚交织在一起，但与其说羞耻让我们认为自己做了坏事，不如说让我们认为自己很糟糕。偶尔的羞耻感不仅是正常和可预测的，而且从进化的角度来看也是必要的。作为群居动物，感到羞耻的能力进化为一种在群体中生存和发展的策略。那些缺乏这种能力的人更有可能以与群体规范相悖的方式行事，因此更有可能面临惩罚和排斥。就此而言，羞耻往往具有社会性，它涉及在别人眼中自己看起来有缺陷或他人感觉自己有缺陷。

对许多人来说，养育子女可能是一个无条件地爱和被爱的机会——无所畏惧地摆脱羞耻感的束缚，不再因此受限。这也可能是一个机会，可以部分修复你自己在童年时期因缺陷、不可爱或恐惧而扭曲变形的心灵。人们与婴儿在一起时体验到的愉快融合使他们有机会体验到亲子间的亲密无间。婴儿的纯真和依赖让我们觉得自己是完美的、被需要的和有价值的。

然而，随着孩子的成长，他们拒绝、羞辱父母的能力增强，养育孩子的过程因此也变得更加诡谲莫测。虽然蹒跚学步的孩子发脾气可能让我们感到困惑和无助，但与青少年或年轻人刺穿我们最脆弱的领域并动摇我们的身份认同和我们自尊的核心相比，这算不了什么。

与分离相关的羞耻感

例如，青少年为了切断联系和依赖所具有的潮汐般起伏的引力而拒绝父母的情况并不罕见。为达到这个目的，他们更为有效的策略之一是让父母感到自己不称职。青少年通过这一行为告诉父母："既然你没有价值，我为什么要对你如此依恋和依赖呢？"

婚姻研究者约翰·戈特曼（John Gottman）发现[2]，配偶的蔑视是离婚强有力的预测因素。这是因为配偶一方的蔑视会让另一方产生强烈的羞耻感和不称职感。显然，每天被羞辱的日子并不是大多数人心目中的美好时光。精神病学家和研究员贾尼丝·基科尔特-格拉泽（Janice Kiecolt-Glaser）已经表明[3]，持续遭到伴侣蔑视的已婚人士免疫功能下降的风险要大得多。已婚人士说"你让我恶心"并不是夸大其词。虽然两位研究人员的数据都基于婚姻关系，但这些规律似乎很可能会更有力地延续到养育子女的过程中。毕竟，还有什么比经历孩子对你的持续仇恨或蔑视更让人倍感压力呢？

我看到过我朋友、同事和来访者中最明智和健康的人在面对孩子的持续蔑视时彻底崩溃。他们发现自己陷入了一种关系，而这段关系每天传递给他们的信息都是"你真的搞砸了"。虽然有些父母能够在遭受相对较小的伤害后挡开这些攻击，但许多父母在这场战斗中血迹斑斑、伤痕累累。正如一位母亲所说："我儿子让我觉得自己是世界上最愚蠢、最无能的人。我们的每一次互动都让我感到沮丧。我只是在数着日子等他搬出去！"

然而，即便是在孩子们离家之后，这种不愉快也可能持续下去。虽然生活在电话、手机和电子邮件出现之前时代的人们可以安慰自己说，他们之所以没有孩子的消息，是因为收到他们的消息需要一段时间，但现在一切都变了。现在，缺乏沟通意味着完全不同的事情。一个拒绝回电话、电子邮件或信件的孩子发出了强烈的信息："我当然可以和你联系，但我没这么做。"成年子女也可能与父母保持联系，但可能在互动中花过多时间批评、嘲笑父母或对他们发脾气，让父母目瞪口呆、不知所措。当子女发送"你的爱一文不值，你也是一文不值的"这一信息，父母就会收到它。

父母的需求和孩子的需求在很多方面都不一致，而其中最重要的可能是独立倾向。即便分离不具攻击性，分离的事实也会让人感到羞耻，特别是对已经感到自己不称职或没有价值的父母来说。我已经看到不止一位家长在同龄群体取代他们成为孩子亲密感和权威的重心时,因突然失去亲密感而深受打击。不幸的是,与任何原本可能亲密无间的关系一样,父母可能会因为羞辱孩子或者以受害者自居而令孩子对其敬而远之,从而进一步疏远处于青春期的孩子或年轻的成年子女。正如一位母亲所说:"我们曾经非常亲密,现在我却被当作一个废物。如果她想和我保持良好的关系,她可以来找我。"别等了,妈妈。你的女儿正在努力学习如何不来找你——你越是表现得像个受害者,她回来所需的时间就越长。

延长的青春期

父母与青少年和父母与年轻成人的关系在过去一段时间内变得特别复杂,因为现在孩子的青春期已经比以前延长了很多。宾夕法尼亚大学的社会学家弗兰克·F. 弗斯滕伯格(Frank F. Furstenberg)及其同事表示[4],现在的年轻人达到"传统上被定义为完成学业、找到一份待遇不错的工作、结婚和生儿育女"的成年门槛的时间已经延后了10年。根据这一标准,在1960年,有65%的男性在30岁时成年;而到2000年,这一比例只有31%。1960年,有77%的女性在30岁时达到成年的标准;但到2000年,这一比例只有46%。

这种转变对父母与青少年的关系产生了巨大影响。例如,如果孩子们处于"年轻"阶段的时间更长，那么长期以来出现在13—17岁孩子身上的那种叛逆、羞辱和贬低行为在他们身上可能会持续到20多岁的中后期（甚至更晚）。为什么？因为你的成年子女仍在努力与你分离。导致子女虐待你的是爱而不是恨。现在，你感觉好些了吧？

身份认同的巩固长期以来都是青春期成功的标志[5]。现在的青少年似乎也比前几代人需要更长的时间才能实现这一点。其中一个原因是，当前的育儿文化使孩子们无法经历足够多的沉重打击，以训练他们经受住从在家生活过渡到独立生活的剧烈转变。当前，我们认为儿童是珍贵和脆弱的，这可能导致我们十分积极和努力地为他们辩护，以至于他们认为自己过于容易在生活中受到不可避免的打击。这就是精神分析学家卡尔·荣格（Carl Jung）写到"神经官能症是对正当痛苦的回避"时的部分意思[6]。

作家哈拉·埃斯特罗夫·马拉诺（Hara Estroff Marano）将上述育儿方式称为"温室育儿"（hothouse parenting）[7]，该理念的育儿哲学是，孩子只有在充满温暖、亲密和精心培育的条件下才能茁壮成长。另一位作家创造了"直升机父母"（helicopter parents）一词，以描述父母不断忙碌地在孩子头顶盘旋，随时准备俯冲下来，将他们从任何侮辱或伤害中解救出来的现象。

温室育儿或直升机育儿可能部分解释了为什么如今的大学咨询中心被存在严重心理健康问题的学生压得喘不过气。一项调查发现，自1988年以来，在大学咨询中心发现的学生的心理问题

第六章 羞耻因何而起

的严重程度一直在上升。当然,发生这种情况也可能是因为早期诊断和治疗的去耻辱作用意味着人们更有可能寻求帮助或继续学业,而以前他们会选择退学。大学也在更加积极地寻找存在风险的学生并帮助他们接受治疗。

此外,18—25 岁的年轻人特别容易患精神疾病[8],如精神分裂症、焦虑症、双相情感障碍、抑郁症和人格障碍。其中,一些疾病可能会一直潜伏,直到被大学中充斥的激烈竞争和社会压力之类的应激源诱发。

对父母和成长中的成年人来说,另一个潜在的耻辱来源是经济机会的流失。这些机会曾经让青少年得以长大成人,相信他们可以靠体面的薪水养活自己。因此,美国和其他国家的许多年轻人直到较为年长后才离开家,或者在短暂进入成人世界后又回到家中。

这种延长的青春期会使青少年和成年人的关系相当紧张。当今的观点认为孩子很脆弱,这可能导致父母无法进行必要的设限工作,用"严厉的爱"迫使孩子离开温暖但令人窒息的舒适巢穴,开始寒冷而清新的独立生活。无法离家的青少年或返巢的成年子女会给自己和父母带来羞耻。

以凯尔为例。凯尔的父母在他 7 岁时离婚了。之后,凯尔与母亲一起生活。凯尔 16 岁时,他的母亲与新任丈夫迁往芝加哥。随后,凯尔搬进了父亲家。在凯尔高中毕业时,他问父亲自己是否可以继续和他住在一起,上一所社区大学并存钱,直到他可以自己搬出去住。他的父亲不情愿地同意了。

不幸的是,凯尔没有信守诺言,他不断辍学,在大学没有取得很大进展。他也不够自律,无法靠兼职工作存下足够的钱搬出去。

凯尔的父亲仍然为离婚以及凯尔似乎因此患上抑郁症而自责。因此,他感到内疚,无法对凯尔设置限制,例如告诉儿子必须在某个日期前搬出去,或者如果儿子不能完成课业就搬出去。父亲难以设置限制,儿子难以争取独立,这是一种不稳定的关系。凯尔对自己的失败感到的羞耻和内疚,以及父亲对离婚感到的羞愧和内疚加剧了问题。因此,他们都感到羞耻、指责对方,并使一个难以改善且具有破坏性的旋涡持续下去。这类关系将在第十一章"子女长大却没有成人"中得到更全面的阐述。

羞耻罗盘

人们对羞耻感的反应各不相同。精神病学家和羞耻感研究者唐纳德·内桑森提出了四种应对羞耻感的策略:攻击他人、攻击自我、退缩与回避[9]。攻击他人是削弱他们评判你的权利或让你自我感觉不好的一种方式,这可以通过贬低、批评、嘲笑或说对方闲话来实现。孩子对父母进行的一些羞辱旨在通过贬低父母来减轻自己的羞耻感,就像凯尔贬低父亲一样。

攻击那些会让自己感到羞耻的人的愿望有时可以强烈到令人

第六章 羞耻因何而起

犯下谋杀罪的程度,美国科伦拜恩高中(Columbine High School)校园枪击案和其他校园杀戮案件就是证明。正如朱迪丝·里奇·哈里斯(Judith Rich Harris)所写[10]:"大多数校园枪击案的凶手都是被同龄人刁难或排斥的孩子。他们受到了严重伤害,感觉自己弱小无力。他们想要复仇,想要感觉自己很强大。他们手中的枪让他们感觉自己很强大。"内桑森也有类似的描述[11]:"……最让人痛苦的想法是那些让人自觉软弱、渺小、无能、笨拙和愚蠢的想法……在愤怒的爆发中,我们证明了自己的力量和能耐。"虽然杀害父母的情况很少见,但许多青少年和年轻人试图让父母感觉自己作为家长一无是处,是因为这些年轻人觉得自己在很多方面都一无是处。许多父母会回击或主动发起攻击,以此逃避让人讨厌的羞耻感。

攻击自我是一种完全不同的策略。它的目标是先下手为强,削弱对方羞辱你的力量。例如,有时我不得不告诉正在与人约会的病人,不要在第一次见面时就列出自己的所有不足之处。"对方无论如何都会发现我的问题,所以还不如早点儿结束"是他们常用的反驳方式。他们的目标是避免自身缺陷遭曝光的可怕感觉。所有与羞耻斗争的人都熟悉这种感觉。因此,他们开始告诉潜在的追求者自己所有的失败、不安全感和问题——随后他们意外地发现,这并不会让对方感到兴奋。对于受伤的父母而言,攻击自我往往表现为有意识的自我厌恶和自我破坏。

受伤的父母常用的另一种策略是退缩,试图向世界隐藏羞愧、羞辱、痛苦和不称职的感觉。父母的羞耻感使他们很难向他人公开自己的挣扎或寻求支持，因为他们害怕暴露自己的缺陷。因此，他们感到被孤立，只能独自面对自己的问题。

最后一种策略是回避。通过回避，人们否认问题的存在。回避很像否认，即当事人为了避免痛苦的羞耻感而对自己撒谎。"我真的已经不在乎她做什么了，"一位父亲说，"坦率地说，我已把她从我的脑海中抹去了。"渴望避免羞耻也会导致父母否认给孩子造成的伤害，因为记忆唤起的羞耻感令他们太痛苦了。

共情问题

共情，或称同理心，是一种体验他人之体验的能力。它是良好人际关系和社会成功的关键，因为它让我们能够洞察他人的想法和感受。这种心理理论让我们能够帮助他人，避免可能给我们带来问题的情况[12]。这似乎也是我们与生俱来的一种能力。

就养育子女而言，共情是必要且几乎不可避免的组成部分。婴儿正是通过共情的反映开始发展自我意识[13]。例如，当婴儿对父母微笑而父母也回以微笑，这让孩子"被看到"，并感到自己有用、与父母亲近。同样，父母对孩子的快乐或不适的表情不断做出的反馈和回应有助于婴儿开始学习如何调节自己的情绪，以及如何在以后的生活中调节自己的思维。

但是，当共情者的共情受挫或遇到死胡同时，他们身上会发生什么？在亲子关系中，如果孩子很难取悦或者攻击和拒绝父母，这时父母身上会发生什么？就像孩子们天生需要共情回应以调节自己的情绪一样，当父母的爱被证明是徒劳的，父母可能会自动感到羞愧和不称职。

当代文化让育儿像是有可能成为满足你所有情感需求的一站式购物中心，这增加了父母感到羞耻的风险。尽管只有大约三分之一的母亲将养育子女的经历描述为"非常让人满足的"[14]，但如果她们觉得孩子是负担，或者如果她们没有像别人的描述一样，发现为人父母是满足感的源泉，那么大多数人仍会觉得自己真的有问题。当然，如果你的孩子不合作，难以让育儿成为一种乐趣，或者如果你过去的错误让你很难找回你曾经拥有的东西，那么养育孩子将特别麻烦。在这种情况下，养育孩子成了你痛苦的核心来源。就像深陷不幸婚姻的配偶一样，受伤的父母纵使有爱和被爱的强烈需求，往往也不得不接受孩子不愿配合的事实。

偶尔会有一位朋友或来访者对我说："我永远做不到像你这样整天倾听别人的问题。"他们认为持续与他人共情一定是沉重的负担。但人们对自己为人父母的期望也受到类似观点的影响。我们当前的育儿文化让父母认为，他们应该24小时警惕孩子的任何共情需求，包括孩子对他们的虐待。心理学家戴安娜·艾伦赛夫特（Diane Ehrensaft）写道[15]："……值得注意的是，现代中产阶级父母不允许自己打孩子，却让孩子一直打他们。"

打父母如此，对父母恶语相向也是如此。许多父母非常担心自己扼杀孩子的情感生活，因而容忍了前几代人闻所未闻的暴脾气和操纵行为。这让孩子们混淆了什么是对父母的合理期望和他们有权从别人那里得到什么，也让父母在本应感到恼怒的时候感到羞愧，以及在本应认为自己有权管理孩子的时候认为自己不称职。我并不是说前者应该是你与孩子打交道时的主要情绪，但如果你不能很好地将这些情绪融入你的生活，你作为父母就非常失败了。

孩子的负担

我想起荣格的另一句话："没有什么比父母死气沉沉的生活更能影响孩子了。"[16]这句话有很多层意思，但它表达的是父母过得不快乐对孩子而言是一种负担。不幸的是，意识到父母过得不快乐可能会导致青少年和成年子女最糟糕的行为。孩子们可能羞辱或拒绝抑郁、焦虑或壮志难酬的父母，以此来减轻他们对父母的共情——他们容易被父母的悲伤拖累，被父母不成功的生活束缚，因父母对他们、对他人或对自己的失望而产生幻灭感。有时候，孩子们发现，他们与父母的感情保持健康距离的唯一方法是拒绝或远离父母。

正如我的许多来访者所说："和我母亲谈话真是太痛苦了，因为她所谈的都是她的生活有多艰难。她真是个殉道者！"但为什么人们会被身为殉道者的母亲拖累？为什么我们中的许多人很

第六章 羞耻因何而起

难倾听和共情,或者在与一个经常抱怨的人相处时内心毫无波澜?这是因为我们试图对抗共情强加的要求。

正如内桑森所说,其他人的感受,尤其是家庭成员的感受,有可能会掌控我们。婴儿不停哭泣可能会让人恼怒,不仅因为这让人觉得他们的需求难以满足,还因为他们的哭声听起来像是在表达对我们的无能、不能给他们想要东西的异常愤怒。就好像他们在说:"你到底有什么问题?不,我不饿!不,我不想再听到你那些愚蠢的儿歌了!不,我已经清楚地告诉你问题出在哪里了!看在上帝的份儿上,我是个婴儿。做点儿什么吧!"

内桑森提出,"共情墙"(empathic wall)是人类发展不可或缺的一个健康组成部分,因为如果没有它,我们很容易接收到周围每一个人的信号[17]。例如,假设你在操场上,你看到孩子们经常表现得很苦恼。他们要么错误计算了攀爬架之间的距离,要么得知父母对"长时间"荡秋千的想法与他们不同。如果你坐在那里,没有隔绝每个痛苦的孩子的哭声,你就有麻烦了。我们需要能够在某种程度上忽视他人的痛苦,以保持自己的理智。

今天的父母觉得,共情墙似乎是极度自私的表现,而不是心理健康的必要条件。这里的矛盾在于,在你感觉自己与孩子稍微疏远了一些时,你越是认为这没有伤害到孩子,你就越能良好地应对他们对你的羞辱或拒绝。

教皇座驾

你见过教皇的座驾吗？它的驾驶舱罩着一层防弹玻璃，让教皇可以乘车接见群众，而不用担心被射杀。我想让你想象一下，你有一辆精神上的"教皇座驾"，它能让你免受孩子和其他人的情绪枪击。请注意，虽然我有时会建议你对你的孩子多一些共情，但在这里我劝你对你的孩子少一点儿共情。通过共情，我们允许自己被对方的感受和陈述左右。你的孩子说："你是个糟糕的家长。"你感到羞愧、悲伤和懊悔。而当你坐在教皇座驾里时，如果你的孩子说："你是个糟糕的家长。"你会说："对不起，亲爱的，我没听到你说话。你说了什么吗？我在这该死的教皇座驾里听不到你说话。"

我们的目标是让你的感觉在很大程度上被反射出去，你对这些陈述感到好奇，而不是深切地感受别人对你的评价。所以你可能会说："真的吗？我哪里糟糕？"你让批评你的人畅所欲言，练习保持好奇而不去接受别人的评价。这就是我所说的"深情地保持距离"——你保持足够的距离，才可以防止你敞开每一个毛孔迎接即将落在你身上的酸雨，又有足够的爱让你的孩子知道你确实在乎他所说的话。这需要练习、练习、练习，但如果你像大多数父母一样，你就不缺练习的机会。

调查问卷：你因什么感到羞耻

选出与你或你和孩子的关系最相关的选项：
- ☐ 我的孩子告诉我，我是个糟糕的家长。
- ☐ 我的孩子的行为方式让我感到尴尬、羞愧或羞耻。
- ☐ 我的孩子不想接近我，这让我感觉很糟糕。这也让我相信，在别人眼中，我看起来是个糟糕的家长。
- ☐ 我对我的孩子在社交、学业或职业方面表现不佳感到失望，我认为这反映出我很糟糕。
- ☐ _____

调查问卷：认识你的反应

改变你与孩子的冲突，关键在于改变你的反应。你不一定能改变你的孩子，但你可以改变发生在你们之间的事情。你首先需要认识自己如何对孩子的行为作出反应。

选出最清楚地描述出你在孩子很难缠时如何回应的说法：
- ☐ 我屈服了。
- ☐ 我对孩子进行言语或身体虐待。
- ☐ 我变得沉默不语。
- ☐ 我把气撒在配偶身上。

- ☐ 我让我的其他孩子与我结盟。
- ☐ 我对谁对谁错,或者什么是对、什么是错感到困惑。
- ☐ 我使用药物、酒精或食物来麻痹自己的情绪。
- ☐ 我会报复。
- ☐ _____

学习停止情绪化反应

如果你的孩子羞辱你,你可能更容易屈服,这对你有害无益。你最好在一段时间内变得更加自私,直到你清楚地知道你是该屈服于一个要求,还是因为这个要求无关紧要而同意该要求。记下这些情境。记下日期、情况、你的行为、引起的情绪以及你的自动思维。写出一个积极的自我声明和一个新行为,在你下次对抗自动思维时进行尝试。例如:

日期:过去三个月。

情境:儿子拒绝接听或回复我的电话。

情绪:绝望、内疚、羞耻。

自动思维:我是个糟糕的父母。我是一个坏人。他是个坏儿子。

积极的自我声明:我已经努力修复我作为父母所犯的错误。希望有一天我们会有更亲密的关系。在那之前,我能做的就是敞开心门,不要对自己太苛刻。我应该得到爱、同情和宽恕,即使他无法为我提供这些。

新行为：与其他在类似问题上挣扎的父母交谈，确保我得到足够的支持。当我感到自我批评过度时，每天进行自我肯定。

减轻羞耻感的治疗步骤

羞耻会自我延续，因为对自身缺陷的信念导致我们避免与他人谈论自己的痛苦。这种回避使患者感到更加孤立、孤独，并背负羞耻感。牢牢记住以下几点：

努力理解羞耻的非理性本质。你的父母是否羞辱过你？你在生活中是否有其他经历导致你认为自己存在某种缺陷，例如被同龄人、兄弟姐妹或其他人嘲笑或羞辱。

羞耻会让你觉得自己不称职。努力接受更多来自最亲近之人的爱和支持。不要因为你认为自己让孩子失望而否认自己从其他活动中获得的快乐或意义。承诺每周甚至是每天做一些有益自身的事情。

获得更多帮助，确定你是否需要采取进一步的措施来解决孩子或你们的关系中存在的问题。如果你有任何疑问，请咨询心理治疗师、药物顾问、教育专家或其他人。

提醒自己，你的孩子拥有哪些优点和长处，以及你作为父母拥有哪些优点和长处。许多父母因孩子的问题以及孩子对待他们的方式而变得极度担忧和羞愧,以至于他们看不到孩子身上的宝贵之处,也看不到自己作为父母所做的正确之事。列出一个清单,并每天回顾。

在处理这些问题时,提醒自己,你正在尽你所能改善问题,因此不应该受到惩罚。

你不能让那些给你带来巨大痛苦的想法主宰你的生活。练习与自己进行爱的对话,让自我同情、共情、宽恕和自爱成为你的核心体验。努力积极根除你脑海中苛刻、挑剔和不饶人的声音,用善良、有教养和善解人意的声音取而代之。

第七章

个体差异与互不匹配

家庭的理想是和而不同。

罗尼大学毕业后打了两年职业棒球。如果不是因为在一场争夺冠军的比赛中滑垒时弄伤了脚踝，他可能会像其他成为职业选手的朋友一样靠耐克公司的赞助赚大钱。罗尼应妻子的要求来找我谈育儿问题。他妻子忧心忡忡，因为罗尼很难和他们14岁的儿子布鲁斯相处。与罗尼不同，布鲁斯对体育运动没什么兴趣，无论罗尼带他出去玩儿多少次，他都没有进步。此外，布鲁斯既害羞又聪明，这种孩子更喜欢阅读或者把时间花在电脑上，而不是和一群暴躁的男孩跑来跑去。事实上，他为数不多的朋友都是女孩，这也让罗尼感到困惑——布鲁斯似乎对她们中的任何一个都没有吸引力。

罗尼很难和儿子建立联系，也很难喜欢他。不止一次，当布鲁斯摔倒后哭鼻子，或对即将到来的学校活动表现出焦虑时，罗尼叫儿子"娘娘腔"或"窝囊废"。罗尼知道自己骂儿子是错误的，但他很难控制自己的情绪。罗尼的妻子很担心，因为儿子似乎越来越回避他的父亲，她担心他们的关系有一天再也回不了头。

第七章 个体差异与互不匹配

亲子的性格和脾气不匹配可能是双方冲突、失望和心痛的根源。这种不匹配还可能导致亲子间的长期疏远。在本章中，我将帮助你确定这种不匹配对你和你的孩子来说是不是一个问题，并为解决可能出现的潜在冲突和误解提供准则。

兄弟姐妹的差异

如果你有不止一个孩子，你可能已经观察到他们之间的差异，以及他们对你这个家长的反应甚至他们对你们共同生活的记忆有多么不同。在某种程度上，这些不同之所以存在，是因为兄弟姐妹之间的差异超过了他们在几乎所有特征上的相似性[1]。大约90%的兄弟姐妹彼此不同，这种差异不仅体现在发色、发质和肤色等身体特征上，还体现在性格上。已知具有强烈遗传成分的性格特征有：对新体验的开放性（openness）、责任心（conscientiousness）、外向性/内向性（extroversion/introversion）、对抗性/亲和性（antagonism/agreeableness）和神经质（neuroticism）[2]。你可以利用首字母缩略词OCEAN记住这些。由于这些差异，父母可能与异卵双胞胎中的一个关系非常密切，而与另一个完全不匹配[3]。

兄弟姐妹的遗传差异还凸显了父母并不像我们当前的文化所认为的那样无所不能[4]。作为一个物种，让父母如此强大根本不符合我们的最大利益。但你可能会问，作为一种遗传特征，神经质对个人、家庭或社会群体可能会有什么价值？好吧，神经质者的典型特征之一是倾向于担心或纠结于过去的失败或未来的灾难。如果所属家族或群体的特征是性格外向者众多，这对探索新奇和禁忌地带是有益的，但在那些需要真正谨慎或反思的情况中则是无益的。同样，认真负责的性格有助于让群体团结在一起或将个人与群体联系在一起，而反叛甚至反社会的性格则有助于应对被驱逐出部落后需要独自生存的情况。

家庭是社会群体中的一种微生物。你可以认为家庭的运作酷似一把瑞士军刀。从这个角度来看，如果每个成员都有一些在某些情况下比在其他情况下更有用的素质，这个家庭中的个体就拥有更大的生存机会。例如，就像物种为了栖息于新的地理或生态环境会在压力下发展进化，人类个性、生理和智力的表达也存在差异，因为这些差异在某些时候足够重要，可以帮助一个人生存足够长的时间，将这些特征（基因）传给下一代。兄弟姐妹的生物学差异增加了某一家庭成员在某些危险或讨厌的环境中存活下来，并将父母的基因传递下去的可能性。事实上，易生病程度的不同是兄弟姐妹之间差异巨大的另一种表现[5]。

兄弟姐妹如何相互影响

虽然父母很重要，但在塑造孩子的经历以及他们成为什么样的人的过程中，兄弟姐妹也是积极的参与者。无论兄弟姐妹间的关系是否和谐友爱，学习如何与之相处都可以教会我们如何与他人融洽相处。正如心理学家丹尼尔·肖（Daniel Shaw）所说[6]："一般来说，父母所起的大局作用如同进行教学查房的医生。兄弟姐妹就像病房里的护士。他们每天都在那里。"

出生顺序会影响兄弟姐妹的快乐感。例如，哥哥姐姐经常抱怨年幼的孩子更受欢迎[7]，而且这可能是情有可原的。很大比例的母亲承认，与年长的孩子相比，她们更喜欢最小的孩子。人类母亲和其他灵长类动物一样，往往会给予年幼的孩子更多的关注和照顾。在罗伯特·普洛明（Robert Plomin）及其同事进行的几项研究中[8]，只有12%的母亲表示她们以相同的频率管教不同的孩子——大多数情况下，年长的孩子受到的管教要多得多。

此外，在争夺父母关注的战争中，年幼的孩子是可怕的对手。在两项针对学龄前儿童的研究中，研究人员发现，年仅14个月的孩子就会警惕地监视哥哥姐姐与母亲的关系[9]。随着时间推移，孩子会越来越善于将谈话和注意力转移到自己身上。研究人员朱迪·邓恩（Judy Dunn）和罗伯特·普洛明写道："到36个月大时，孩子就能在很多场合成功将母亲和兄弟姐妹的对话转向自己最感兴趣的话题！"

一碗水端平太难了

查尔斯·狄更斯（Charles Dickens）在《远大前程》（*Great*

Expectation）一书中写道[10]："在孩子们生活的小世界里，不管抚养人是谁，他们感受得最深刻、最真切的莫过于遭到不公平待遇。"但是，孩子们感受到的这种不公正的本质是什么？一些父母对孩子们一碗水端平，而兄弟姐妹对这种待遇的体验还是截然不同。三个孩子对父母有三种不同的看法，分别觉得父母严厉、有同理心或不偏不倚，这种情况并不罕见。例如，一个具有攻击性的孩子更有可能认为他的父母和兄弟姐妹对待他的方式比对待家里其他人的方式更加具有攻击性[11]。这个例子还说明，孩子的性格可能成为他体验人际关系的过滤器，而遗传和教养的相互影响可以持续创造令每个人痛苦的关系，并产生长期的影响。

在最近的一项研究中，研究人员芭芭拉·谢布洛斯基（Barbara Shebloski）、凯瑟琳·康格（Katherine Conger）和基思·维达曼（Keith Widaman）发现[12]，如果晚出生的孩子认为早出生的哥哥姐姐受到优待，无论这种看法正确与否，他们的自我价值感都会受到打击。然而，研究人员还发现，尽管有30%的母亲和30%的父亲被认为是平等对待每个孩子的，但早出生的孩子还是会认为父母优待晚出生的弟弟妹妹。正如康格所说[13]："我们研究中的孩子们强调的关键一点是，他们大多数都明白，由于年龄、性别、发展阶段、技能和兴趣的差异，有时甚至是由于父母和某一个兄弟姐妹具有的相同兴趣，他们的父母不能'平等'地对待所有孩子。但孩子们关心父母是否公平地对待他和其他兄弟姐妹，能否良好地保持平衡！"她的研究强调，即使父母试图一碗水端平，一个人在家庭中的地位也会影响其他家庭成员对他所受待遇的公平性的看法。

难相处的孩子

有些孩子非常有韧性，无论被扔出窗外多少次，他们都会化险为夷（好吧，也许这不是最好的比喻）。此外，有些孩子非常随和自律，几乎不需要父母的投入就能茁壮成长。但是，这些孩子仍然需要爱和关注——他们只是不需要父母过多地参与对自己情绪和行为的调节。

然而，并不是所有孩子都带着这种宝贵的气质和组织天赋来到这个世界。有些孩子比其他孩子更需要家长有很强的耐心和心理悟性。按照当代标准，这些孩子要求父母更多地按照在治疗师的办公室而不是家中起居室里的行为行事。

抚养具有攻击性和叛逆的孩子

儿童精神病学家斯坦利·格林斯潘（Stanley Greenspan）所著的《为什么孩子这么难教：心理学家教你养育五类问题儿童》(The Challenging Child: Understanding, Raising, and Enjoying the Five "Difficult" Types of Children)是一本很有用的书。他在书中对如何应对具有攻击性的幼童给出了以下建议[14]："如果你的孩子把汽车排成一排,你认为他会让你靠多近,你就靠多近……你的动作要缓慢和放松。尽量使用让他感到舒服的语气。如果他对触摸很敏感,那就尊重他的感受。"他进一步建议父母避免弄乱孩子的头发或给他不受欢迎的拥抱。

这是个好建议,特别是你在孩子 2 岁时就读过这个建议,并且在孩子成为青少年之前进行了 12 年的练习时。然而,如果你和数百万其他父母一样,不知道有一种方法可以帮你应对那些让最有耐心和洞察力的父母都气愤和恼怒的孩子,那该怎么办?或者,如果你是一个捉襟见肘的单亲家长,没时间寻找心理自助书籍,更别说付钱去看儿童心理医生,那该怎么办?如果你的婚姻压力或你的伴侣破坏了你想成为一个更认真的父母的所有努力,那该怎么办?如果你的经济压力太大,无法成为任何一个孩子的好家长,更别说成为一个难以管教或不好相处的孩子的好家长,那该怎么办?或者,如果孩子具有攻击性的性格让你想起了你的父亲,而你早就决定不再任人摆布,所以你肯定也不会任凭某个孩子,尤其是你自己的孩子摆布,那你又该怎么办?

你在养育叛逆或具有攻击性的孩子时是否犯过很多错误?我敢打赌,你犯过错。我敢打赌,当你的孩子打你,冲你大喊大叫,耗尽疲惫不堪、睡眠不足的你仅剩的最后一丝耐心时,你不知道该怎么做。我敢打赌,当孩子骂你的时候,你根本不知道如何应对他的恶语相向,而你大脑的原始部分让你用力回击。我还敢打赌,当你的姐姐向你提出抚养孩子的建议时,你肯定不知道

第七章 个体差异与互不匹配

该对她说什么，因为你很清楚，如果她的孩子像你的孩子一样，她也会被自我怀疑、自我批评和羞愧淹没。

父母觉得自己不称职

为人父母的欣慰感部分来自对自己是称职的这一点的认知。父母如果能够成功地安慰痛苦的孩子，而没有被拒绝或推开，我们就会觉得自己作为父母更加称职，与孩子更加亲近。如果孩子具有攻击性或叛逆成性，父母很难感觉自己称职，而很容易感到孤立、困惑和无能。

这是因为具有攻击性或叛逆的孩子极难养育[15]。当父母的性格或经历使其特别不适合应对这种气质的孩子身上常见的反复无常的情绪和行为时，抚养这些孩子就尤其困难。

无论你多么温和地提出沟通，一旦孩子开始了解到沟通意味着受到某种要求时，具有攻击性或叛逆性的气质就会暴露出来。这种情况最早可能发生在孩子出生的头一年，表现为孩子抗拒或拒绝父母的安慰。有这种性格的孩子往往无法被安慰，或以攻击行为回应挫折和痛苦。不幸的是，这种行为往往会在父母和孩子之间造成隔阂。父母感到一再被拒绝，因此可能会退缩，试图减轻被拒绝的感觉。另一方面，父母也可能拒绝孩子，指责或相信孩子的行为代表着一种具有操纵性或危险性的意志，需要加以根除。

攻击性的阴影

孩子表现出攻击性的原因各不相同。有些孩子具有攻击性是因为他们需要大量的刺激；也就是说，他们通过身体接触来感知世界。这些孩子喜欢打闹游戏和接触式运动[16]，因为他们大脑的组织方式导致较低层次的感觉无法到达他们的大脑。因此，他们喜欢通过冲撞父母或其他孩子来创造接触，并以自己的方式创造亲近感。这些孩子成年后喜欢争吵，很难理解为什么自己的孩子会感到被批评，或者为什么配偶总是问为什么要为每件事争吵。

另一方面，一些孩子的攻击性来自过度敏感。他们强烈地进行抵抗，因为他们将互动视为一种入侵。高度敏感的孩子会表现出攻击性，因为他们总是觉得别人的需要和要求，甚至他人提出的帮助或培养他们的要求，都是在侵犯他们的个性或个人界限。

专制型父母养育具有攻击性/叛逆的孩子

孩子的攻击性有时是对父母对待自己方式的一种回应。专制型父母在养育孩子的过程中强调控制，相较于赞美或关爱，他们使用惩罚、批评、内疚或羞辱的可能性要大得多[17]。此外，他们对孩子的感受或对理解孩子的行为表现出的兴趣通常要小得多。过度专制、吹毛求疵、羞辱或拒绝孩子的父母可能会让他们的孩子变得更有攻击性，因为这些孩子在与父母的行为造成的痛苦斗

第七章　个体差异与互不匹配

争。在一些文化中，专制主义的方法被认为是训练孩子步入成年阶段的重要方式[18]，这让孩子准备好迎接一个残酷无情的世界。这些文化中的父母认为，尊重权威和响应权威的能力是成功生活的关键。

温和的专制型教养可能会让孩子们觉得父母是疏离的、控制的、批评的、和善的或有参与感的。更极端的专制型父母可能会被孩子视为严厉的、拒绝的或被认为会破坏孩子正在形成的自我意识。这是因为极端的父母更有可能将打屁股、殴打或辱骂持续用作其养育子女方式的一部分。这些父母有一天回顾自己的养育方式时会感到懊悔，尤其是在他们面对一个已经成为失控的青少年、对父母怀有持续敌意、面临功能障碍或不希望成年后与父母有关系的孩子时。

专制型父母与那些气质上倾向于反社会的孩子尤其不匹配。正如明尼苏达大学的行为遗传学家戴维·吕肯（David Lykken）所说[19]："具有相同气质的孩子将来可能有一些会作奸犯科，而另一些会成为炙手可热的试飞员或宇航员。那种好勇斗狠、天不怕地不怕、冲动鲁莽的小男孩很难对付。父母很容易放弃，让他肆意妄为，或者加大压力和惩罚力度，从而疏远他，并完全失去控制。"

例如，在利亚姆的家族，父亲虐待孩子是长久以来的传统。他本人也在自己的孩子身上延续了这一传统。据利亚姆的妻子凯瑟琳说，他的儿子罗里"打娘胎里出来就开始打架"，从来不会向他的父亲或其他人退缩。罗里十几岁时染上毒瘾，多次进出未成年犯罪矫正机构，成年后不久又进了监狱。甚至在罗里离家之前，除了大吵大闹和试图避开父亲的暴怒，他就已经不再与父亲有任何其他联系。

罗里是最后一个离家的孩子。他走后，"空巢"生活使他父母的婚姻问题浮出水面。凯瑟琳一直讨厌利亚姆作为父亲的攻击性，随着孩子们相继离家，她也因自己没有更多地保护孩子们而感到懊悔。

罗里17岁时搬离这个家，之后就与父母断绝了联系——与父亲断绝联系是因为他的暴力，与母亲断绝联系是因为她在丈夫面前的消极态度。虽然凯瑟琳在儿子离家后曾试图与他联系，但他拒绝接听母亲的电话，而且对她表示："是啊，现在我离开家了，做母亲对你来说变得很容易了，不是吗？我需要你的时候，你在哪里？"这些对话虽然简短，却让凯瑟琳每次想起时都深陷悲痛和懊悔。

幸运的是，罗里在24岁时被迫参加了康复计划，这是他缓刑条件的一部分。通过采取嗜酒者互诫协会（Alcoholics Anonymous，简称AA）提出的十二个步骤，他开始找到让他的生活走上正轨的方法。在进行第九步时，他联系了母亲，试图弥补因自己拒绝与她联系而对她造成的伤害。当他打来电话时，凯瑟琳欣喜若狂。沟通的大门终于打开了。

由于一些原因，具有攻击性或叛逆的孩子碰上独裁的父母时将十分危险。这些父母往往认为他们的核心作用是让孩子尊重他们的权威，具有攻击性或叛逆的孩子会使父母的行为升级，从而形成一个反馈回路，即父母的控制性或攻击性反应导致孩子的攻击性升级，而孩子的攻击性又导致父母的攻击性升级，如此反复。

此外，具有攻击性或叛逆的孩子往往将自己的行为视作对他人不公平、苛刻或残酷对待的自然反应。即使是在父母温和且民主的家庭里，这些孩子也这样看待他们的父母和其他人。因此，专制型父母更有可能强化孩子对世界的看法，让他们认为世界是严厉和无情的。这可能使孩子减少对他人感情或财富的关心。

如果你或你的孩子具有攻击性气质：

努力避免：

- **陷入权力斗争。**

- **让自己被恐惧支配。** 具有攻击性的孩子在成为青少年和年轻人时可能会非常令人畏惧。为了避免更多的冲突而让步可能很诱人。这是一个错误，因为这不能帮助你的孩子学会如何调节自己的情绪，还会使你们之间的疏远持续下去。

- **采用一种要么对要么错的立场。** 你需要假设孩子的话语中存在着某些真理或正确的观点，不管他表达得多么不恰当。

努力做到：

- **设定明确的限制并贯彻执行**[20]。例如，告诉孩子："我明白你很生气，但你知道以不尊重的方式说话会导致什么。因此，周五晚上你不准出门。"或者对一个成年的孩子说："如果你不能以更尊重我的方式和我说话，我现在就要挂电话了。"
- **安排时间进行一些双方都喜欢且发生冲突概率较低的活动**。具有攻击性或叛逆的孩子的行为可能导致父母想避免与他们相处，因为他们会造成冲突，并且让父母感到疲惫、生气或受伤，不想与他们接触。然而，如果你的孩子有时间，你应该试着进行一些可以建立联系的活动。

敏感或自卑的父母碰上具有攻击性或叛逆的孩子

如果你在自卑中开始养儿育女，那么一个具有攻击性或叛逆的孩子不太可能改善你的自我感觉。正如一位母亲所说："她只是让我觉得自己很糟糕，好像我是世界上最无知的人。"

如果你受到低自尊的困扰，你可能更难找到内在的力量来给具有攻击性或叛逆的孩子设置限制。此外，你的敏感可能导致你过度同情孩子的抗议或夸大的抱怨。如果你是由专制型父母抚养长大的，你可能认为任何使用权威的行为都是一种虐待，孩子的每一次抗议都应该被认真对待并详细讨论。这种情况可能也出现

第七章 个体差异与互不匹配

在那些不那么敏感，但认为放任的教养方法是培养孩子良好自尊之关键的父母身上。

父母的部分工作是帮助孩子适应社会，使其了解什么是适当和不适当的行为。不设置限制的父母可能会导致孩子升级攻击性行为，因为这些孩子知道这是获得他们想要的东西的有效方法。缺乏限制剥夺了孩子学习的机会，让他们无法了解如何通过内化父母对他们的管理来调节自身气质中苛刻的方面。

如果你是一个自卑的家长，正在抚养一个具有攻击性或叛逆的孩子：

努力避免：

- 因恐惧而屈服。
- 将大声训斥孩子用作建立控制的方法。
- 不严格施行规则或限制。
- 过度内疚。

努力做到：

- 获得足够的支持，以便你能在面对孩子时更强大。
- 提醒自己，设置限制是养育孩子的一个健康和重要的部分。它有助于你维护和孩子的关系，并帮助你的孩子学会自我控制。
- 接受决断力训练。

>>> 为什么孩子越大,我们越疏远

专制型父母抚养敏感的孩子

敏感的孩子更容易受到伤害,因为他们无法从内部反击专制父母有时苛刻的服从要求。因此,这些孩子更有可能内化父母的负面情绪,并得出结论,认为自己是不称职的、没有价值的,或者感到羞耻。此外,敏感的孩子往往需要父母与他们对世界的体验更加吻合,而专制型父母没有这个能力或意愿。

然而,并非所有敏感的孩子都胆小怕羞[21]。即使父母更有同情心,敏感的孩子也可能是暴君,坚持要求父母提供大量的关注和安抚。面对青春期的荷尔蒙冲击或同龄人复杂且往往伤人的行为,过度敏感的孩子可能会变得特别烦人。正如一位父亲所说:"托马斯总是需要从我们做父母的身上获得很多东西。他还小的时候总有一些身体上的不适,比如胃疼或睡不着。我希望随着他的年龄增长,情况会有所好转。但现在他已经十几岁了,情况却比以前糟糕十倍。他似乎把生活中每一次被割伤或受伤都归咎于我们。我不知道这孩子怎么才能长大,怎么才能自己搬出去住。"

如果你是一个专制型家长,正在抚养一个敏感的孩子:

努力避免:
- 将孩子的行为视作需要你用权威进行打压的东西。
- 陷入权力斗争。

努力做到：
- 将孩子的行为视作一种对痛苦的交流，而不是对你的反驳。
- 与你的孩子谈论他们的感受，让他们学会通过发泄之外的方式来表达这些感受。

成就高的父母抚养成就低的孩子

哈丽雅特做到了一件她在法学院的其他女性朋友都没有做到过的事情——在 29 岁时就成了律所合伙人。哈丽雅特并不感到惊讶。她实现了自己渴望实现的每一个目标——成为高中班长、获得大学全额奖学金、以优异成绩从法学院毕业、与大学时的恋人结婚，然后在 32 岁时有了一个孩子。

培养一个学业有成的女儿是哈丽雅特无法实现的第一件事[22]。贝姬是个可爱而坚定的孩子，但到了二年级之后，她在阅读、写作和抽象思维方面明显有严重的学习障碍。尽管有辅导人员和父母的悉心参与，但贝姬在整个小学和高中阶段几乎连 C 都没拿到过。她拒绝申请多所大学，并被申请的唯一一所大学拒绝。虽然这是哈丽雅特的一大担忧，但更大的担忧是贝姬没能接近她的期望。她希望能与女儿建立她与自己的母亲没有的亲密关系。她还渴望成为榜样，让女儿知道如何在竞争激烈的世界中成为强大而成功的女性。

贝姬给哈丽雅特带来了前所未有的挑战。无论哈丽雅特多么努力地帮助贝姬，花多少钱请家教、教育专家，供她上私立学校，贝姬都没有在学业上获得成功。此外，贝姬的胸无大志让哈丽雅特表现出恶劣的一面。她对贝姬的未来忧心忡忡，只想着贝姬的学习成绩，除了问她为什么不为即将到来的考试做准备、为什么不交作业、为什么要等到过了截止日期才开始准备历史论文，她几乎什么都不关心。

哈丽雅特无节制的担忧使她对贝姬变得严厉，渴望控制女儿。尽管学习专家有建议在先，哈丽雅特还是忍不住批评女儿或表现出一直以来的失望情绪。可想而知，贝姬对母亲不断给出的负面信息的反应是变得难相处、爱争吵，在十几岁时就开始滥用药物。当我与这一家人见面时，哈丽雅特和女儿的联系已经岌岌可危了。随着贝姬18岁生日的临近，如果哈丽雅特不学会如何更好地处理自己的担忧、内疚和失望，她们的联系将被永久切断。

如今，大多数父母都害怕他们的孩子进不了一所像样的大学，找不到一份像样的工作，无法过上总体还算体面的生活。可以理解的是，他们产生这些担忧是因为成为一个成功成年人的道路越来越窄。然而，正如哈丽雅特的案例所表明的那样，这些担忧导致许多心怀善意的父母过度关注孩子的成就或缺乏成就，从而破坏了他们与孩子的关系。成就高的父母和成就低的孩子可能是一个特别棘手的组合，尤其是当这导致父母不重视孩子身上的积极方面的时候。这可能会为当前或以后孩子对父母的伤害埋下伏

第七章 个体差异与互不匹配

笔,因为孩子会用愤怒、羞耻或拒绝回应父母对待他们的方式。

这种关系也可能在孩子搬出家门后继续下去,因为深感忧虑的父母会微妙地或公开地表现出对孩子缺乏信心或支持,从而产生一系列有问题的互动。例如,一个年轻人可能会把自己的生活管理得更加糟糕,以此来显示自己的独立性,就像聪明的青少年把取得糟糕的成绩当作冷落分数至上的父母的一种方式。父母的担忧、批评或建议也会使年轻人怀疑自己的能力,导致他们感到与父母疏远,或者通过疏远父母来回应。

戴尔的情况就是如此。他是我在多年的工作中遇到的一个年轻人。在治疗过程中,他会给我看他那位非常成功的母亲写给他的信。这些信往往表达了她对儿子不完成大学学业的担忧,认为他将成为一个穷光蛋,以及她对他没能"利用上帝赐给你的所有礼物"(她的原话)感到失望。

我完全理解戴尔的母亲。我可以在字里行间读出因内疚和失望而模糊了的母爱和关切。然而,她犯了一个我发现许多父母在成年子女身上都犯过的错误:给出不受欢迎的建议或表达未经要求的关心。她不仅伤害了儿子,也伤害了自己与儿子的关系。

如果戴尔要我同他母亲谈谈,并且她愿意听,我会对她说以下这些话。(根据我的经验,许多父母不愿意听他们成年孩子的治疗师说的话,因为他们认为我们灌输到孩子的脑子里的都是些可笑的想法。)我会告诉她,她的担心对儿子来说就像是一张不信任票。他现在是个大男孩了,除非他明确地征求她的建议,否

· 131 ·

则她不应该提供建议，即使这建议可能是明智的。我还会告诉她，表达对儿子的失望对他的自尊心不利，因为这会让她的儿子觉得自己的生活对母亲有害。不要问儿子何时重返校园，不要说他现在的工作是大材小用，也不要告诉儿子他在浪费生命。我知道这些话都是善意的，但她的儿子觉得这些话削弱了他的自信。她现在能为儿子做的事情就是享受他的陪伴：告诉儿子，她喜欢、爱或欣赏他身上的什么品质，并删除沟通中试图帮助他的部分。

知道何时停止像父母一样行事并不总是那么明显或容易。这里有一个线索：如果你的孩子不在家，而你的建议总是导致冲突，那么是时候把你的智慧留给自己了。

如果你处于青春期或成年的子女成绩不佳：

努力避免：

- 使所有或大部分互动都围绕成绩、大学或职业展开。
- 表达过多的担忧或"关切"，特别是在你的孩子明显不喜欢这样时。
- 事无巨细地管理孩子。有些孩子在找到自己的道路之前必须比别人多摔很多跤。
- 批评你的孩子缺乏雄心、动力或后续行动。一旦孩子成为青少年，你的角色就更像是顾问，而不是管理者。孩子一旦成年，你对他最好的影响就是让他对你保持信任和爱意。

努力做到：

- **向专业人士咨询，让自己放心，你正在尽一切努力成为一个好家长。**这将帮助你免受自己或孩子日后的指责，让你自己或者他觉得你在帮助他开启成人生活方面做得不够。
- **享受孩子身上那些与学业或职业完全无关的优秀品质。**
- **在向成年子女提供建议或帮助之前，先问问他需要什么。**

情绪低落的父母抚养高度活跃的孩子

有些孩子的马达转速比其他孩子的马达转速快得多。过度活跃的孩子，或者那些活跃但不"过度"的孩子，都需要父母一定程度地参与他们的活动。父母如果不能胜任这项任务，就会使亲子关系变得紧张。

研究表明，父母持续的抑郁会给孩子带来问题。孩子需要人际关系在一定程度上保持和谐才能发展身份认同和自尊。与那些精力充沛、情绪饱满的父母相比，负担沉重、心事重重或性格孤僻的父母更难与自己的孩子和谐相处。正如一位母亲所说："对卡尔来说，我从来没有足够的精力。我知道他对此耿耿于怀。他过去对我很生气，也许是因为我不能给他很多，也许是因为他为我难过，我不知道他的真实想法。在他的大部分童年时光里，我都待在拉上窗帘的房间里的床上。对他而言，我这个母亲有和没有差不多。我的女儿很好相处。让她待在角落里看书，她会坐在那里看一整天。不过，卡尔就不行了。在他小的时候，他总是拽着我，笨手笨脚地打破东西、制造噪声。为了让他安静下来，我几乎精神崩溃。开始服用抗抑郁药后，我立马感觉好多了，但也许那时对他的伤害已经造成了。他搬出去后，每当我打电话给他，他似乎总是急于挂断电话。"

如果你有一个活跃的孩子，而你患有抑郁症：

努力避免：

- **让你的孩子觉得他们是你的负担**。如果你认为你过去曾向他们传达过这样的信息，请让他们知道你后悔这么说，以此对问题进行修正。多说说这样的话："很抱歉我过去表现得太不耐烦了（或者'我过去没空/太累了/退缩了'）。你只是一个普通的孩子，我没有能力为你提供你需要的东西。当时我有抑郁症，我现在正在接受这方面的帮助。"你应该站在自爱而不是自我憎恨的立场上说这些话。这表达的潜台词是"我是一个好人，鉴于我当时的生活状况，我别无选择"而不是"我是一个可怕的人，遭到憎恨和蔑视是罪有应得，因为我没有为你提供你需要的东西"。
- **让你的孩子照顾你。**
- **让孩子为自己独立或拥有比你更好的生活感到内疚。**

- 将你的糟糕感觉归咎于他们。抑郁的父母往往认为他们的情绪是由孩子的行为引起的。

努力做到：
- **获得大量支持**。现在有充分的研究表明，抗抑郁药物和心理治疗相结合对治疗抑郁症非常有效。
- **让你的孩子知道，你不需要他们照顾。**
- **告诉孩子，你患抑郁症不是他们的错。**
- **就孩子的过度活跃向儿科医生或精神科医生咨询。**

外部影响

有很多社会因素会导致亲子关系产生裂痕。经济压力和担忧使父母更难满足或同情孩子的需要。人们发现，长时间工作、低工资和不安全的工作条件大大增加了父母在对待孩子时表现得前后不一、苛刻或暴躁的可能性[23]，这一悲剧事实可能会在多年后再次困扰父母。

在这种情况下，当父母试图消除任何让他们感到更加心力交瘁、不知所措或不称职的行为时，亲子间的不匹配或孩子面临的正常困难就可能会被放大。或者，如历史学家斯蒂芬妮·孔茨所写的[24]，这些父母可能会把孩子的抵抗"……视作对自身权威和自尊的又一次挑战，而他们的权威和自尊已经受到与孩子无关的经济挫折的威胁"。此外，经济上的不安全感会让孩子们感到更不安全，更加缺乏动力，对自己的未来更加没有把握。这些因素还会使父母和孩子之间的关系变得更加紧张。经济上的担忧和不稳定的工作时间表会造成婚姻冲突，增加离婚的可能性。男性对长期婚姻冲突的反应往往是回避他们的孩子，特别是回避他们的女儿[25]。

自我的延伸

我们经常把孩子看作自己的延伸。这就是为什么我们很容易为他们的失败感到羞耻，也为他们的成功感到骄傲。如果我们讨厌或害怕的自身特质出现在孩子身上，这也会让我们心生厌恶。当女儿表现得果决或者会适当地表达愤怒，她那压抑自身健康的攻击性情绪的母亲就可能感到极度不适。一个从小就认为性很肮脏的男人可能会对孩子赤裸着身体在家里乱跑或天真地触摸自己的行为进行严厉批评。曾遭猥亵的女性在看到幼子的性器官时可能会感到不适，因为这唤起了她的痛苦回忆。一些父母可能会因为看到自己的孩子实现了他们永远无法实现的目标而感到自豪，而另一些父母则可能感到嫉妒并以批评或退缩作为回应。

孩子的各个发展阶段都给父母带来不同的挑战。过于敏感的父母可能在孩子年幼且依赖他们时做得很好，而在孩子开始独立时做得很差。同样地，专制型父母在孩子年幼顺从时的表现可能远胜孩子开始长大、可以反抗他们的时候。就那些为依赖性所累或者害怕自身依赖性的父母而言，在孩子还是婴儿和学步幼儿时，他们对孩子的兴趣可能很小；而当孩子长大，这些父母能够以更加平等的方式与之相处时，他们会非常高兴。

此外，一些孩子天生就能读懂父母的表情。这可能会影响养儿育女给父母带来的获得感，以及孩子能在多大程度上成功获得自己需要的东西。如果一个孩子能够分辨自己何时越过了母亲的底线，而另一个任性的孩子不顾母亲的极度疲惫烦躁一再提出要求，那么第一个孩子能更好地与母亲相处，更讨她喜欢。

父亲与母亲的差异

对于如何最好地应对难以管教的孩子，父母双方往往有着截然不同的想法。这些分歧可能会在家庭中形成一个负反馈回路，将紧张和冲突从孩子传递给父母，再从一位家长传递给另一位家长，然后再回到孩子身上。母亲过分宽容，而父亲严厉对待孩子的苛求行为，这并不罕见。此外，孩子可能与父母一方在气质上不匹配，而与另一方十分匹配。这些差异不仅对亲子关系是考验，对父母的夫妻关系也是考验。

罗伯特和朗达就是这样一对夫妻，他们在女儿洛利 16 岁的时候向我咨询。洛利和我想象中她母亲在这个年龄段的样子差不多：焦虑不堪、存在社交困难、过于敏感，而且非常聪明。罗伯特爱出风头、酷爱交际，有一种严厉刻薄的幽默感。这对夫妻的差异大到不能再大了，而这些差异反映在他们对如何最好地处理洛利的社交焦虑的态度上。

罗伯特反对心理咨询和药物治疗，认为洛利长大后问题就会解决，并认为妻子"花了太多时间思考和谈论这个问题，这对谁都没有好处"。朗达认为心理咨询和药物治疗对洛利来说既有用又必要，因为她自己也在接受治疗。通过药物治疗，她的焦虑情绪有所缓解。就像许多观点截然不同的夫妻一样，他们挖苦对方，攻击对方的立场，无法看到或讨论对方观点中有用或有价值之处。他们的差异在家庭中造成了持续的紧张，加深了洛利的焦虑和无价值感。

虽然父母对如何最好地养育他们的孩子往往有不同的想法，但如果孩子具有的气质使他提出过多需求，向父母索取的东西太多，那么他使父母婚姻紧张的可能性就会提高。每个人对于何为成为一个好父母的必要条件的直觉都是由他们自己专制、宽容或权威型的教养风格塑造的。影响这些直觉的因素还包括他们对于重复或纠正自己父母育儿理念的渴望、他们的气质倾向，以及他们目前的压力水平。

有时，夫妻育儿态度的差异在他们离婚后最具破坏性。离婚后，这种差异可以在关于"谁是好家长"的不间断冲突中表现出来。我为来访者乔纳森服务了好几年，他就面临父母离婚带来的这种问题。乔纳森的母亲不断贬低丈夫严格的教养方式，而他的

第七章 个体差异与互不匹配

父亲则不断批评妻子"溺爱"他,因他糟糕的学习成绩和抑郁症而同情他。乔纳森的父母无法以合作的方式管控他们的分歧,这让乔纳森陷入忠诚之争,无法利用父母各自观点中的宝贵之处。

虽然离婚后的情况要复杂得多,但关于育儿的不同想法可以通过以下准则加以解决:

努力避免:

- **陷入权力斗争**。养育孩子的高风险可能导致关于这个话题的辩论迅速激化。一旦激化,夫妻双方就会更关心如何证明自己的观点,而不是冷静地倾听对方的立场是否有可取之处。

- **进行道德说教**。关于育儿差异的对话可能会迅速恶化为对错之争。不要说类似"是个人都知道,最好的养育方式是……"的话。

- **对你的配偶进行人身攻击**。夫妻之间将育儿差异当作对方有缺陷的"证据"是常有之事。"你太容易被吓倒了。这就是为什么他觉得可以做任何他想做的事!你拒绝设定任何限制。难怪人们觉得他们可以骑在你头上!""哦,是吗?你认为生活中一切问题的解决之道都是惩罚。难怪你最好的朋友不再给你打电话了!"

- **将你们的婚姻冲突归咎于孩子**。难以管教的孩子会增加婚姻紧张的可能性。然而,作为父母,我们有责任为这些冲突找到解决办法,而不是把这些冲突归咎于孩子。当我们做出成为父母的选择时,孩子难以管教是可能的结果之一。

努力做到:

- **假设对方的意图是好的**。你的伴侣很有可能和你一样,也想要给孩子最好的东西。
- **从伴侣的观点中找到真理的内核**。成为一位好家长有很多途径。反映并尊重真理的内核,认为它是值得的和有价值的。
- **尊重对方的价值观**。例如,对你的伴侣说:"我知道并尊重你的看法,即设置限制之前,我们应该花更多时间与孩子讨论他们的行为。我并不总是同意这样做,但我可以看到这样做的价值。"
- **同意在一段时间内尝试一种育儿方法,并观察发生了什么**。例如,尝试一方提出的育儿方法三个月到六个月,然后在接下来的三个月到六个月时间里尝试另一方的方法。如实评估每种方法的有效方面和无效方面。

调查问卷：你与孩子的不匹配之处

选出所有符合你与孩子不同之处的说法：

- ☐ 我的孩子比我好斗/果断得多。
- ☐ 我的孩子比我敏感/顺从得多。
- ☐ 我的孩子比我更有干劲。
- ☐ 我的孩子比我更没有干劲。
- ☐ 我的孩子比我健壮得多。
- ☐ 我的孩子远没有我这么健壮。
- ☐ 我的孩子比我学习成绩差。
- ☐ 我的孩子比我学习成绩好。
- ☐ 我的孩子比我自信得多。
- ☐ 我的孩子比我不自信得多。
- ☐ _____

练习：在孩子的行为中发现优点

在一张白纸上写出你的孩子做出的所有恼人的或让你讨厌、担忧的行为。这些差异如何干扰你们的关系？亲子之间的不匹配往往会引发父母的反对和失望。如果你对孩子的一些行为持反对态度，请列出你的孩子值得你重视和欣赏的行为。这些行为可能也是让你感到气愤的。例如，你可能不喜欢孩子的攻击性，但也欣赏他的无畏精神。你可能会因为孩子过度敏感而感到有负担，但也欣赏从这种敏感中展露出来的对世界的强大洞察力。你可能不喜欢孩子看起来缺乏雄心壮志，但也欣赏他放松和无忧无虑的能力。

牢记这些，写几段关于孩子的优点和长处的文字。承诺定期传达你对这些优点和长处的欣赏。如果你对孩子的行为表示不满，试着用你喜欢的方式进行引导。这是良好的教养方式，也会帮助你，让你不因内疚和懊悔而伤心。

例如，告诉孩子："我真的很乐于看到你能够享受生活、过得开心。我很欣赏这一点，并认为这是快乐和成功生活的关键。我想知道我是否可以为你的学业提供更多帮助，因为你似乎开始在学习上掉队了。我们不希望这种情况发生。"

练习：从自身的感受中找到方向

考虑一下你可以从你的孩子与你的差异中学到什么。例如，你的不耐烦、易怒或轻慢揭示了你需要努力做些什么？你与孩子的这种差异如何在你生活的其他方面成为一种幸事？例如，在学习如何对自己或他人更有

第七章　个体差异与互不匹配

同理心、同情心或者更宽容时，这些差异如何发挥积极作用？花 15 分钟写下你的这段经历如何使你获得成长。

> 一位母亲这样说："学习这些技能的惊喜和美妙之处在于，它们的用处并不局限于家庭。我采用这种'承担我的责任'的新方法，并将自己更加现实的期望带入职场和外部世界。直到我开始教书，我才意识到这一点。我现在能看到学生文章中正确、优美和潜在的美妙之处，而不是错误或混乱。此外，我对可接受行为的界限也更加清晰了。我拒绝任何对我或他人的虐待。曾经让我感到愤怒的事情现在成了我的'有趣'故事的基础。我对自己的三个孩子所做的'工作'，现在为我带来新的事业和 60 个出色的孩子。"

感觉自己与孩子不匹配会导致无穷无尽的冲突和误解。努力原谅你在孩子身上犯下的错误，并原谅孩子在你身上犯下的错误。试着把情绪看作成长的机会。说到无尽的成长机会，让我们看看青少年，以及他们对父母自我感觉的影响。

第八章

棘手的青春期

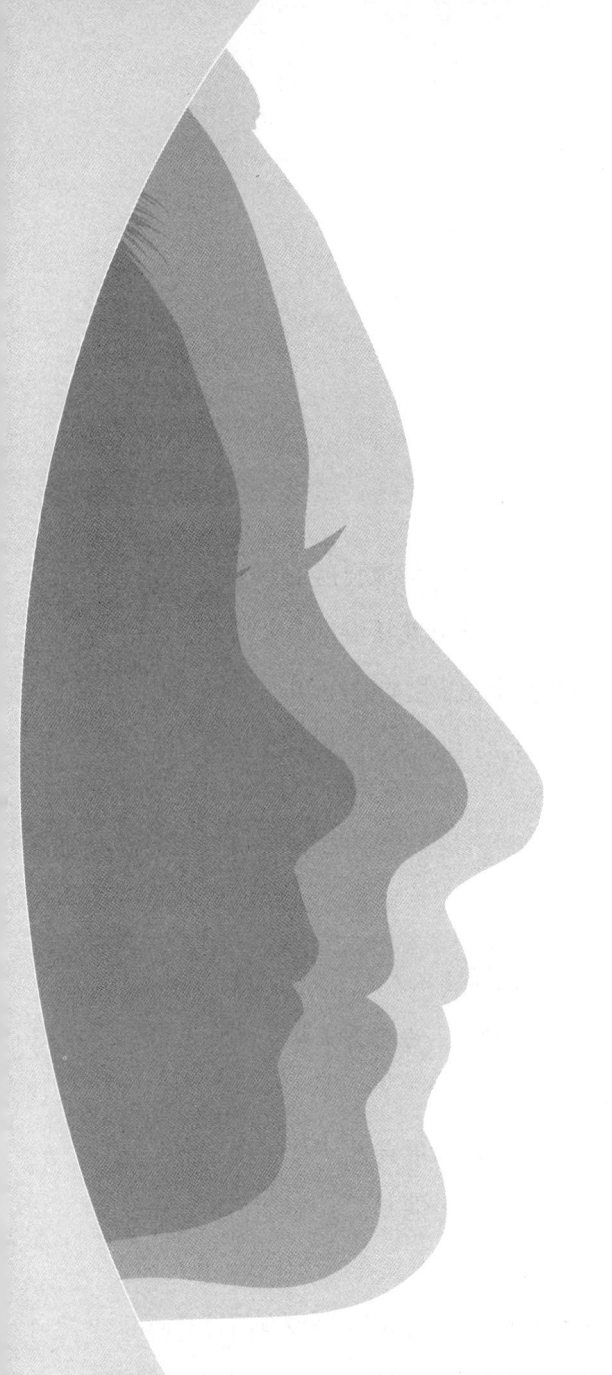

应对青春期的孩子需要宽严相济。

琼是一名学校辅导员。她一直不知道自己 15 岁的女儿芭芭拉会自残,直到有一天,她在看到女儿从浴室出来时大吃一惊。当琼看到芭芭拉的前臂下侧有十几条横向的红印时,她立刻哭了起来。"亲爱的!"她抓着女儿的手臂喊道,"怎么回事?你为什么一直这样做?"

"没什么。没什么大不了的。"芭芭拉愤怒地盯着天花板说道。

"这叫没什么大不了?自残没什么大不了?"琼靠着门坐了下来。她这样做既是为了防止晕倒,也是为了防止女儿走出来。"我不知道你会割伤自己。"

"你竟然不知道我在做什么,那可真是'太令人吃惊了'。"芭芭拉说,"要不是你刚好看到我出浴室,你永远也不会发现。你和爸爸从来不会问我在做什么或者我正在经历什么。我可能考试得了 F,而你们甚至都不知道,因为你们从来没有问过。"

"我们从来不需要问,因为你从来没有得过 F!你考试一直不及格吗？这就是你自残的原因吗？"

"我真不敢相信你这么差劲！"芭芭拉喊道，她把手腕从母亲手中挣脱出来，赤裸裸地站着，俯视母亲，"不，妈妈，不劳你费心。你们的'小学霸'成绩还是很好，因为你和爸爸只关心这个。你有没有想过，除了让你和爸爸显得体面，我的生活中还有其他东西？我不能相信你！我得走了。"芭芭拉把母亲挤到一边，跑出了浴室。

琼目瞪口呆，无法起身。她的女儿一向安静严肃。她做梦也想不到女儿会陷入这样的混乱。"天啊，"她泪流满面地想道，"我的女儿到底怎么了？怎么会这样？我做错了什么？"

众所周知，青春期是一个动荡的时期。孩子身体发育的快速变化，加上行为和情绪的变化，会让最自信的父母感到威胁或不安。一部分看起来适应良好或遇到小问题的孩子会突然自残、药物成瘾、学业失败、社交孤立，或表现出严重的情绪不稳定。

有证据表明，今天的青少年可能比前几代青少年承受着更大的压力[1]。现在抑郁症的患病率比 1960 年高十倍。现在抑郁症的发病年龄也变低了很多。40 年前，抑郁症的首次患病年龄通常是 29.5 岁，如今是 14.5 岁。

女孩进入青春期的平均年龄也越来越低。1820 年，女孩进入青春期的平均年龄是 16 岁[2]。这一平均年龄在 1900 年为 14 岁，1940 年为 13 岁，如今为 12 岁。在女孩进入青春期的年龄越来越小的同时，色情内容也越来越多地成为媒体日常节目的一部分。

本章旨在帮助你应对青少年正常和不正常的行为造成的压力。

调查问卷：养育青少年的难处

选出最能反映你养育青少年经历的说法：

- ☐ 养育青少年的经历对我的自尊心很不利。
- ☐ 当处于青春期的孩子不在家时，我会担心。
- ☐ 我的情绪随着孩子情绪的波动而波动。
- ☐ 我对孩子反应过度。
- ☐ 我事后对自己的言行感到懊悔。
- ☐ 我担心自己不够坚定，或任由自己被欺负和操纵。
- ☐ 我觉得自己是一个失败的家长。
- ☐ 我担心处于青春期的孩子无法完成向成年人的转变。
- ☐ 我觉得自己总是在指责处于青春期的孩子，这毁了我和他的关系。

你对孩子进入青春期最大的担忧是什么？

- ☐ 孩子接触成瘾性物质。
- ☐ 孩子的性行为。

- ☐ 孩子与不良群体交往。
- ☐ 孩子没有朋友或无法融入同龄群体。
- ☐ 我不能处理处于青春期的孩子的愤怒、悲伤、恐惧或焦虑情绪。
- ☐ 我不知道设置限制的最佳方法。
- ☐ 孩子成绩不佳。
- ☐ 孩子与我和/或另一位家长保持距离。

青少年的生活

如果你觉得和青少年一起生活很难，那就试着做一个青少年。好吧，你也曾是青少年，这我知道。但你可能忘了青少年每天承受的压力有多大。回想一下你自己青春期时的社交：你需要多少时间才能从一件让你感到无比羞愧或耻辱的事中走出来？你对自己的吸引力、魅力或被他人喜欢的能力产生过多少次重大怀疑？你有多频繁地为自己的智力、运动能力或创造力担忧？

现在想想毒品和酒精，这两个话题让许多父母心生恐惧。你年轻时做过多少愚蠢、粗心、不负责任的事？一件都没有吗？那你应该认为自己是反常的。大多数抚养青少年的人都想对孩子说："照我说的做，而不是照我做的做。"

你可能在青春期时尝试了很多不同的行为，因为青春期就是伟大的试验期。为什么？因为青少年试图弄清楚自己到底是谁。

这就是做一个青少年的父母非常可怕的部分原因：青少年需要尝试各种风格、行为和态度，以便发现他们喜欢什么、不喜欢什么。只有通过不断的试验和犯错、成功和失败、骄傲和羞辱，青少年才能了解自己是谁。

大多数青少极度渴望加入社交团体、参加聚会以及和朋友一起打发时间[3]。被看到、被认可和被喜欢的强烈渴望为青少年与父母的交涉创造了一种高风险、赢家通吃的模式。对于低调的青少年来说，与家长之间关于自己行为的互动和交流尽管不会令人身心俱疲，但仍可能是恼人的。在与高危青少年或能够恐吓或操纵他人的青少年相处的情况下，这些互动可能会破坏父母和青少年之间的关系，使双方都感到受伤、被误解和绝望。

上述许多令人不安的互动都是从青少年单纯地尝试探索自己的极限而开始的。正如马克·吐温（Mark Twin）所说："良好的判断来自经验，而经验则来自糟糕的判断。"叛逆、违反规则、做出一定会令父母生气或难过的事，都有可能帮助青少年了解自己与父母的不同，让他们知道，他们可以容忍父母的不赞成并可以继续生存（但不一定过得好），以及他们的行为会产生什么后果。

孩子独立带来的伤害

在写这段文字时，我其中一个处于青春期的儿子刚好走进家门。他在朋友家待了一天一夜刚回家。他给楼上打了个电话，告

第八章 棘手的青春期

诉我们他回来了,然后就直奔自己的房间。坦率地说,我感到失望。我一整天都没见到他,希望他能上楼来和我待一会儿。当然,我也可以下楼去他的房间,让他参与某种形式的互动,取得或大或小的收获。当然,参不参与取决于他的心情,而他收获什么取决于他的精力、血糖水平,或者他的睾酮水平。但我承认,他回家后的第一个想法不是上楼和我待在一起,这让我有点儿伤心。

欢迎进入青春期。我不再是我儿子所处宇宙的中心。如果事情按照预期发展,我对他来说将越来越不像提供光和食物的太阳,而更像月亮,在他的视野中进进出出——我对他的影响力会比其他任何东西都更起伏不定。

青春期预示着衡量谁想和谁相处的欲望天平开始缓慢而稳定地逆转。面对这一逆转过程,家长的误解或管理不当会导致亲子关系出现长期问题。一些父母通过退缩或拒绝孩子来应对微妙或明显的被拒绝感,或者误以为自身影响力的减弱意味着他们不再有任何影响力。还有些父母试图通过远离亲子关系来支持孩子独立,以至于青少年被迫承担过多照顾自己的责任。

尽管青少年会对我们的理想、价值观和身份进行近乎激烈的反驳,但他们通常会在青春期出现与我们非常相似的价值观和理想。知道这一点对我们可能会有帮助。换句话说,仅仅因为你的青少年子女表现得好像他认为你和你的想法很"蹩脚",并不意味着他永远不会接受这些蹩脚的想法。

▶ 为什么孩子越大，我们越疏远

经验老到的战士

许多父母觉得自己被青少年子女伤害了，因为他们想要与你分道扬镳的努力似乎非常坚定，他们的攻击似乎非常精确。正如一位母亲所说："我的一切突然成为我处于青春期的孩子审视和蔑视的对象。我笑的方式、我说话的方式、我吃饭的方式、我手臂抖动的方式都是他批评的目标。我感觉自己就像生活在显微镜下——而且显微镜后还有一双非常无情的眼睛！"

与一些父母的经历相比，这还算温和的。随着孩子们进入青春期，他们正确感知父母的众多不足之处的能力变得越来越完善。他们准确指出我们最焦虑和不安之处的能力也变得越来越完善。"几天前的一个晚上，我16岁的孩子让我坐下来，"一位父亲说，"他详细地告诉了我，为什么他妈妈离开我是我的错。那完全像外科医生切开皮肉一样，只是没有任何麻醉。他说：'你是一个以自我为中心的人，你总是第一位的。你不管别人需要什么，总是把工作放在第一位。你从来不问别人的生活。你从来没有告诉妈妈你爱她，也从来没有告诉我和汉娜（他的妹妹）你爱我们。'我无言以对，因为坦率地说，他是对的。我不知道是该打他还是该啜泣。"

第八章 棘手的青春期

设置限制

对孩子自由放任或者像监狱长一样管理孩子的生活，这两种养育方式都既不符合青少年的最大利益，也不符合父母的最大利益。由于设置限制往往让父母感到困惑，我想回顾一下其中的一些要点。

选择后果

许多父母对选择什么作为孩子某种行为的后果，以及施加多长时间的限制感到困惑。你可以选择各种各样的后果，例如金钱、手机、自由、电脑、汽车、信任孩子而不对他进行检查，以及购物。我相信你有自己的后果清单，所以你也可以自己依情况采用其他后果。

心理学家斯科特·塞尔斯（Scott Sells）在《养育失控的青少年》(*Parenting Your Out-of-Control Teenager*)一书中讨论了当青少年失去控制或父母失去对青少年的控制时，父母如何恢复家庭的稳定[4]。塞尔斯建议，父母在青少年的参与下制订一份关于违反规则的奖惩合同。什么构成礼貌行为或无礼行为因家庭而异。我对礼貌行为的定义比我父母对它的定义要宽松一些。重要的是，我和我处于青春期的孩子们都知道界限在哪里。他们知道越过界限的后果是什么。

同样，对于你和你的孩子来说，清楚地知道界限在哪里，以及越界的后果是什么也很重要。如果无礼是你家里的一个问题，你应该在孩子的参与下订立一份合同，内容大意如下：

无礼的行为是指翻白眼、模仿父母或家里其他人的动作、做不文明的手势、说脏话，以及在父母第一次提出要求时拒绝做事。如果你以明确定义的方式尊重他人，你将可以在周末使用汽车，每周获得10美元零花钱，以及_____（在此填写你自己的奖励）。

如果你违反规则，你将面临以下后果：_____（选择一些可行的后果，例如周末不能使用汽车，当周没有零花钱，当周不能使用手机，或者不准出门。不准出门意味着不准看电视、拨打或接听电话、玩电脑或接待访客，但可以读书）。

每一种后果都应该有意外情况。例如，"如果你在当周再次违反规定，你在周六白天和晚上也不准出门；第三次违反规定意味着你整个周末都不能出门"。

爱和限制

应对青少年最有效的策略是将爱和限制结合起来。你向青少年子女表示爱的方式之一是在制订合同时争取他的帮助。问问孩子，他对激励方式有什么意见，以及你需要如何改变自己的行为才能让他表现得更好。

青少年子女做出某种行为往往更多是因为他想要得到什么，而不是因为想要伤害你。但在孩子做出这些行为时，你往往很难看清这一点，因为他们的目标是让你精疲力竭、把你甩开，或者让你怒火中烧，进而让你在沮丧和气愤中放弃。从他们的角度来看，他们没有什么谈判的筹码，只能利用他们所掌握的一切。塞尔斯写道[5]："每当你对自己说'我的孩子竟然这样对我'时，你都是把他们惹你生气的行为当作一种人身攻击。如果发生这种情况，你会伤心，你的情绪会失控。随着时间推移，你可能会失去表现出温柔的能力，因为你感到非常伤心和愤怒，这甚至毒害了你们的关系。"

暂　停

但是，父母应该如何有效地应对青少年子女突然提出的尖锐问题，或施加的言语攻击、羞辱和阵阵嘲笑？

如果你觉得某一次互动几乎毫无成效，那就休息片刻。试着说这样的话："我真的不喜欢现在的情况，所以我想我们应该先暂停一下，等我们都更加平静的时候再谈这个问题。"如果你的青少年子女不愿意退出，那么你就应该主动退出。这能树立一个很好的榜样，它表明你对沟通足够在意，愿意主动结束一次没有成效的互动。

如果你的青少年子女违反了限制，例如对你无礼，那么你应该说："你刚刚违反了关于尊重的合同规定，我们以后再讨论后果。"然后你应该走开，防止事态升级。当你们都冷静下来，你应该接近孩子，对他说："你违反了我们关于尊重的合同规定，所以，如你所知，这个周末你不能开车。"不要让谈话偏离轨道，变成指责你多么不公或残忍的长篇大论。保持冷静，坚持你设置的限制。

处置酒精问题

青少年尝试饮酒是许多家庭冲突的根源。虽然这种尝试不能鼓励，但它并不罕见，而且不一定表明孩子存在更严重的问题。然而，如果孩子不是偶尔为之，就必须严肃对待。作为父母，我们的部分职责是采取保障措施，以防娱乐性的饮酒行为恶化为上瘾。

让你的青少年子女有机会与你谈论自己饮酒的情况，这是一个好主意。为了做到这一点，你应该让他们知道，你想就这个问题进行对话，而且如实交代过去发生的任何事情都不会有任何后果。在对话中，问他们最后一次饮酒是什么时候[6]。你应该问"什么时候"而不是"是否喝过"。对青少年进行开放式提问更有可能使他们向你提供更多信息。如果你的孩子告诉你他酗酒的情况，请感谢他的诚实。让他知道，过去发生的任何事情都不会有任何后果，但如果你今后仍需担心，那么他就会面临后果。

如果你对孩子是否饮酒有强烈的怀疑，或者你有合理的理由担心，你应该让你的青少年子女知道，你持有要求他接受酒精检查的权力。你应该告诉孩子，如果他的测试结果说明他没有饮酒你就会道歉，之后你们之间的信任会恢复和加深。如果他检测出有问题，后果将会很严重。如果有任何证据表明他在饮酒后开车，后果将特别严重。你可以让孩子知道，如果他承认在检查前曾饮酒，那么后果可以减轻。你可以在网上购买酒精检测用具。虽然这些策略可能看起来很严厉，但对高危青少年进行酒精检测的价值在于，它能使你摆脱猜疑，不用偷偷摸摸地扮演侦探，通过蛛丝马迹推测事实。

父母做顾问

青春期专家迈克·里埃拉（Mike Riera）博士指出[7]，父母在养育青少年时的关键任务之一是要实现自身从管理者到顾问的角色转变。另一种思考方式是，育儿是一项将越来越多的控制权交给孩子的任务，直到你真正将控制权全部交给他。

青少年难以管教，或者父母和青少年子女之间的气质不匹配，会导致父母在养育子女时要么过度干涉要么过度克制。在前一种情况下，父母没有给青少年足够的空间去犯错并从中吸取教训。例如，17岁的格里是旧金山一所公立高中的高三学生。他的父母向我咨询，因为他们担心儿子参加聚会过多，并会因此染上毒瘾和酒瘾。因此，这对夫妻拒绝让儿子参加任何朋友聚会，并规定他必须在周末晚上10：30回到家。

在我与格里的面谈中，我了解到他是一个成绩能拿B+的学生，深受同龄人的喜爱，而且在相当认真地学习演奏萨克斯管。他承认偶尔会和朋友们一起喝酒，但他表示自己喝酒是为了娱乐，和朋友们没有什么不同。当然，青少年总是说他们酗酒的行为与朋友的行为没有什么不同，因为人以群分。

作为一位心理学家，我的工作是根据父母对青少年子女的看法、青少年的自我评估，以及青少年在学业、管理社交生活、充分适应社会和保持外部兴趣方面表现的现有证据进行评估。基于这些因素，我认为格里表现良好。

因为格里的外祖父酗酒，所以格里的母亲很害怕儿子会出现吸毒或酗酒问题，然后这些问题会像毁掉她父亲那样毁掉儿子的生活。这并不是毫无根据的担忧，因为上瘾是有遗传因素的。然而，格里的母亲设定的限制不适合一个功能健全的17岁孩子，并且给他们的关系带来了一道不必要的巨大裂痕。

我鼓励父母说这样的话："我们知道你是一个非常有责任感的孩子，你在生活的其他方面做得很好，所以我们决定开始在周末给你更多的自由，并推迟你必须到家的时间。如你所知，你的

第八章 棘手的青春期

外祖父是个大酒鬼,所以你可能携带着使你面临更高风险的基因,因此我们对你饮酒这件事有些担心。我们知道,你在聚会上会接触酒,而即使这现在不是问题,以后仍可能成为问题。但你这个年龄的孩子必须开始为自己做出一些决定,所以我们希望你能做出正确的判断。显然,如果我们感觉到你有酗酒问题,我们将进行一次截然不同的对话。如果我们有任何理由担心你的饮酒行为恶化为更严重的问题,我们保留对你进行酒精测试的权利。如果测试有问题,我们会让你接受治疗,并且我们将不得不恢复更严格的宵禁规则。"格里对父母的立场给出了非常积极的回应,因此,他感到自己与父母的关系更加亲密,也更受父母尊重。

这与向我咨询的另一位17岁少年马克的情况截然不同。马克的学校辅导员把他转介到我这里,因为他在两个学期的时间里从一个全科拿A的学生变成了一个只能拿D的学生。根据学校的说法,他刚开始与附近一所天主教女子学校的二年级学生迪奥娜约会时,问题就出现了。迪奥娜是马克一直想要成为却不允许自己成为的那种人,她叛逆、直言不讳、喜欢冒险。迪奥娜曾受到父母的虐待,而被马克无声的善良和真诚所吸引。当迪奥娜问马克是否想和她一起喝醉时,他很惊慌。他那时还坚决不饮酒。但当迪奥娜取笑马克是个"清教徒"时,他就不再拒绝了。

马克发现他喜欢喝醉时感到的自信和力量,特别是和迪奥娜在一起时。然而,他很快就对酒精上瘾,成绩开始走下坡路,最终来到我的办公室。在做完评估后,我会见了他的父母,并在征得马克的同意后告诉他们，他们的儿子存在严重的酗酒问题，他们应该更密切地监督儿子，考虑让他接受治疗，并为他的饮酒行为设定后果。

但是他们拒绝了！马克的父母双方在生活中都大量饮酒。他们说我对马克"尝试"饮酒的行为反应过激。当我指出马克的成绩在下降，而且学校辅导员从他的朋友那里得知他有问题时，这对夫妻说学校为了学生取得成功向孩子们施加了太多压力，马克可能需要通过参加聚会得到放松。我告诉这对夫妻，除非他们更积极地对待马克的酗酒问题，否则我不会为他治疗。马克虽然否认自己存在酗酒问题，但他的饮酒量、频率和相关的行为变化都表明他存在问题。尽管如此，这家人还是停止了治疗。

我之所以引用这个案例，是因为几年后我接到了马克的电话，当时他已经20多岁了。他打来电话，感谢我过去采取了强硬的立场，并说他在过去几年里一直在康复，而且做得很好。由于他父母的消极态度，在我见到他之后的一年里，他的情况继续恶化，导致他从私立高中辍学。后来他拿到了高中同等学力证书，再后来上了大学。他现在已经就业，正在考虑上法学院。他和父母没有太多联系，他对他们没能更好地保护他免于滑入自我毁灭的深渊感到愤怒。

马克的父母从前非常担心儿子会疏远他们，所以对他的酗酒行为过于认同，以至于他们没有采取必要的行为保护他免受自我毁灭行为的伤害。后来，马克远离了父母，这使这对夫妻受到了伤害。马克的案例说明，过于不积极和放任的青少年教养态度可能造成严重的伤害。

设置限制的四个常见错误

善意父母的一些行为会让他们的青少年子女持续肆意妄为[8]。这些行为中的第一个是给出警告而不贯彻执行。这是巨大的错误，因为你的青少年子女就像橄榄球场上的跑卫，不断寻找防守的任何漏洞。如果你不坚持贯彻执行自己给出的警告，你就会让孩子觉得违规的后果一点儿都不严重。

第二个常见的错误是设定极端的限制，以至于这些限制起到反面效果，使父母过于痛苦，或者无法执行。一个例子是，父母一连几个月不准孩子出门。

第三个错误是不断让步。这强化了操纵和失控的行为。

第四个错误是在不同时期对同一行为作出不同的反应。例如，无礼行为在一个场合得到容忍，而在另一个场合却受到严惩。

暴力的青少年

面对一个藐视限制或行为失控的青少年，家长有时很难知道应该首先解决孩子的哪种行为。将你或你的青少年子女置于危险之中的行为必须优先于其他行为进行处理。因此，如果你的孩子威胁要自杀、纵火，用暴力威胁你或家里的任何人，或者因吸毒或酗酒而失控，你必须立即采取行动，保护他的健康以及家人的健康。

最近的一项研究发现，青少年对父母采取的暴力行为的数量呈上升趋势[9]。目前，与抢劫或暴力袭击陌生人的青少年相比，虐待家庭成员的青少年更多。尽管美国青少年的犯罪行为已经下降到20世纪80年代以来的最低水平，但上述趋势仍是事实。美国政府支持的全国家庭暴力调查（National Family Violence Survey）估计，美国约有90万名子女虐待父母，十分之一的子女在生命中的某个时刻打过父母。据信，这种情况发生在大约18%的双亲家庭和30%的单亲家庭中。虽然青少年犯罪在城市或贫困家庭中出现的频率通常更高，但青少年对父母的暴力行为也发生在中上层家庭。

你应该如何应对暴力的青少年子女？针对打人、威胁打人或破坏财产的行为，你应该设立明确的禁律。如果青少年子女在家中引发过暴力事件，为了你的安全、其他家庭成员的安全以及青少年子女的健康，签订一份合同至关重要："如果你在这个家庭采取暴力行为或对他人进行暴力威胁，我们将报警逮捕你。"这听起来很极端吗？但这还不如允许青少年虐待他人，并告诉他这么做没有任何后果极端。

第八章　棘手的青春期

为什么我的青少年子女会有暴力倾向？

青少年虐待父母或威胁父母的原因有很多[10]：

- 父母虐待青少年。
- 青少年酗酒或吸毒。
- 父母酗酒或吸毒。
- 父母的教养方式惩罚性过强或限制性过强。
- 家庭中缺乏爱。
- 父母离婚或再婚家庭问题。

如果你的青少年子女已经失控很长一段时间，你不太可能有动力去爱他。你可能要先把家里的情况控制住，然后才会再次变得温柔。然而，你可以马上开始做出一些低情感成本的行为，这些行为对帮助你的青少年子女和改善你与他的关系至关重要。

据我所知，最有力的育儿建议之一是关注你的孩子做对的事情，不论孩子处于什么年龄段。许多父母随着孩子年龄的增长放弃了这种行为，或者当他们的孩子成为失控的青少年时因气愤而放弃。如果你已经放弃了，这是可以理解的，但现在我们必须帮助你重整旗鼓。

以下是一些表达爱的简单方法：

- 每天告诉你的青少年子女你喜欢、爱或重视他身上的某种特质。
- 为孩子所做的任何接近正确方向的事情写下赞赏的纸条。你的青少年子女会表现得好像你疯了,但你无论如何都要继续这样做。
- 即使你的孩子还没有控制住自己的行为,你也一定要继续留下赞赏的纸条或赞美的话语。为什么?因为孩子会因你在面对他的消极态度时努力表现得积极而尊重你,这也会让他对违抗或虐待你感到更加内疚。
- **坚持一比五的比例**。每进行一次消极的交流,就努力进行五次积极的交流。

内疚育儿

让你的青少年子女感到内疚是你育儿武器库中的一个工具。如果应用得当,这可能会帮助他认识到自己对他人的影响以及自己的不良行为带来的代价。如果应用不当,这可能会降低孩子的自尊、增加他对你的怨恨,并增加他的发泄行为。我常在青少年和成年来访者口中听到的抱怨之一与他们的父母让他们感到内疚的方式有关。父母冷酷地利用孩子的内疚可能会导致青少年或成年子女拒绝父母或与父母保持距离,以确保父母不会使他们对自己产生不好的感觉。

第八章 棘手的青春期

父母令青少年内疚的常见说辞包括：

- 你不关心我。
- 你永远不会有成就，因为你从来不努力。
- 除了你自己，你不关心任何人。
- 你太懒了。

推荐的替代说法如下：

不要说："你不关心我。"

而要说："我想念和你在一起的时光。让我们找一个时间一起出去，我可以带你去吃午饭。"（或者去做任何他们喜欢，而且你可以一起做的事情。你的青少年子女很可能也想念和你在一起的时光，特别是在你们曾经很亲密的情况下。）

不要说："你永远不会有成就，因为你从来不努力。"

而要说："我担心你没有付出成功所需的努力。我想花点儿时间和你谈谈这个问题。你对自己不更努力的原因有什么想法？"这个问题并不只是口头敷衍。许多青少年会向父母敞开心扉，因为他们了解到父母真的会倾听而不加评判。

不要说："除了你自己，你不关心任何人。"

而要说："当你这样对待我时，我就不想为你做那些我想做的事情（或者做那些我不介意为你去做的事情）。"

在你搞砸的时候进行弥补

如果你意识到你让处于青春期的孩子感到极度内疚，或者你说了一些你知道有错误的话，请进行弥补。如果你的青少年子女不断试图让你精疲力竭或贬低你，你很可能会说一些非常愚蠢的话。例如，我曾花了很长时间学习弹奏一首巴赫的前奏曲，我十几岁的儿子有一次听到后开始嘲笑我。我为此与他大吵了近十分钟，并且反驳他说，我练习的东西也许比他练习用吉他弹奏《天堂的阶梯》(Stairway to Heaven)更有挑战性。

好吧，大家都知道巴赫的前奏曲更难，我是对的，他是错的。然而，我被他的轻蔑和他说话的语气刺激到了。如果我是成熟的大人，我会说："好吧，儿子，我想我们可能不得不在这个问题上持不同意见。"

然而，我说的是："你认为《天堂的阶梯》更难吗？怎么会呢？真有趣。"

我可能是一个没有耐心的家长，因此，最成熟的回复并不总是最先从我嘴里说出来的那句话，而可能是第三句或第四句。所以，我稍后为自己的过度反应道了歉，并告诉他："这个街区的任何一人，甚至白痴都知道巴赫能轻易打败吉米·佩奇（Jimmy

Page）①。每一天的所有时候，他们都会这么认为。所以别胡说了——当你知道的和我一样多时，你就会发现我是对的。"

"我真正的意思是，我说谁对谁错真的不重要。你有权发表自己的意见，而我不会表现得和你这个年纪的男孩一样不成熟。"

"等等。你很可能是对的。齐柏林飞艇（Led Zeppelin）②之于摇滚乐可能就像巴赫之于古典乐。"

好了。这才是成熟大人的魅力。

注意，为人父母很像婚姻。冲突是不可避免的，因此争吵以后发生的事情有时比争吵本身更重要。所以，如果你说了一些伤人或愚蠢至极的话，请承担责任并道歉。你处于青春期的孩子会因此尊重你。你这样做会给孩子提供一个很好的榜样，还有可能帮助你们建立更好的关系。

什么是正常的青少年行为？

因为青少年的特点是情绪波动、行为变化和性格变化，所以我们可能很难知道什么是正常的，什么是令人担忧的。以下准则可以帮助你了解这些波动和变化。

---

① 吉米·佩奇（1944—　），英国著名吉他手、作曲家、音乐制作人，《天堂的阶梯》词曲作者之一。
② 英国著名摇滚乐队。《天堂的阶梯》即该乐队的歌曲。

如果看到孩子出现以下情况，你应该**考虑**向专业人士咨询：

- 学习成绩突然下降。
- 持续具有社会隔离问题。
- 持续表现出抑郁或焦虑症状，如无法体验快乐、缺乏食欲、对平时喜欢的东西提不起兴趣。
- 体重显著下降或增加。
- 睡眠模式变化。
- 自尊心显著变化。
- 不断有自我贬低的想法。
- 对未来的看法一直很悲观。
- 冷漠。

如果看到孩子出现以下情况，你**必须**向专业人士咨询：

- 经常无法控制自己的行为。
- 酒驾被捕。
- 触犯法律。
- 有自杀念头或自杀行为。
- 割伤自己或有任何其他类型的自残行为。
- 对你或家庭其他成员的暴力或威胁行为。
- 恶意破坏财产。

父母离婚的青少年

离婚会让养育青少年变得极具挑战性。青少年会更有能力向父母一方隐瞒信息，以便与另一方结成联盟，或避免受到惩罚。他们可能会向父母一方透露自己生活的重要细节，并要求对方承诺不向另一方透露这些细节。此外，青少年通常在法律层面有更大的自由选择他们的居住地，并可能搬到更宽容的父母家中居住。这种安排可能会使青少年面临更大的风险，并可能进一步疏远青少年与另一方父母间的关系[11]。

虽然任何年龄段的单亲家长都有压力，但作为单亲家长养育青少年尤其具有挑战性。青少年倾向于使用他们知道的一切行为来达到自己的目的，而单亲家长可能更容易在没有伴侣提供后援、支持或救济的情况下因沮丧和疲惫而放弃或屈服。由于离婚后父母和青少年之间的关系有可能受到负面影响，下一章将就这一问题给出更具体的指导。

先前的应激源对青少年发展的影响

处于青春期和刚刚成年的子女需要在父母支持较少的情况下，在驾驭更复杂的社会环境的能力方面取得巨大进步。在这些发展飞跃过程中产生的压力可能导致他们在生命早期遭受的创伤开始浮现[12]。例如，贝亚在童年的大部分时间里遭到她患精神疾病的母亲虐待。虽然贝亚在童年早期似乎适应良好,但在她遇到约会的社交需求和增强的学业压力时,她的情况开始恶化。由于压力急剧增加,贝亚的体重在一年内增加了近23千克,并患上了严重的抑郁症。

遗传因素也有可能导致精神疾病症状在青春期突然出现或恶化。一些心理疾病,如精神分裂症、重度抑郁症或双相情感障碍,可能要到青春期中后期才会出现[13]。它们可能是由持续的家长婚姻问题和家庭以外的压力引发的。

然而,一些带有遗传成分的疾病可能会在其他方面健康的家庭环境中出现[14]。"雅各布从来都不是世界上最快乐的孩子,但他也不是最悲伤的孩子。"肯这样描述他患精神分裂症的19岁儿子。"当警察把他带走,并告诉大家中央情报局(CIA)在追捕他时,我以为他染上毒瘾了。但后来情况并没有好转,所以我们把他带到了医院。随后医生告诉我们他患有精神分裂症。这对我和我妻子来说真的太难面对了,因为这种疾病据说会伴随终身,它不是长大成人后就会消失的东西。我们曾经觉得,随着他一天天长大,所有的问题都会离他而去,但精神分裂症完全是另外一回事。"

对有成瘾问题、精神疾病或其他疾病青少年的父母的建议

- 加入为有类似疾病或问题的儿童的家长提供支持的团体。

与面临类似困难的父母交谈是你能获得的最有治疗效果的经验之一。给予他人支持也能起到深远的疗效。

- **将伤害降到最低**。有问题的青少年总是会激起父母的反应,使情况恶化。确保你已经了解了孩子的问题,以便了解他可以控制什么或无法控制什么。努力做富有成效的沟通,控制你对孩子和自己的失望和愤怒情绪。

- **悲痛并接受**。青少年子女的许多令人不安的行为会随着时间推移而消失,然而,青春期有时预示着性格或行为上更持久的变化的到来。不要太害怕可怕的结果,不要因此生活在否认之中。

- **避免灾难化思维**。虽然顾影自怜有助于发展自我同情,但如果你无法保持这种思维与你自己和你生活的积极方面间的平衡,它也可能给你的生活带来负担。确保你与那些能够让你更加感到被关心和充满希望的人或活动保持联系。努力学习本书中讨论的自我对话技巧。

- **寻求外部咨询**。如有疑问,请向专家咨询。早期干预有时可以减轻症状的严重程度或减少问题存在的时间。向儿科医生或家庭医生咨询转诊事宜。

- **考虑家庭治疗**。有问题的青少年有可能不公平地将家庭中较健康成员的资源转移到自己身上,并导致这些家庭成员对父母和该青少年的不满。

- **树立长期观点**。虽然有些问题可能长期存在,但其他问题会随着时间推移而改善。放宽心，无论如何，你都能更好地应对你的悲伤、恐惧或失望。

如果你有软肋（我们都有），你的青少年子女有可能会发现它们。如果你花时间了解自己的软肋，随着时间推移，你对青少年子女的攻击将不会这么敏感。了解自己意味着全面盘点你与父母、兄弟姐妹以及过去或现在任何的其他重要人物的关系。这意味着欣赏你因遗传气质而获得的优势和劣势，还意味着了解你对世界的看法如何让你就你的青少年子女对待你的方式作出有效或无效的反应。

最重要的是，你要努力在爱你的青少年子女和对他设置限制之间找到适当的平衡。这不会造就一个完美的家庭，但它将为你现在和未来保持充满爱的良好亲子关系提供可能性。

第九章

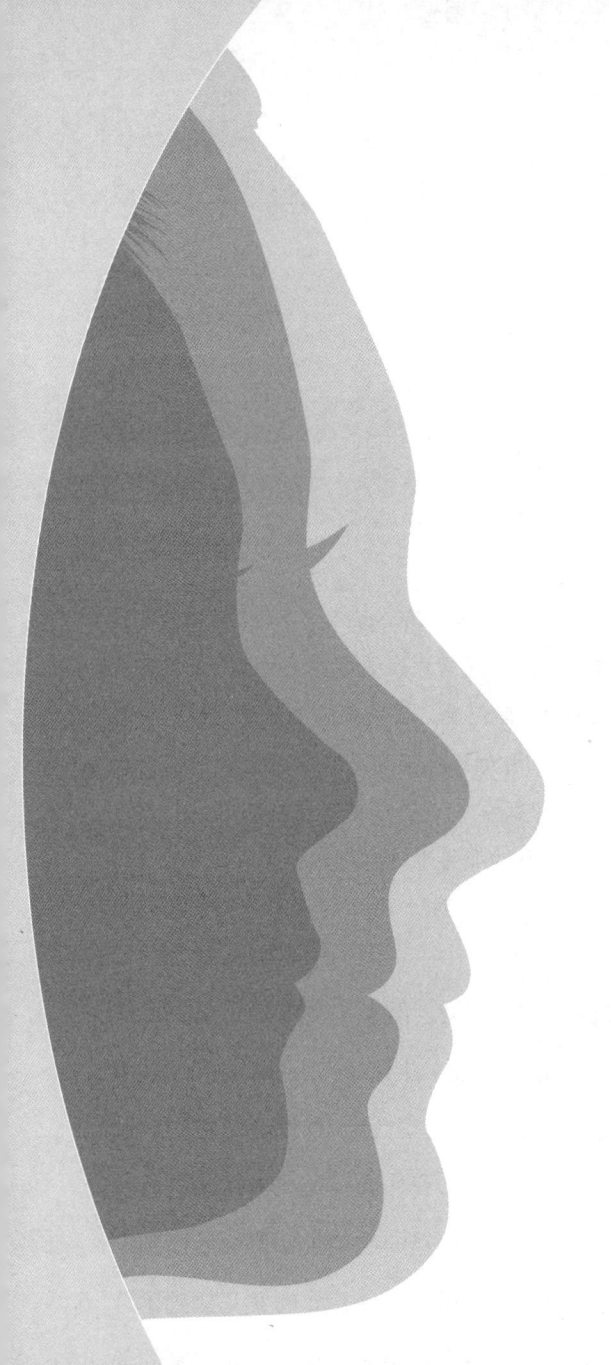

离婚的伤害

一段婚姻结束不等于我是失败的家长。

尊敬的科尔曼博士：

我读了您在《旧金山纪事报》(*San Francisco Chronicle*)上发表的一篇关于离婚父亲的文章，题为《当顾家的男人三思而行》(When a Family Man Thinks Twice)[1]。读完后，我哭得像个孩子。我和我妻子几年前离婚了，自那以后，我女儿就拒绝见我。她母亲把离婚归咎于我，她对她母亲说的一切都深信不疑。我想问你的是，我怎么才能让女儿回到我身边？我不认为我可以这样度过余生。

——我于 2006 年 8 月收到的一封信

我希望我可以说这样的信很罕见，但事实并非如此。2000 年父亲节当天，我在《旧金山纪事报》上发表了一篇文章，题为《当顾家的男人三思而行》（见附录）。之后，我就经常接到电话或收到电子邮件。这篇文章大致基于我作为一位离异父亲的感受写成，是我在一个与朋友以及他们年轻的成年子女聚会后回到家的深夜写的。就像那个时期的许多场合一样，我的女儿接到了这次聚会的邀请，但她拒绝参加。那个聚会上，我坐在朋友家的餐

第九章　离婚的伤害

桌旁，品尝着他们准备的酒和开胃菜，听他们的成年子女嘲笑他们的笑话、反驳他们"蹩脚"的政治观点。看这些孩子吹嘘自己振奋人心但报酬过低的工作，这些让我心中充满了羡慕、悲伤和愤怒。我的女儿在哪儿？为什么我不得不和别人的成年子女而不是自己的子女说笑？

因此，和所有作家一样，我用写作抒发情感，将其置于客观、包容的文字世界，以求慰藉。本书在很多方面受到了我因那篇文章而收到的众多来信的启发。

父母离婚后，孩子的生活有时会得到改善，特别是在离婚结束了家庭中持续的严重冲突的情况下。此外，离婚让成年人有机会摆脱失败的婚姻，寻找更有意义的婚姻。

然而，虽然离婚可能会让事情变得更好，但也可能让事情变得更糟。正如婚姻研究者 E. 梅维斯·赫瑟林顿（E. Mavis Hetherington）所写[2]："每一次离婚都是一场独一无二的悲剧，因为每一次离婚都会结束一个独一无二的文明——一个建立在成千上万的共同经历、记忆、希望和梦想之上的文明。"离婚往往意味着从根本上重塑联盟[3]，并可能使父母与子女更加疏远。这种情况出现的部分原因是离婚可能揭示出婚姻中存在的问题，但这些问题在父母离婚前不为孩子所知。父母离婚可能会让新的成年人进入孩子的生活——这些成年人可能会使孩子觉得自己对不在身边的家长不忠诚。这些成年人还可能争夺孩子家长提供的爱、关注和资源，而且他们对使孩子保持快乐的投入通常比亲生父母少。

离婚也为父母中的一方改写历史提供了机会。孩子可能会被诱导着去相信关于他们母亲或父亲过去行为的不完整或不准确的叙述[4]。正如一位父母离异的成年人所说："我母亲常常告诉我，我父亲的为人非常糟糕。他从来没有陪伴过我们这些孩子。除了他自己，他谁都不关心。在我成长的过程中，我完全相信了这一点。我只是认为，她是我的母亲，她不会对我撒谎。不过，我不得不说，我年纪越大，就越不相信她的说法。我觉得她为了自己的私欲利用我来报复我父亲。这太糟糕了。"

父母也可能试图通过告诉子女某一个版本的婚姻史来为他们的离婚决定辩护。该版本的故事往往忽略了他们婚姻失败的重要原因。一个成年子女说："我父亲过去常常表现得像是我母亲毁了他，因为她是离开的那个人。他总是表现得好像他是个完美的丈夫，而她是个自私的妻子。我母亲很善于保护我们，不让我们知道她离开我父亲的原因，直到我们长大成人。后来我开始敬佩她，因为她一直等到我们可以理解事情原委的年纪才把她的想法告诉我们。我希望我父亲也能这样做。"

市面上已有很多著述探讨了离婚对孩子的长期影响。然而，当父母与孩子的日常关系被深刻而永远地改变时，能够帮助父母修复他们自身身份和自尊所受伤害的文章却很少。本章就是为了帮助这些父母而写的。

第九章　离婚的伤害

调查问卷：离婚的影响

离婚对你和孩子的关系有什么影响？
- ☐ 我不能像以前那样经常见到他，这让我很难过。
- ☐ 他似乎很生我的气。我很难知道他生气到底是因为我离婚、我的前任，还是因为青春期或成年期正常的变化。
- ☐ 我们关系中的起伏波动比以前多得多。
- ☐ 我对他的行为不像以前那样有控制力了。
- ☐ 我们现在更像是朋友，而不是家长和孩子。
- ☐ 我们比以前更亲密。
- ☐ _____

离婚对你的自我感觉有什么影响？
- ☐ 我很高兴能离婚，但我很担心我的孩子。
- ☐ 我不想离婚，我对此的感受影响了我的自尊、我的育儿方式以及我与孩子的关系。
- ☐ 我想离婚，但我对离婚让孩子受到的影响感到内疚，这种内疚感一直折磨着我。
- ☐ 我为不能成为全职家长感到难过。
- ☐ 我为不能成为我一直想成为的那种家长而感到难过。

- [ ] 我认为离婚是一个巨大的错误,我希望自己从未离过婚。
- [ ] 我为离婚伤害了孩子与另一方家长的关系而感到难过。
- [ ] _____

你做了哪些事来尝试修复你和孩子的关系?
- [ ] 什么都没做,我还没有准备好。
- [ ] 什么都没做,我也不想做什么。
- [ ] 什么都没做,我也不需要这么做,因为我和孩子的关系很好。
- [ ] 我和孩子谈过,但这似乎从来没有帮助。
- [ ] 我和孩子谈过,谈话有一些帮助,但还有很长的路要走。
- [ ] 我和孩子谈过几次,但我不想继续这种谈话,因为这太令我痛苦了。

你认为你与孩子谈话的最大障碍是什么?
- [ ] 我的愤怒。
- [ ] 我的内疚。
- [ ] 我担心这将增加我的焦虑或抑郁。
- [ ] 我害怕听到他可能说的话。

第九章 离婚的伤害

- ☐ 我的伴侣希望我离孩子远一些。
- ☐ 如果我承认我做过让自己后悔的事,他会利用这一点让我感觉比现在更糟糕。
- ☐ 如果我的前任听说了,对方会用这一点对付我。
- ☐ 孩子拒绝与我联系。

父 女

研究表明,最容易因离婚而破裂的是父亲与女儿的关系[5],其次是母亲和儿子的关系。为什么风险程度以这种顺序排列?因为孩子们往往认为自己更像同性家长。显而易见,男孩通过观察他们的父亲来学习成为男人,而女孩通过观察她们的母亲来学习成为女人。这种需要创造了一种性别忠诚。当家庭分裂时,这种忠诚可能会导致孩子与同性家长结盟。换句话说,孩子们可能会感觉到,在父母离婚使自己可获得的资源减少的情况下,他们最好站在最能帮助他们的人一边,以满足他们发展男性或女性身份的需要。

此外,女孩可能会无意识地认为,如果事情发生在妈妈身上,就是发生在她自己身上。在健康或低冲突的婚姻中,这些影响可能并不明显或不够重要,孩子也就没有必要与父母中的一方结成牢固的联盟。在这种情况下,母亲可能对女儿是"爸爸的好女儿"感到自豪和高兴,而父亲也可能因妻子不遗余力确保儿子健康快乐而感到享受。

一般来说，在健康或低冲突的婚姻中，母亲似乎善于促进女儿和父亲保持亲密关系，而父亲也善于促进母亲和儿子保持亲密关系[6]。这可能是因为父亲会更积极和成功地约束男孩在母亲面前可能表现出的粗暴行为，而母亲则可能积极弥合女儿与父亲之间可能存在的亲密关系鸿沟。

虽然处理得当的离婚可能会减少忠诚冲突的可能性[7]，但孩子的生活被割裂可能会大大增加他选边站队的可能性，特别是在父母中的一方似乎致力于获得这种忠诚、将自己视为受害者，或者行为明显恶劣的情况下。如果孩子认为家长一方需要他通过批评或拒绝另一方来表达忠诚，不论这种认识是否正确，都会导致孩子与家长中某一方的关系破裂。

离婚后母亲的影响

研究表明，在婚姻存续期间和离婚之后，预测父亲与子女关系的因素之一是母亲对这种关系的促进或阻挠[8]。在婚姻存续期间或离婚后感到委屈的母亲、认为父亲对孩子有害的母亲、认为母亲比父亲更重要的母亲，或者有心理问题的母亲，都可能直接或间接地干扰父亲与孩子建立持续关系的愿望。正如一位父亲所说："去年，我和一个很棒的女人再婚了。不幸的是，这让我前妻更加坚定要让我远离我的孩子。她从一开始就在争夺监护权，

第九章 离婚的伤害

现在又编造新的理由说明为什么我的孩子不应该在定好的时间到我这里来。我女儿完全对她的说辞信以为真,表现得好像我才是坏人。我女儿现在十几岁了,法院让她自行决定与我见面的次数。她的弟弟十岁了。他总是想见我,但现在就连他也开始问我为什么对他母亲这么刻薄——实际上我并没有做错什么。"

薇姬是一位离异母亲,她谈到了自己对于让孩子们探望父亲的焦虑。"他没有做任何事情来确保孩子们完成作业、吃得健康,或者在合适的时间睡觉。他的住处看起来就像电影《动物屋》(*Animal House*)中的场景——那就是个猪圈!屋里到处都是比萨盒。他没有监督孩子,所以他们整个周末都在玩游戏机。他们星期一回到我身边,我几乎花了一整个星期才让他们重新按时间表生活,然后他们又回到他那里。这个循环又开始了!我知道孩子们喜欢他,但他算什么榜样?最近孩子们一直在谈论不要经常去他那里。我忍不住想:'那可太棒了!'"

母 子

因为男孩在父母离婚后会对他们的父亲有更强的忠诚感[9],所以男孩可能更容易对母亲采取行动。研究表明,女性在与儿子争吵后的愤怒情绪比与女儿争吵后的愤怒情绪持续时间更长[10]。母亲在独自抚养儿子时也更容易感到沮丧。这可能是由于女性感觉自己的气质不适合处理男孩身上更常见的任性和攻击行为,也

· 181 ·

可能是由于儿子可能通过把气撒在母亲身上的方式来处理被父亲拒绝的感觉。只有25%的父亲在离婚后每周与孩子见面一次以上[11],还有25%的父亲在离婚后一年内从未见过孩子。

"我的儿子鲍比把我跟他父亲离婚归咎于我,认为是我想要结束婚姻。他的父亲搬到另一个州,几乎不会表示想看望他,但这并不是我的错。我觉得自己两头不讨好:没有与我分担育儿责任的伴侣,却有一个儿子因为他父亲抛弃他而责怪我。"

成为继母

继母的生活不容易。继母自己的母性本能或共情冲动可能会被孩子完全回绝,因为孩子认为她试图取代自己的母亲或夺走自己的父亲。继母可能对如何抚养孩子有自己的坚定想法,而这些想法可能与她丈夫或孩子亲生母亲的想法直接冲突。

继母也可能认为丈夫与孩子的亲密关系对她与丈夫的关系构成威胁。如果继母有了自己的孩子,她可能会强烈地希望把更多的时间和金钱分给与她有血缘关系的人。这种优待可能会引发敌意、减少父亲对与前妻所生子女的探视,或者使父亲遭到孩子的直接拒绝。正如一位父亲抱怨的那样:"我女儿最近告诉我,我的现任妻子和我的继子女是她的敌人,因此,我也是她的敌人,因为我和他们住在一起。"

对于一些女性来说,如果她无法怀孕或者她的丈夫不想要更多孩子，养育继子女可能是她当母亲的唯一机会。在这种情况下，她的继子女很可能会拒绝她的示好。此外，如果一个男人认为他的新妻子应该接受母亲的角色，那么他可能会误判孩子对此不感兴趣或不合作的程度。

受伤的继父母

我曾听许多继父母（大多是继母）说起他们感到自己被继子女伤害。孩子的拒绝行为是由他们亲生父母离婚导致的不忠、失落和愤怒等不稳定情绪造成的，而这可能导致继父母处于冲突的中心。这种遭遇往往是继父母没有经历过也不想经历的，它可能解释了为什么父母离婚的成年女儿中只有很小一部分人说自己与继母关系密切[12]。正如一位继母所说："我这辈子从来没有被任何人如此憎恨和厌恶。但我应该微笑着这么过下去，表现得好像'哦，没什么大不了的，我可以接受'。"

成为继父

继父往往比继母轻松得多。虽然继母可能被她们的伴侣以及她们自己对扮演母亲角色的期望所累，但继父通常对自己的期望较低，而且家庭中的其他成员对他们的期望似乎也较低。

这并不是说继父就不会受冲突的影响[13]。虽然继子可能将继父视作盟友，但继女有时会将继父视作争夺母亲注意力的对手。这就是为什么父母离婚更可能令儿子难以接受，而父母的再婚更可能使女儿苦恼不安[14]。

再婚后，母亲和父亲都会感到在渴望与孩子相处和渴望与伴侣相处之间左右为难。一些继父或继母会让伴侣难以与孩子保持健康的关系。如果一个男人的妻子需要为与前夫所生的孩子花费时间和金钱，并且这个男人因此感觉自己受威胁，那么他可能把自己的沮丧或失望情绪发泄到继子女身上。如果继父母过快地建立起在新家庭中的权威，或者因继子女对自己没什么兴趣而作出过激反应，原本平静的家庭气氛就会变得紧张。正如一位青少年告诉我的那样："我妈妈是个好人，但我不想再去她家了，因为她丈夫是个浑蛋！他明确表示，他受不了我们，等不及我们离开。如果他不在家，我就会多去。"

如果继父母批评继子女的另一个亲生家长，或者与之竞争，这可能危及他与继子女的关系。赫瑟林顿写道："再婚家庭就像机器一样，受制于复杂性原则：工作部件越多，发生故障的风险就越大。"也许这就是为什么60%的再婚会失败，而再婚后又离婚的夫妻至少一半有继子女[15]。

有问题的继子女

并非所有继子女表现出的问题都是由亲生父母或继父母的管

第九章 离婚的伤害

理不善造成的。就像孩子的思维方式会影响他们与父母的相处方式一样,有问题的继子女也会对家庭关系产生重大影响。具有攻击性、叛逆、过度活跃的孩子,或有成瘾问题或精神疾病的孩子,会挫败尽心尽力的继父母的最大努力。难以管教的继子女会破坏一段新的脆弱婚姻,因为孩子的亲生父母和继父母都可能对另一方的行为抱有不切实际的高期望。亲生父母可能认为,给孩子更多的爱、宽容和接纳会导向成功,而继父母可能认为需要给孩子更多的限制和更少的纵容。

另一个家

亲生父母离婚后,孩子必须学会适应因为自己有两个家庭而面临的困境。同时,由于孩子会接触新人或受到新的影响,孩子亲生父母的一方有时也不得不苦苦应付一些他们自己绝不会让孩子面对的事情。正如一位父亲告诉我的:"我无法相信我的前妻再嫁的那个人。孩子们总是抱怨他脾气暴躁。我讨厌自己不能做更多的事情来保护他们。"

如果父母一方心理健康,那么他可以通过充当榜样以及就另一方的行为展开沟通,大大减轻对方的病态[16]。因为担心自己不在场监督时孩子会遭遇危险,一些父母推迟离婚或不愿离婚。

然而,除非健康父母是主要监护人,否则离婚会使孩子更直接地接触到不健康父母的问题,也让孩子更少地看到家长提供的

>> 为什么孩子越大，我们越疏远

榜样示范，更难受到良好的养育，以及更难理解家中的问题。当然，如果婚姻加剧了夫妻双方的沮丧或功能失调，离婚也可能增加他们拥有的资源，这也是事实。

罪恶的联盟

离婚很可能让每个与之相关的人都把世界看作非黑即白的，只有善与恶、受害者与加害者、恶棍与殉道者的区别。夫妻双方的亲属和其他人都可能站在一对离异夫妻中某一方的身边，排成相互敌对的队伍。不幸的是，这些亲属没有考虑到，发起这场战斗让与"敌人"有血缘关系的孩子付出了巨大代价。

我经常听到一些（外）祖父母在儿子或女儿离婚后开始表达对他们前配偶一直以来心怀的批评。这样做增加了对孙辈的伤害。阿里尔16岁，她的父母离婚了。她说："谈论我的父亲时，我的外祖父母表现得好像他和我根本没有关系，就像我只属于他们这一边。我觉得自己真的对父亲不忠。但是他们说的关于他的事情让我不能非常尊重他，这也让我感到内疚。"

（外）祖父母还可能通过支持激烈的监护权争夺战和针对另一方的法律诉讼来加剧父母和孩子之间的疏远。正如一位母亲所说："事后看来，如果我的父母不介入我的离婚事宜，那对大家都好。他们为我提供无止境的资金帮助，让我对付我的前夫，这可能破坏了我们围绕孩子建立有益的新关系的所有机会。好像我

第九章　离婚的伤害

的父母比我更生我前夫的气。我当时太困惑了，无法从长远的角度考虑问题。"

另一方面，（外）祖父母也可能成为子女离婚的牺牲品。在一篇题为《祖父母在孩子离婚后难以与孙辈接触》（Grandparents Struggle to Hang On After Divorce）的报纸文章中，蕾切尔·波利亚克（Rachel Pollack）写道[17]："我学会了不要问孩子的母亲我是否可以在她负责监护的周末与他们待在一起，因为答案总是否定的。在我儿子监护的周末，如果我的一个孙辈要求到我这里过夜，我的回答总是：'可以，但要先问问你爸爸。'事情很少能按照孩子们和我希望的方式发展。"这是许多子女离婚的（外）祖父母面对的一个可悲现实。

清晰的认识

下面是对离婚的父母而言很常见的情景。你的康复部分取决于接受你做出的、导致你与孩子或前配偶产生冲突的行为。如果你像大多数离婚的父母一样，犯了不止一个我将要讨论的错误，下文提到的例子可能会让你感到内疚。继续读下去。我们的核心目标之一是帮助你清理过去的情感世界，勇敢地审视自己的行为，这将为你的成长以及你与孩子的关系奠定健康的基础。

选出与你的情况相符的说法：

- □ 我没有充分保护孩子免受我对前配偶感情的影响。
- □ 我自觉或不自觉地试图让我的孩子站在我这边并反对我的前配偶。
- □ 我可能使孩子因为爱、钦佩我的前配偶或现配偶，或者对其感到亲近而内疚。
- □ 我对离婚的内疚感，或者我在该过程中扮演的角色，使我很难让孩子谈论他们的愤怒、悲伤、担忧或失落情绪。
- □ 我把孩子放在比我的现配偶更次要的位置。
- □ 我让孩子对我的前配偶保守秘密，这不公平地给他造成了负担。
- □ 我后悔曾对孩子漠不关心，让他感觉自己被我的现配偶取代了。
- □ 我后悔没能更好地保护孩子，以及没能使他免受我现配偶或前配偶的问题的影响。

下面，让我们更详细地看待这些问题。

"我没有充分保护孩子免受我对前配偶感情的影响。"

离婚让人感到无尽的痛苦、失望和愤怒。对赡养费、子女抚养费、监护权安排存在分歧，因孩子的责备或拒绝感到痛苦，嫉妒前任的新伴侣，担心孩子爱前任的新伴侣胜过爱你，这些都是

第九章 离婚的伤害

正常情况。

婚姻中的一方因婚姻失败而深感被拒绝或失望也是常有之事。如果你主动提出离婚,你仍然可能因导致你选择离婚的因素感到受伤或愤怒。有些父母在保护孩子免受这些情绪的影响方面做得比其他父母更好。那些没有这样做的父母可能发现,他们的孩子因这一经历而受到伤害或疏远自己,导致他们与孩子的关系受到损伤。

向你的孩子倾诉你对离婚或前配偶的感受或意见会给你与他们的关系带来问题,因为:

- 这让你的孩子感觉有负担,因为他对你或者你的前配偶感到担心或觉得自己有某种责任。
- 这让你的孩子在忠诚方面受到束缚。
- 如果你让自己内心的冲突过多地暴露出来,会让你的孩子失去对你的尊重。

努力避免:

- 向你的孩子倾诉你对前配偶的感受。
- 向你的孩子倾诉你对离婚的感受。
- 通过说明关于前配偶行为的细节为你的离婚决定辩护。
- 讨论赡养费或子女抚养费等细节问题。
- 针对前配偶的错误指责为自己辩护。但是,你可以对孩子说："他/她说得不对，但这是你父亲/母亲和我之间的事。"或者："我明白这是你父亲/母亲的观点，但这不是全部。"

努力做到：
- 向你的朋友、治疗师或其他能提供诚挚支持的人倾诉你的感受。
- 考虑在你的孩子二十多岁或晚些时候告诉他你的观点，但尽量不要在此之前这样做。如果你觉得你必须谈谈你的感受，请在接受家庭治疗时进行。在此期间，你可以在如何传达这些感受方面获得支持。
- 如果你认为你的倾诉是一种负担，请对孩子进行补偿。

"我自觉或不自觉地试图让我的孩子站在我这边并反对我的前配偶。"

在离婚时，父母希望孩子站在自己一边的情况并不罕见。即便是那些对前配偶保持尊重的父母，在听到孩子抱怨对方时，也会感到一丝快意。不幸的是，大多数孩子都明白这一点，并且可能会通过说"我明白你为什么离开爸爸，他真的很难相处"或者"妈妈真的很过分，我不知道你是怎么做到和她一起生活那么久的"来安抚或取悦父母。

第九章　离婚的伤害

你的孩子也可能学会如何在与你的谈判中利用这一点，通过抱怨你的前配偶在提出某种要求之前软化你的态度。"爸爸太小气了，他从来不给我买衣服或任何东西。你能带我去购物吗？"与之相对，孩子还可能试图通过谈论另一位父母在提供金钱、时间或减少监督方面的优势来提高自己的影响力。虽然这可能会让你感到愤怒或内疚，但也可能让你在与孩子的谈判中过于顺从。

努力避免：

- 通过参与同你前配偶的相对劣势相关的讨论，加剧你与对方的分歧。
- 利用前配偶的弱点来提高你在亲子关系中的地位。

努力做到：

- **不动感情地倾听孩子对你前配偶或现配偶的抱怨，不要表示同意或过度认可。**让互动以你的孩子为中心，而不是以你为中心。以这样的说法回应："我很抱歉，你爸爸没有及时来接你。看起来你很不高兴。"而不是说："他总是这样。他以前也经常这样对我！"
- **在可能的情况下，展示你前配偶行为中的合理之处。**如果你不可能做到这一点，就努力在不暴露你自己感受的情况下支持孩子。即使你的孩子能感觉到你的情绪，她也会欣赏你的克制。

· 191 ·

"我可能使孩子因为爱、钦佩我的前配偶或现配偶,或者对其感到亲近而内疚。"

父母有时会非常直接地希望得到孩子的忠诚。一位父母离异的成年子女说:"我不能做任何让我父亲想起我母亲的事情。如果我笑起来有点儿像我母亲,他就会以一种充满敌对的方式说:'你的声音就像你母亲!'或者,如果我不同意他的政治观点,他就会说:'这听起来像你母亲会说的话。你变得和她一模一样了!'我几乎明白了,如果我想和他相处,我就不应该在任何方面像她。"

即使父母竭力掩饰自己的感情,父母离婚的孩子也可能明白父母的真实感受。"我爸爸极力掩饰他对我妈妈家里发生的事情的嫉妒。"父母离婚的13岁孩子卡拉说,"每当我告诉他,我妈妈或继父身上发生了什么好事,他就会说'这很好,亲爱的'之类的话,但我可以看出悲伤的情绪笼罩着他。我想我应该干脆不告诉他我妈妈家发生了什么,或者让事情听起来不那么美好。"

害怕被前配偶的新伴侣取代是父母受伤的一个常见原因。"第一次看到我4岁的女儿和我前夫的新妻子手牵手时,我几乎疯了。"离异母亲塔尼娅说,"坦率地说,我几乎想杀了她。幸运的是,由于当时我正在接受治疗,我没有就此对我前夫的新妻子或我的女儿说出任何话。但我想说些什么,真的。"

第九章　离婚的伤害

努力避免：
- 批评你的前配偶或前配偶的新伴侣。
- 与孩子讨论你的嫉妒感和不安全感，或任何让你觉得自己被前配偶的新伴侣取代的事。

努力做到：
- 让你的孩子知道，你希望他能爱你的前配偶。
- 随着时间推移，在你的孩子讲述与你的前配偶和/或你前配偶的新伴侣之间的愉快事件时，表现出一些快乐或认可。口是心非没什么大不了。
- 随着时间推移，让你的孩子知道，你对他爱或喜欢你的前配偶感到满意。口是心非没什么大不了。
- 如果有可能，请赞美你的前配偶。
- 如果有可能，请赞美你前配偶的新伴侣。
- 如果你批评了前配偶，请对孩子进行补偿。这样说："很抱歉我那样说你的母亲。我知道这让你左右为难，这不公平。我很难过，这不是处理我的感受的适当方式。"

"我对离婚的内疚感，或者我在该过程中扮演的角色，使我很难让孩子谈论他们的愤怒、悲伤、担忧或失落情绪。"

如果你或你的孩子要你为离婚负责，或者为你离婚后他们生活中的问题负责,你可能不愿意听到孩子的抱怨。这可能导致你批评或拒绝你的孩子、对前配偶表达不适当的愤怒,或者拒绝就此进行谈话。金说:"我觉得和我父母谈论他们离婚的事是一种禁忌。小时候,有一次我问爸爸,他和妈妈什么时候能复合。他瞪着我说:'我们永远不会复合,明白吗?永远不会!别再问我这个问题。你认为我真的想回到那个时候吗?'我不确定'那个时候'是什么意思,但我不打算问。谈论我对另一个家长的思念对他们两人来说绝对是禁区。"[18]

努力避免:

- 阻止孩子尝试谈论你与前配偶离婚的事情。
- 当你的孩子谈及离婚的事时,指责你的前配偶。

努力做到:

- 允许你的孩子抱怨你离婚。
- 说出你觉得他对你离婚有什么感受。例如,对孩子说:"我知道来回奔波对你来说很辛苦。""我知道要记住两套规则让你很困惑。""我知道你有时觉得你必须选边站。""我知道我们不再生活在一起对你来说真的很难接受。"
- 允许你的孩子抱怨你在婚姻失败中扮演的角色。你可能需要很多外部支持才能做好这一点。

第九章　离婚的伤害

"我把孩子放在比我的现配偶更次要的位置。"

当离异的父母开始约会时，对孩子来说更难以应对的一个改变就出现了。正如一位父母离异的成年女性所说："我妈妈离婚让我很不高兴，但我确实喜欢那之后我们在一起的所有时光。我们一起做任何事情——她有时让我和她一起睡，我真的很喜欢这样。就好像我们已经成为最好的朋友。当她开始和我的继父约会时，一切都改变了。我觉得自己被抛弃了！"

身为人父的奇普说，在他刚刚离婚的那段日子，他非常渴望得到安慰，所以他把所有可以支配的时间都花在和他的新女友在一起上。"我的女友谢莉真的帮我度过了离婚后的第一年，我真的很感激她。我当时一团糟。但我认为我的孩子们从我身上得到的不多，他们当时仿佛深陷地狱。如果能重来一次，我会采取完全不同的做法。"

努力避免：

- 将你的新男友或女友带入孩子的生活，除非你非常认真地对待这个人。

努力做到：

- 尽可能使你的探视或监护安排不受影响，以便使孩子受到最低程度的干扰。

为什么孩子越大,我们越疏远

"我让孩子对我的前配偶保守秘密,这不公平地给他造成了负担。"

出于各种各样的原因,离婚或即将离婚的父母间接或直接地让他们的孩子保守秘密。例如,父母一方有时会让孩子不要告诉另一方最近的购物或度假活动,原因是担心这会给对方提供要求调整自己需支付的儿童抚养费或赡养费的理由。父母离婚的达琳说:"我妈妈以前总是说:'不要告诉你爸爸我们换了新沙发,或者汽车,或者其他东西。因为他只会利用这一点减少给我的钱!'"

孩子们也可能被要求提供有关父母一方行为的信息。这些信息使他们觉得自己好像背叛了某位家长。"几天前的一个晚上,我爸爸问我:'那么,你妈妈开始和别人约会了吗?'我当时就像热锅上的蚂蚁,因为他们令人讨厌的离婚问题,我不知道什么应该保密,什么不应该保密。我知道妈妈有一个男朋友,但我只是耸了耸肩。不过他还是死乞白赖地追问:'快说,我有权利知道!'好像那是我的责任。我真想对他说:'如果你这么好奇,自己去问她。'"父母离婚的17岁孩子格里如是说。

也许孩子们被迫保守的最大秘密是父母的婚外情。"记得在我17岁的时候,妈妈以一种女学生的口吻告诉我,她如何背着爸爸偷情,以及她有多开心。爸爸和我一直都不是很亲近,所以也许她认为我会说这样的话:'哦,妈妈,天啊,太棒了。听到你背叛了爸爸，我真是太高兴了！'真正奇怪的是，她把秘密告诉我，这确实让我感觉挺不错。但这的确也让我失去了对她的尊重。我真的不想知道父母的某些情况。现在他们离婚了，我在想，我是否应该告诉我爸爸她有过外遇？"

努力避免：
- 让你的孩子对你的前配偶保守秘密。
- 要求你的孩子提供关于你的前配偶或其现伴侣的信息。

努力做到：
- 如果你曾不时要求孩子保守秘密，请对他进行补偿。
- 如果你曾利用孩子获取有关你的前配偶或其现伴侣的信息，请对孩子进行补偿。说这样的话："我知道，我要求你那样做让你处于可怕的境地，我真的很抱歉。那不公平。"

"我后悔曾对孩子漠不关心，让他感觉自己被我的现配偶取代了。"

所有离婚的父母都希望孩子爱自己的新伴侣。但许多人没有看到，他们把一个新人带入孩子的生活，使他们处于一种不可能维持的忠诚的束缚之中。那些期望孩子喜欢、包容或过度尊重自己新伴侣的父母容易让自己受到伤害。

"我父亲很早就明确表示，他和他的新妻子是一体的。"一位父母离异的成年子女说，"如果我们不给她送生日卡或圣诞礼物，他就会对我们大发雷霆。可我想说：'嘿，我甚至都不喜欢她，我应该给她寄生日卡吗？'实际上，他告诉我们，如果我们不能完全接纳她，他就不想看到我们。我姐姐屈服了，但我不再给他打电话，因为我厌倦了被勒索的感觉。"

如何让孩子尊重自己的新伴侣往往令许多父母感到困惑。玛丽在谈到她的新丈夫蒂莫西时说："我的孩子不必喜欢他，但他们必须尊重他。孩子们走进房间时总是说'妈妈好'，但他们表现得好像蒂莫西根本不在那里。如果他走进房间，我的一个儿子会起身，一言不发地走出去。我感觉自己夹在中间左右为难。一方面，我觉得由于不是我的孩子们选择了蒂莫西，所以他们不必喜欢他；另一方面，我丈夫把这些压力都加在我身上，要我让孩子们更加尊重他。我对孩子们说：'给他一个机会，他是一个好人。你们只要像对待其他任何人一样尊重他就行了。'但这似乎只是让他们更加恼火了，所以我真的不知道该怎么办。"

努力避免：

- 强迫你的孩子喜欢你的新伴侣。
- 因为你的孩子不愿意与你的新伴侣相处而批评他。然而，这并不意味着你要为了让他们互动而打乱自己的生活。

第九章 离婚的伤害

如果孩子在你要与伴侣独处时不请自来,你也不必取消计划。

努力做到:

- **像尊重其他家庭成员一样尊重你的伴侣。** 然而,不要让你的伴侣扮演管教者的角色。管教孩子是你的工作。
- **让你的孩子知道,他们不必喜欢你的伴侣。**
- **理解孩子们对你与现伴侣的关系怀有负面或复杂的情绪。**
- **对你的现伴侣感同身受,了解当继父母是多么吃力不讨好、多么容易被拒绝。** 如果你感觉过于困惑或造成了太多冲突,请接受咨询。

"我后悔没能更好地保护孩子,以及没能使他免受我现配偶或前配偶的问题的影响。"

如果父母没有保护孩子免受前配偶或现配偶的问题的影响,他们往往会感到非常内疚和悲痛。正如父母离婚的尼克所说:"我可以原谅我母亲和我父亲离婚,因为他对她真的很刻薄。但我对她把我的继父带入我们的生活这一点很难释怀。她允许这个男人进入我们家,可他曾经殴打我,而且猥亵过我妹妹。每当我试图和我母亲谈论此事时,她总是说:'我很抱歉,但我已经尽力了。'好吧,妈妈,有时候你的尽力而为还不够。"

最终，尼克的母亲在他的要求下前来接受治疗。他的母亲是一个矮小虚弱的女人。当我第一次进入候诊室迎接她时，她抬头看着我，好像我是一个刽子手。"我相信你一定认为我是个糟糕的人。"在快坐到沙发上时，她说出这句话。她看起来快要哭了。

"我不认为你是一个糟糕的人。"我说。

"我知道尼克因为他继父对他和他妹妹做的那些事而生我的气。吉姆对我的孩子来说不是一个好继父，我对此感到很难过。我当时真的无能为力。孩子们的父亲离开后，我一贫如洗，我不知道如果我让吉姆搬出去，我们怎么活下去。我甚至不知道即使我提出要求，他是否真的会搬出去。你知道，也许事态发展到这一步是因为我小时候，我的父亲常常殴打我和兄弟姐妹们。我就是这样长大的。我觉得，嗯，事情就是这样，这就是生活。关于他猥亵我的女儿苏西的事，我是在苏西搬出去后才听说的。我想那时已经太晚了。伤害已经造成了。"她凝视着窗外在风中摇摆的树木，继续说，"她不回我的电话，我已经有15年没有见过我的小苏西了。"

在随后几个月的家庭治疗中，我与尼克和他母亲会面。在我的帮助下，她得以为自己没有保护好尼克对他进行补偿。她的内疚和悲伤使她难以找到合适的语言表达自己，但她勇敢地让尼克详细谈论他受伤害和被背叛的感觉。因此，尼克最终理解并原谅了她。

第九章 离婚的伤害

努力避免：

- 告诉他们你已经尽力了。这种话是你对自己的安慰，而不是对孩子的。
- 因为你过去的行为令你过于痛苦而对此缄口不言。

努力做到：

- 为没有像你希望的那样提供保护进行补偿。
- 利用下面介绍的技巧，努力建立自我宽恕和自我同情。

练习：减轻离婚对你的影响

写一封信

就本章中与你有关的任何话题给你的孩子写一封信，你不必将它寄出去或依信中所述采取行动。写信的目的是帮助你识别和澄清你的感受，使它们不至于给你造成那么大的压力。这封信可以是一封表达愤怒、失望、后悔或爱的信。

进行弥补

当你准备好时，考虑与你的孩子谈谈你对过去的遗憾。做好准备：你的孩子可能会感激你，但也可能批评或拒绝你，特别是在他觉得委屈或与另一方家长过度结盟的情况下。

你的康复部分来自你愿意结束自我惩罚。如果你认为自己过去苛待了孩子，那么你可能认为自己应该在余生中受苦。你生活在痛苦中对任何人都没有帮助。通过接纳和宽恕自己，你可以给予他人最多帮助。

减轻压力

在一个你可以不受打扰的静谧之处坐上五分钟。只专注于你的呼吸。数你吸气和呼气的次数，直到数到十；数满后从十开始倒数，直到数到一（吸气为一，呼气为二，再吸气为三，以此类推）。当数字回到一时，再次开始这个过程。如果你分心了，冷静地将注意力转移到数呼吸上。因为保持专注需要一些练习，所以如果你发现自己一直走神，别生自己的气。

每天练习两次，持续一周。每过一周，静坐的时间增加五分钟，直到达到20分钟。这是一种冥想练习，已被证明可以减轻压力、焦虑和抑郁。为什么它有这样的效果？因为持续的担忧、内疚、焦虑和抑郁情绪会触发介导战斗或逃跑反应的应激激素。虽然这些基于肾上腺素的反应是生存的关键，但我们不应让它们全天候处于"开启"状态。冥想技巧很有用，因为我们倾向于感受自己的想法。如果你专注于自己的呼吸，就很难想到令你不安的事。专注于你的呼吸、清理你的思想可以让

第九章 离婚的伤害

你不再过度陷于战斗或逃跑反应,并使你将注意力集中于更平静、更专注的体验。

当你进入更放松的心态后,回顾第四章中讨论的"康复"步骤。简而言之,这些步骤是:

希望:作为父母,你最初的希望是什么?

教育:让自己知道什么是你现在或曾经无法控制的。

肯定:确认你作为父母和个人的核心价值和优点。

长期付出:做出长期付出,改变你需要改变的东西,以便更宽容地对待自己和他人,进行弥补,并使你的生活走上更健康的轨道。

第三步(肯定)的一部分是提醒自己作为父母你做对了什么。回顾第四章中题为"我作为父母的价值"的练习。

学会感恩

花点儿时间提醒自己有五件事情需要感恩。以下是一些可能的感恩对象:

- 你的健康
- 你活着
- 你与你的朋友、配偶、伴侣或其他孩子的关系

- 你的才能或成就
- 你的家
- 你的信仰
- _____

离异的父母很容易与孩子疏远。因此,你可能需要特别努力地建立或维持与孩子的联系。试着看得长远一些,不要过早地灰心丧气。正如我在后面的章节中讨论的那样,继续联系并敞开沟通的大门是在未来建立更紧密关系的最佳策略之一。虽然离婚会造成父母和孩子的疏远,但糟糕的婚姻也会造成疏远。在下一章中,我们将探讨糟糕的婚姻会在父母和子女之间造成问题的原因,并提出解决办法。

第十章

问题婚姻与问题配偶

队友拖了后腿,我需尽力而为。

乔治娅的丈夫脾气有问题，而且问题很严重。我们的大部分会面时间都在为如何保护她的孩子的自尊心以及她自己不受丈夫频繁的言语攻击影响制订策略。"我一直在考虑与埃文离婚，"她在治疗初期向我承认，"但我不可能让我的孩子或我自己经历离婚的波折。如果离婚，我和孩子们会直接进入贫民窟。我不信任他，不愿让他获得任何程度的监护权。但他很有钱，也很聪明，足以骗法官让他获得一半监护权。"

虽然乔治娅认为维持婚姻是两害相权取其轻，但她无法为孩子们提供她想要给他们的那种情感安全和安慰。她感到自己不足以保护孩子们，因自己依赖一个善变的男人而害怕，也担心自己为孩子们提供的生活模式是有害的。

一个人想要做一个好家长的愿望有时会遭到配偶的阻挠。与有成瘾问题、精神疾病，以及有冲动、抑郁问题或虐待行为的伴侣结婚或曾经与这样的人结婚的成年人可能会不断面临挑战，必

第十章 问题婚姻与问题配偶

须找到新的方法使自己或孩子免受（前）伴侣行为的影响。即使是与"正常"配偶之间的冲突，如果持续时间长且程度严重，也会伤害你为人父母的能力，干扰你与子女保持良好关系的能力。

本章将探讨婚姻对亲子关系可能产生的多种影响。

糟糕婚姻的影响

在我的第一本书《婚姻修复：在不完美的和谐中寻找幸福》（*The Marriage Makeover: Finding Happiness in Imperfect Harmony*）中，我为那些即使婚姻满意度低也仍考虑带着孩子维持婚姻的人提供了指导。上述书籍的目标读者是：即使接受了大量心理治疗并阅读了所有关于这一主题的心理自助书籍，也可能永远不会拥有美满婚姻的人；因为相信离婚会给孩子或自己带来持久悲伤而维持婚姻的人；认为自己的伴侣虽然是糟糕的配偶，但也是伟大家长的人；害怕离婚可能导致负面影响的人；不相信前配偶在没有自己监督的情况下有能力为人父母的人；担心前配偶会放弃为人父母的人（大约有25%的离异男性会这么做）[1]；以及那些受禁止离婚的文化或宗教影响的人。

虽然这些并不能涵盖每一个人的情况，但这些都是维持婚姻的正当理由。我之所以强调这一点，是因为我们当前的文化让人们觉得，如果他们的婚姻缺乏令人满足的浪漫感，那么他们就是屈服于生存需要的懦夫。虽然除了浪漫因素，维持婚姻还有其他正当理由，但当你为了自己或孩子而决定维持婚姻，你需要采用一种不会伤害你、你的孩子或你与孩子之间关系的方式。换句话说，虽然你仍与伴侣维持婚姻状态很可能是为了孩子，但得过且过或者让自己像个受害者的表现不会给你或者孩子带来任何好处。但是，如果你正在遭受持续的语言或身体虐待，即面对所谓的"高冲突"婚姻，这对你或孩子也不会有任何好处。事实上，大多数时候，当高冲突婚姻结束时，孩子似乎表现得更好，至少当离婚导致敌对行为停止时是如此[2]。

即使没有大喊大叫和推推搡搡[3]，糟糕的婚姻总的来说对孩子也不是什么好事。糟糕的婚姻提供了糟糕的人际关系榜样，转移了父母之间保持善意时流向孩子的积极能量。然而，在治疗师和公众中流行的三段论——"如果你的婚姻不快乐，那么你的孩子也一定不快乐，因此你应该离婚"——有点儿过于简单化和自私。是否离婚实际上取决于如何处理婚姻中的不幸。结束婚姻对孩子来说并不总是更好的，即使是与暴躁或患有精神疾病的配偶离婚也是如此。在许多情况下，孩子们会因有一个健康的家长在家里全职陪伴他们而受益，而离婚可能大大减少孩子与健康父母相处的时间。

此外，一些父母在做伟大父母方面的表现远胜做理想的浪漫伴侣方面的表现，孩子们即使没有得到浪漫婚姻的榜样，也会从这种全心全意的育儿中受益。

然而，虽然为了保护自己和孩子而维持婚姻合乎情理，但是

第十章 问题婚姻与问题配偶

你必须小心翼翼地在此过程中提供某种良好榜样，否则你会使孩子受到伤害，也让自己受伤。

调查问卷：配偶的问题

你现配偶或前配偶的行为如何干扰你育儿？
- ☐ 他不断破坏我的权威。
- ☐ 她的行为对我的孩子有害。
- ☐ 他是一个糟糕的榜样。
- ☐ 她把孩子置于我们的冲突之中。
- ☐ 他给孩子灌输关于我哪里不好的观念，这削弱了我和孩子的关系。
- ☐ 她经常当着我或孩子的面批评我的育儿方式。

关于孩子，你对配偶最大的抱怨是什么？
- ☐ 他的精神疾病、成瘾症或难缠的性格导致他对我和/或孩子做出具有破坏性或怪异的行为。
- ☐ 她的消费习惯导致我们永远没有足够的钱。
- ☐ 他的暴躁让家里的每个人都感到不安全。
- ☐ 她表现得像是嫁给了孩子，而我和她的关系一直不好。
- ☐ 他对待我的方式让我对孩子们做了或说了一些后来令我感到后悔的事。

· 209 ·

让我们回到乔治娅的案例，因为她的情况具有一定的普遍性。乔治娅是位好母亲。她兢兢业业、认真负责、勤勤恳恳。但她的丈夫限制了她为孩子们提供她想要给孩子们的安全感和保障的能力。这产生了几个结果：

- 她十几岁的儿子对她很生气，因为她不能或不愿意让他的父亲对他好一点儿。
- 她感到内疚，因为她不能保护自己的孩子免受丈夫的暴怒或拒绝。
- 她为没有给自己选择一个更好的伴侣，以及没能为孩子选择一个更好的父亲感到愤怒和难过。

承担责任

我要求乔治娅考虑一些问题，以此来应对她的处境。如果你受到的伤害源于你的婚姻，你也应该考虑这些问题：

- 你对配偶的看法是否公平？
- 你是否以某种方式被动或无意识地挑起了配偶的负面行为？
- 你是否因为对婚姻的愤怒或失望而隐蔽或公开地破坏了配偶与孩子的关系？

第十章　问题婚姻与问题配偶

- 你是否尽一切可能保护孩子免受配偶的消极或破坏行为的影响？

下面，我们更仔细地看看这些问题。

你对配偶的看法是否公平？

公平看待你的配偶意味着你对真正伤害孩子的事情有实事求是的看法。在当前这种认为儿童非常脆弱的文化环境中，父母可能将高声说话视为暴力行为。如果你来自一个存在虐待行为的家庭，你可能会特别担心你或配偶表达愤怒的行为会对孩子产生破坏性影响。

我经常听到配偶指责对方进行言语虐待，而我只称这些行为是"令人厌恶的"，有时只说这"太过吵闹"。虽然我认为孩子们不喜欢被责骂或父母对他们提高嗓门，但提高嗓门不一定就是虐待。如果一位母亲因为孩子把东西丢得到处都是而冲他大叫，这不是虐待。如果她说："你是个一无是处的废物，我希望我从未生过你。"这才是虐待。如果父母大喊："你到底为什么醉驾？你疯了吗？"这不一定是虐待。如果他说："我希望你被撞残或撞死！"这才是虐待。

很多一心一意、尽职尽责、充满关爱的父母也会时不时地吼叫。你伴侣的音量产生的影响必须与你们婚姻的质量以及对方作为家长在其他时间的行为相平衡。比如说：

- 他是否充满关爱？
- 她是否会为孩子腾出时间？
- 他是否了解孩子的需要和内心世界？
- 如果她伤害了孩子的感情，她是否有能力道歉？
- 他是否乐于接受你对他的行为给出的反馈？
- 她是否会花时间与你或孩子谈论孩子的未来？
- 他大吼大叫的时间与能够高质量相处的时间是否平衡？

婚姻研究者约翰·戈特曼发现[4]，在成功的婚姻中，每一次消极的互动对应着五次积极的互动。他还发现，最快乐的夫妻是那些定期大声争吵的夫妻。换句话说，婚姻快乐的预测因素并不是没有冲突，而是积极与消极的比例适当。虽然养育子女并不是在与婚姻同样平等的环境下进行的，但我怀疑在孩子的快乐感方面，类似的比例也存在。换句话说，如果生活在一个全心投入和充满爱意的环境中，孩子们可以在一定程度上容忍父母的大嗓门、暴躁和愤怒。

你是否以某种方式被动或无意识地挑起了配偶的负面行为？

我们很难发现自己在不知不觉中使情况持续恶化的那些行为。在我为乔治娅提供咨询时，她的丈夫感到自己被妻子拒绝这一点变得越来越明显。乔治娅在一个过于受约束和保守的家庭中长大，在这个家庭中，表达情感遭到严格禁止。当她遇到丈夫埃文时，她被他的激情和对感情的自由态度所吸引。虽然埃文偶尔会发脾气，但他对生活的热爱和深入体验周围世界的能力在很大程度上平衡了这一点，而乔治娅很难做到这些。

然而，当乔治娅和埃文成为家长后，她开始觉得他的情绪化对孩子是一种威胁。她觉得自己有义务监督他的行为，并对他对孩子的任何责骂或表现出的烦躁表示愤怒。随着时间推移，她在情感上远离了他，把所有的精力都放在做母亲上。可悲的是，埃文以拒绝他们的孩子来回应自己遭到妻子拒绝这件事，这是男人常见的反应。这引发了一种反馈机制，让乔治娅对埃文更加疏远和愤怒，更加致力于保护孩子免受他的虐待。

当乔治娅出现在我的办公室时，她的孩子和婚姻已经受到了很大的伤害。幸运的是，乔治娅能够为她对埃文的拒绝负责，并为她在这种不断恶化关系中扮演的角色对他进行补偿。她也有意识地努力表达她仍然爱着、钦佩和欣赏他身上的一些品质。同样幸运的是，埃文能够对乔治娅重新建立联结的努力作出回应，重新投入到为人父母的工作中,并为自己的退缩和批评给孩子们造成的诸多伤害进行补偿。他也为自己的行为对乔治娅造成了伤害向她进行了补偿。

我说他们是幸运的,是因为有时在婚姻这座桥下会流淌着很多污浊的水,让婚姻关系无法修复。在这种情况下,一方或双方会失去修复关系所需的能量或渴望。

你是否因为对婚姻的愤怒或失望而隐蔽或公开地破坏了配偶与孩子的关系?

从前,由于乔治娅无法理解她对埃文的拒绝使他更加孤僻,她变得越来越受伤、愤怒和封闭自己的内心。当孩子们抱怨父亲时,乔治娅对他们表现得过于同情,而对埃文则表现出道德上的愤慨。这种行为加剧了埃文与孩子们的疏远,也加深了孩子们认为他是一个怪物的看法。虽然对孩子们的抱怨有一定程度的同情是合理的,甚至是适当的,但乔治娅不自觉地利用她的孩子来发泄她的愤怒,使自己在家庭关系中显得更加无辜。

你这样做了吗?

如果你不确定自己在婚姻冲突中扮演着什么样的角色,请问自己以下问题:

- 我是否喜欢孩子生我配偶的气,因为这让我觉得自己的

第十章　问题婚姻与问题配偶

抱怨得到了认可？
- 我是否站在孩子一边反对我的配偶，因为我喜欢让孩子当我的盟友？
- 我是否向孩子抱怨过我对我的配偶在夫妻关系方面的失望？
- 我是否通过自己的例子，说明我的配偶如何虐待我，以此向孩子表示同情？

如果你对其中一个或多个问题的回答为"是"，那么你正在家庭中促成一种消极的关系模式。这样对待孩子是错误的，而且为他们在长大后因你利用了他们而生你的气埋下了祸根。研究人员艾伦·布思（Alan Booth）和保罗·阿马托（Paul Amato）发现[5]，婚姻的不快乐和不稳定"即使没有导致离婚，似乎也会削弱孩子和父母日后的关系；但如果这导致了离婚，孩子与父母的关系将进一步恶化"。他们还发现，无论是在离婚还是维持低质量婚姻的情况下，孩子与父亲的关系受到的负面影响更大。鉴于这些，我提出以下准则：

- **即使你喜欢孩子对你的配偶生气，你也不应该表现出来。** 除非他们遭遇身体或情感上的危险，否则你的孩子不会因为知道你喜欢他们对另一个家长表达不满而受益。他们也爱那个人。如果对方真的是一个怪物，孩子们可以自己得出这个结论。有时候，如果你配偶的行为让你感

· 215 ·

到反感，进行干预是合适的。但一般来说，与你的孩子一起反对你的配偶并不是一个好主意。

- **即使你认可孩子对你配偶行为的抱怨，你也应该在孩子听不到时私下将他们的抱怨告诉你的伴侣。**如果家里的情况太不稳定，就把你的配偶拖去接受育儿咨询。如果对方拒绝，你就自己去，这样你就能学到保护孩子的最佳方法。

- **不要对孩子倾吐你对配偶的抱怨。**你可能认为这样做会让孩子觉得自己的看法受到了认可，但实际上他们不会这么觉得——他们会感到压力和内疚。而且这个问题日后可能会再次困扰你。

你是否尽一切可能保护孩子免受配偶的消极或破坏行为的影响？

与存在言语或身体虐待行为的配偶生活在一起的成年人面临着许多困境。就像电影《屋顶上的小提琴手》(Fiddler on the Roof)中的特伊一样，你必须调和非常困难的选择。

一方面，你想介入并让配偶停手，以此保护孩子免受其破坏行为的影响；另一方面，这样做又会使对方的行为升级，因为他觉得家人不认可他、联合起来针对他或羞辱他。

一方面，你希望配偶把你当作育儿的合作伙伴，所以你不愿意干预；另一方面，你担心不加干预会使孩子觉得你保护不力、让孩子受到伤害，并埋下伤害和怨恨的种子，令他们觉得你似乎不愿意保护他们。

一方面，你希望能够与配偶谈论你在育儿方面的关切并解决问题；另一方面，这样做有可能让你的配偶感到被批评，并使其做出让所有人都感到被责备和内疚的反应。

尽心尽力的父母该怎么做？

亚伦的妻子葆拉过去作为家长没什么耐心，而且会因为孩子相对轻微的行为不端而大发雷霆，这让亚伦深陷困境。每当亚伦试图冷静地与妻子谈论她的育儿问题时，她就会对他大吼大叫，指责他站在孩子们一边反对她。葆拉经常对亚伦说，孩子们之所以不尊重她，是因为他不尊重她。

我对亚伦提了我对乔治娅也提过的一系列问题，以确定他对葆拉的看法是否公平、他是否被动或无意识地挑起了配偶的负面行为，以及他是否因为对婚姻感到愤怒或失望而隐蔽或公开地破坏了妻子与孩子的关系。

我从与亚伦的接触中得出结论：葆拉是一个非常脆弱的人，有着深刻的自我憎恶感；她认为即使丈夫或孩子表现出最微不足道的独立，也是对她作为一个人的价值的否定。有鉴于此，我的第一个建议是，即使葆拉的举止很糟糕，亚伦也不要再对她大喊大叫。这需要大量的练习，但随着时间推移，亚伦变得善于保持冷静，或者可以在不能保持冷静时走出房间。这是否结束了她的爆发？几乎没有。但这实现了两个目的：第一，这为孩子们树立了榜样，让他们知道除了正面交锋，应对敌意的方法还有很多；第二，这减少了葆拉爆发的频率和强度。

注意：没有什么比面对一个失控的家长更让孩子苦恼了——除非是面对两个失控的家长！当孩子们看到父母中至少有一个人在坚守堡垒，他们就会感到安心，即使对堡垒纵火的人是另一位家长也是一样。

配偶批评你的育儿方式

家长有时会因为配偶不断批评自己的育儿方式而受到伤害。葆拉经常对亚伦说他作为一个父亲有多么糟糕。"每天都是这样。她总是说我如何宠溺他们，他们如何操纵我。当然，如果出了什么问题，比如他们拿不到出色的成绩，她就会认为这更能证明我的育儿方式是失败的。我知道我不应该在乎，因为很显然，我面对的是一个情绪不稳定的人。但这仍然让我感觉很糟糕，并怀疑自己。我最后觉得，'好吧，也许她是对的，也许我不是一个好父亲'。"

对我们大多数人来说，做一个好家长是我们自我价值的核心。配偶的批评可能特别难以抗拒，因为他们在见证你的育儿过程方面花的时间通常比任何人都多,并可以声称自己更了解你。此外,他们还可以要求获得批评你的权利,因为你的育儿方式也会影响他们的孩子。

配偶在孩子面前批评你

"每当我丈夫生我的气,他就会对孩子们说:'你们有一个刻薄的妈妈。你们的妈妈很刻薄。'这让我非常尴尬,我不得不向孩子解释,为什么即使我的观点与他们父亲的观点不同,也不能说明我是刻薄的。但真正让我担心的是,他们长大后一定会认为我很刻薄,因为他们爱他们的父亲,而正是他告诉他们这一点。"

有些时候,限制配偶在孩子面前批评你是有意义的;而有些时候,你不应该这样做。如果你已经尝试忽略问题或改变话题,但问题仍不断升级,你应该告诉你的配偶适可而止。清楚而坚定地说出这样的话:"好了,够了!你不能辱骂我。如果你想抱怨,你可以告诉我,而不是指责我。"在回应任何其他批评时,都请坚持这种态度。如果对方继续让事态升级,那就说:"这似乎没有什么成效,所以我现在要离开房间。当你能以平静和富有成效的方式讨论这个问题时,我很乐意听你要对我说什么。"

与愤怒的配偶进行沟通的准则

当你与配偶都很冷静,最好是感觉很亲近时,告诉对方你想集思广益,解决一些育儿问题。努力遵循以下五条沟通准则。

不要升级

人们很容易用批评、拒绝或愤怒回应挑衅行为。你应该避免这样做,因为你的孩子会因为你参与到争吵的升级中而受到伤害。孩子需要你足够明智,以冷静的方式作出回应。

通过赞美和自我揭露为人父母的挣扎开始一场关于育儿的对话

在亚伦的案例中,我建议他对妻子说:"我认为你是一位尽职尽责的母亲,我们的儿子真的从你做某些事的方式中受益。"(如果你以赞赏开始对话,这会让你的伴侣知道,你不是要挑起争斗,而是想要合作的沟通。在亚伦的案例中,他没有告诉妻子她很完美,而是告诉她有一些事情她做得很好。)

"儿子有时会让我不知所措,我并不总是喜欢我对他的行为作出的反应。"(自我揭露并承认自己容易犯错。同样,这表明亚伦自己不是一个圣人,也不期望妻子比肩圣贤。这也向他脆弱的

第十章 问题婚姻与问题配偶

妻子发出信号：他不想通过提醒她注意那些她自己很可能也知道是错误的行为来羞辱她。）

"我想知道你是否觉得你在育儿方面得到了我足够的支持，因为我知道我们的儿子可能很难对付。例如，我知道你今天早上真的很难过，但我不确定支持你的最佳方式是什么。"（在这里，亚伦承认妻子的非理性行为可能有理性的理由，尽管所有证据都与此相反。这是与配偶商量育儿问题或任何婚姻热点问题的理想方式。）

如果配偶通情达理，这种沟通方法通常应该是富有成效的。然而，葆拉的反应是这样的：

亚伦："我想知道你是否觉得你在育儿方面得到了我足够的支持，因为我知道我们的儿子可能很难对付。例如，我知道你今天早上真的很难过，但我不确定支持你的最佳方式是什么。"

葆拉："你可以通过做我的后盾来支持我。当艾略特说他想喝苹果汁而我想让他喝番茄汁时，不要站在他那边，要站在我这边。你附和他让我很生气，这让你看起来像个好人，而我像个邪恶的女巫。"

亚伦："好吧，我想我对你为什么关心他喝什么果汁感到困惑。我不是有意要削弱你的权威。"（解释他的行为，试图澄清。）

葆拉：（大声说）"这很重要，因为苹果汁里都是糖，完全没有营养。如果不是每次轮到你去购物的时候你一直买苹果汁，家

· 221 ·

里甚至不会有这种东西。"

亚伦：（试图忽略她语气中升级的怒气）"你觉得艾略特营养不好吗？看起来他胃口很好。"（在这里，亚伦试图表明，她反应强烈可能有一个很好的理由，但他还没有完全理解。）"我买苹果汁是因为我喜欢喝，我不喜欢番茄汁。"（表明他的动机不是贬低她或证明她错了。）

葆拉：（嗓门更高）"你根本不明白，是吗，亚伦？如果不是你自己有意见，你就很难看到问题所在。我不希望你在孩子们面前反驳我，行吗？（怒气进一步升级）这对你来说就这么难理解吗？我在乎的不是喝苹果汁或者他和我说话的方式。我已经厌倦了一直看起来像个坏人，而你却表现得像个富有同情心的年度最佳父亲！"（说到这里，她冲出了卧室。）

我呈现这段对话是为了说明你应该：

- 在很长一段时间内努力与配偶进行富有成效的对话。
- 了解在有些时候或者在面对有某种问题的配偶时，谈话可能很容易偏离正轨。如果你和一个有未经治疗的精神疾病或成瘾问题的人结婚，或者与一个性格非常难缠的人结婚，你让对方参与有用的谈判和互动的努力只能收获以上成果。

第十章 问题婚姻与问题配偶

这就是亚伦与葆拉的处境。虽然亚伦保持冷静并且没有因葆拉的态度尖锐而怒发冲冠对儿子艾略特来说是好事，但这并没有解决她继续对艾略特进行言语攻击和伤害的问题。艾略特有理由觉得自己被她伤害了，而且他可能会把亚伦的克制视作软弱或被动。

通过与失控的家长结盟来减少冲突

我鼓励亚伦进行试验：如果他的妻子对儿子的抱怨有真实的成分，就冷静地站在她那边。因此，如果葆拉因儿子把盘子留在水槽里而大喊大叫，就支持她，平静地告诉儿子按照他母亲要求的那样把盘子放进洗碗机。亚伦行为上的这一改变在一定程度上减少了冲突。

在恰当的时候进行干预

在健康的婚姻中，夫妻往往能够纠正对方的教养方式，而不至于让对方过于生气。因此，如果一方家长的语气过于严厉，他（或她）不会强烈反对另一方接管事态或告诉自己冷静下来。他们都相信，纠正是为了孩子们好，而不是为了看起来比配偶优越或给配偶带来痛苦。

葆拉的权威因亚伦的干预而受到威胁和动摇。但对亚伦来说，重要的是，在妻子对儿子很苛刻或说残酷的话时，他觉得自

· 223 ·

己是在保护儿子。有鉴于此,我鼓励他定期说:"够了。不要骂他。你可以说出你必须说的话,但不要指责他。""这不公平。你可以用一种更有成效的方式告诉他。"或者说:"好了,住嘴!够了。现在听我的吧。"

葆拉的反应通常是感到被背叛,并使争吵升级,所以亚伦不能每次都介入。但以一种更具保护性的方式进行干预有助于向他们的儿子传递一个信息,即亚伦并没有与他母亲一起辱骂他。

汇报情况

父母应该努力避免在配偶不在身边时谈论对方的行为。谈论配偶的行为可能会让孩子对自己选边站队的行为感到内疚。如果配偶的言论被排除在外的一方知道了,这也会造成事态升级。

然而,陷入困境的配偶需要采用非常规的方法。在亚伦的案例中,我建议他偶尔向儿子汇报他母亲的行为,说这样的话:

"我爱你的母亲,她正在努力。我不认为她对你说那些伤人的话是故意的。那些话肯定不是真的。她小时候,她的父母对她很刻薄,她学会的沟通方式就是这样的。你妈妈并不总是知道如何有效地沟通或理解你的感受。我知道你生她的气。我之所以和你谈这件事,是因为我认为你有时会生气是可以理解的,甚至是恰当的。你妈妈、我或其他任何人都不应该用这种方式和你说话。你是个很棒的孩子,我想她心里知道这一点。"

第十章 问题婚姻与问题配偶

感到被拒绝和被取代

婚姻中的一方往往会因另一方在孩子身上花费了大量时间和注意力而感到自己被配偶拒绝。"我有一种强烈的感觉。维克好像希望他和像我女儿一样的人结婚,因为他们有众多共同点,而显然和我没有任何共同点。他们都很有冒险精神、运动能力出色、喜欢户外活动、喜欢大声喧哗,而我基本上只喜欢待在家里,不喜欢户外活动或任何体育运动。我的意思是,很多母亲梦寐以求能有这样一个尽职尽责的丈夫。一方面,我心怀感激;但另一方面,我觉得自己没有得到他的任何爱或关注,而我的女儿得到了所有的爱。我不好意思承认,因为我不应该嫉妒自己的女儿。但这真的让我很受伤!"

在妻子初为人母时,许多丈夫会觉得自己被孩子取代了。这造成了一道伤口,可能使婚姻脱轨,并阻止它回到正轨。米奇50岁,有一对15岁的双胞胎儿子。他说:"我很高兴成为一名父亲。但是,天哪,我们的婚姻自那以后就变得很糟糕。她曾经是一个非常有趣的女孩,喜欢与我亲密接触,非常外向。自从她成为母亲后,游戏结束了,聚会结束了。她醒来后的每一分钟都献给我们的孩子们。我不记得我们俩上一次单独出去是什么时候。我们甚至从来没有请过保姆。我有点儿理解为什么有些人开始有外遇了。"

如果你因配偶与孩子的关系密切而感到被拒绝,请考虑以下建议:

- 在你们都感到与对方亲近的时候接近你的伴侣。
- 告诉配偶你喜欢对方以及对方的育儿方式。
- 使用充满爱意的语气。
- 提出请求。例如,说:"我有时发现自己嫉妒你和儿子间的亲密感,并且因此感到有点儿受伤和被忽视。我想知道是否有一种方法可以让我们共度更多美好的时光,这样我们就能感觉与彼此更亲密。"
- 让对方同意做出改变,找到你们双方都可以实施的行动,例如每月进行两三次浪漫的约会、增进感情,或者多说赞赏的话。
- 保持讨论。如果没有立即发生改变,不要气馁。

疏远成年子女的配偶

艾莉森的儿子亚伯在 18 岁时从家里搬出去,此后一直拒绝回来探望父母。这种情况出现的部分原因是艾莉森的丈夫不愿就亚伯住在家里时自己对待儿子的方式做出补偿。虽然他们的儿子仍然喜欢母亲,但他说在这个家会让他想起他有多讨厌父亲。

艾莉森很生丈夫的气,因为他不仅是一个麻木不仁和挑剔的父亲,还拒绝承认儿子不愿意回来看望他们与他的行为有任何关系。艾莉森嫉妒那些与成年子女关系密切的朋友。如果她的丈夫足够成熟,他原本可以联系儿子并进行弥补,让她与儿子在一起的时间比现在多得多，了解这一点让她感到很难过。

在提出一个重要话题时，你应当遵循以下准则：

- **在你平静或感觉与配偶亲近的时候接近对方。**
- **开始谈话时，告诉你的配偶你有一个重要的话题要讨论，你希望对方全神贯注。**
- **对对方观点中你能发现的所有部分都保持同理心。** 例如，"我知道你和亚伯从来没有亲密的关系，他对此负有一定责任。有时父母和孩子之间会产生糟糕的化学反应，就像与其他人相处时一样。"
- **请对方表现得成熟。** "但我希望你能表现得成熟，做那个大度的人。亚伯不会过来，因为他觉得你伤害了他，即使你认为他这是无理取闹也是一样。我明白你的观点，但作为他的母亲，我也明白他的观点。我想请你帮我一个忙，联系他，向他道歉。"
- **在必要时使用特殊手段。** 如果这件事让你持续心痛，而你多年来一直试图找到解决方案的努力受挫，那么你可能不得不祭出杀手锏，比如威胁分居或离婚。

威胁离婚

如果你一直在考虑离婚，也许是时候让你的配偶知道你的想法了。一项大型研究发现,四分之一的男性在妻子将离婚文件摆在他们面前时非常震惊[6]。这说明你的配偶可能不知道你对他的行为有多不满。在我的实践中,我发现没有什么比目睹妻子诚恳地表示她真的准备好提交离婚文件更能促使丈夫改善自己的行为了。在那一刻,丈夫可能会突然愿意做许多他以前不愿意做的事情,比如接受用药咨询、个人治疗或伴侣治疗,参加愤怒管理课程,或者参加育儿研讨会。威胁或寻求离婚应该是最后的选择,但如果你已经尝试了其他一切手段,而且除此之外已经无计可施,你可能不得不打这张牌。

但在你不得不威胁离婚时,请注意以下三点:

- **如果你要威胁你的配偶,就在仍有回旋余地的时候这样做**。不要等到你完全没有意愿维持婚姻,而配偶却洗心革面的时候。
- **不要让威胁成为空洞的警告**。这意味着,在你威胁离婚之后,你应该等待至多三个月到六个月的时间,看看你的伴侣是否愿意做你要求的事情,比如接受伴侣治疗。如果他拒绝,那么你应该继续要求分开。
- **不要持续分居多年**。我曾为许多人提供咨询。他们因太相信伴侣"不想离婚",而没有真正走到离婚这一步。但同时他们的配偶拒绝做必要的事情,比如与出轨对象分手、开始采取措施令自己康复,或者参加愤怒管理课程。在

第十章 问题婚姻与问题配偶

没有明确证据表明配偶正在做出改变，或者没有收到配偶对于做出改变的承诺的情况下，他们因对方极不合理的请求一再推迟最后期限，因此浪费了数月甚至数年时间。

应对问题配偶或问题婚姻的额外建议

在本章中，我们讨论了婚姻关系或配偶的行为会在许多方面伤害你与孩子的关系。以下是一些额外的建议，许多人认为这些建议很有帮助：

- **接受个人治疗**。身处一个家庭可能会让人感到困惑。你很容易迷失自我，失去对什么是错、什么是对的判断。向治疗师咨询可以帮助你形成自己的观点，找到保护自己和孩子的最佳方法。

- **接受伴侣治疗**。当你的配偶不接受你的干预时，他可能会接受别人的干预。伴侣治疗师也可以将你的配偶转介给精神科医生，让他接受药物治疗或个人治疗。及早进行治疗。大多数人在接受伴侣治疗之前等待了过久的时间。

- **参加决断力训练班**。与很难相处的配偶生活在一起不适合优柔寡断的人。难相处的配偶不断打破界限，通过言语或行动伤害你或孩子，花钱没有节制或过度限制花

· 229 ·

钱——这样的例子不胜枚举。如果你缺乏决断力，你可以报名参加决断力训练班。这些技巧简单易学。如果运用得当，它们可以使你的生活变得合理，而不是让你感到完全受制于伴侣的指责。

- **预约用药咨询**。如果你担心伴侣的行为，告诉他你希望他接受评估，看看药物治疗是否对他有帮助。如果你感到被抑郁、焦虑或愤怒的情绪所困扰，药物治疗也可能对你有帮助。

你可能无法改变你的伴侣，但你可以努力创造宁静感、减少你的愤怒、增加你可获得的支持、停止说那些你对自己说的苛刻的话，并改变你对家庭关系的影响。这将使你的生活更加快乐，并将提高你与孩子建立更健康关系的可能性。

第十一章

子女长大却没有成人

希望子女成功理所应当，但亲子双方都有自己的生活。

托马斯和金妮现年 75 岁，有四个年龄分别为 40 岁、42 岁、44 岁和 50 岁的成年子女。他们为了最大的孩子莫娜的情况找我咨询。托马斯和金妮给我的印象是，他们几乎是来自另一种文化的父母。与绝大多数坐在我的办公室里，滔滔不绝地讲述他们的生活和挑战的人不同，托马斯和金妮双手合十地静静坐着。他们脸上布满皱纹，神情忧郁，似乎要等翻译到来后才会开始说话。对于一对来自旧金山的夫妻而言，他们的穿着打扮不那么入时。他们的衣服更像是在我童年时期的美国中西部地区常见的，几乎是有意忽略了格子布与素织布的协调。

"我能帮什么忙？"我问道。有些人需要我先开口说话，这是我惯常提出的问题。

"是关于我们的女儿，"托马斯以一种缓慢、质疑的方式开口说道，"我们不知道该拿她怎么办。"然后他坐回去，仿佛他已经给我提供了足够的信息，而我应该已经知道该拿她怎么办了。

"你对她有什么担心？"我问道。

第十一章　子女长大却没有成人

他再次向前坐，说道："嗯，我们认为她有抑郁症。"他看了看他的妻子。自从他们坐下来后，她就一直看着我。她点了点头，没有移开视线。

"你们为什么这么认为？"我问道。

"她一直都是这样。"金妮终于以一种温柔的、顺从的方式开口说话了。她的眼中很快涌出泪水。她和她丈夫一样，又陷入了沉默。

"她曾试图自杀吗？"我问道，"还是有什么其他原因让你们现在选择寻求帮助？"

"不。"托马斯答道。"她应该没有试图自杀。是吧？"他看了看妻子，确保自己说的是对的。金妮摇了摇头："不，她没有。"

"她只是一直如此。"金妮说道。她把手中的纸巾折成卷。泪水顺着她略施粉黛的脸颊流下来。"我只是终于忍不下去了。我对托马斯说：'有人必须为这个可怜的女孩做点儿什么。'她需要帮助。她在小学时没有任何朋友——嗯，也许有一个。她从来不受欢迎，总是独来独往。她一生中大部分时间都在为体重发愁，这对她没有任何帮助。"

"听起来她的生活很艰难"，我认真地说，"她和你们俩住在一起吗？"

"她和我们一起住过一段时间，但现在没有住在一起。"托马斯说道。他看着金妮，表情似乎在说"我告诉过你这不会有任何结果"。

· 233 ·

"她住在米申的一间公寓里。那地方糟糕透顶",金妮说,"我讨厌上那儿去。每个角落都有警察,街上到处是游荡的醉汉。她对自己一点儿都不负责。她一直在换工作。先是在百货商店,然后是录像带店,之后是甜甜圈店,我不记得是哪一家了。"

"就是卡卡圈坊。"托马斯确认道。"我们只是不知道该为她做些什么,"他继续说道,"我们的其他孩子都过得很好。他们都结婚了——其中两个婚姻美满,另一个离婚了。但他们都有事业和孩子。莫娜什么都没有。一直都没有。可能永远也不会有。"

"我的意思是,她是个成年女性。"金妮以一种恳求的语气说道。她的蓝眼睛睁得大大的,湿漉漉的,像个小孩子。"她应该有一个丈夫、一个孩子、一间房子,对吗?至少有点儿什么吧?她一无所有,我讨厌这样。孩子过着如此艰难的生活是一件可怕的事情。"她开始啜泣。托马斯抓住她的手,温柔而悲伤地微笑着看我。"这让金妮很难过",他轻声对我说,"别误会我的意思,这也让我很难过。但对她来说,这真的很难接受。你能告诉我们,我们该为女儿做些什么吗?"

这是痛苦的案例。实事求是地说,如果一个人在50岁时还没有事业或长期的人际关系,我很难成功地介入并挥舞魔杖解决他们的问题。这种情况会发生,只是并不经常发生。更多时候,我的任务是帮助父母获得一些平静。他们已经尽了一切可能来帮助他们的成年子女,并朝着接受和平静前进。我在撰写本章时考虑到了这些目标。

第十一章 子女长大却没有成人

为什么有些孩子永远无法顺利开始自己的成年生活？

孩子们无法成功开启成年生活的原因有很多：

- 他们可能有成瘾问题。
- 他们可能有隐蔽的或明显的精神疾病。
- 他们可能因父母对待他们的方式而受到伤害。
- 他们与父母的不匹配可能阻碍了他们创造成年生活所需技能的发展或所需资源的获取。
- 他们的父母可能有很强的占有欲，以至于他们认为自己长大成人是对父母的伤害。
- 他们的父母可能过于保护他们，以至于他们永远无法发展应对成人挑战的能力。
- 同龄群体的负面影响或家庭以外的其他创伤损害了他们驾驭成年压力的能力。

几乎所有人都希望看到自己的孩子取得成功，这一部分出于简单的爱，另一部分出于确保我们已经完成了为人父母的工作、没有辜负孩子的需要。生活在 20 世纪之前的人们更多地将成年子女无法取得成功生活的原因归结于孩子的性格缺陷，而不是将其视为不称职的育儿行为的结果。今天，责任载体的变化使父母承受着两方面的负担：他们为孩子感到悲伤，也为自己为人父母的不称职感到内疚和羞耻。

精神疾病

38岁的保罗和两个室友住在东奥克兰。保罗曾经是个脾气暴躁、叛逆的孩子，整个童年时期都有严重的情绪波动问题。虽然保罗相当聪明，但他在学校的表现总是时好时坏，以至于无法拿到说得过去的成绩。在青春期，他的情绪波动因吸毒和酗酒而加剧。在他成年后，他的父母非常希望他能从家里搬走，因为他的愤怒爆发问题是家里每个人紧张的根源。18岁时，保罗精神失常，因被诊断为双相情感障碍而住院治疗。

保罗的家人在他住院期间遇到了一位优秀的精神科医生。这位医生建议保罗服用一种通常给情绪障碍患者使用的药物——双丙戊酸钠，还建议保罗每周接受两次心理治疗。

这是一个健全合理的计划。如果这些措施能持续使用，保罗的生活将极大地改善。不幸的是，保罗不愿意遵循这一计划。他拒绝服药，因为他喜欢在躁狂期感受到的能量和活力，即使这种快感经常导致他酗酒并花光银行账户里的钱。他还一直拒绝心理治疗，声称治疗师只是想拿走他父母的钱，说的也都是些陈词滥调。

虽然保罗的父母在儿子搬走后，在经济上给予了他多年的支持，但他们最终不再这样做。精神科医生告诉他们，保罗需要多摔几次跟头，才能学会如何掌控自己的生活。

但保罗并没有掌控局面。当他的父母向我咨询时，保罗已经38岁了。多年来，他的生活离无家可归只有一步之遥。由于他的精神疾病，他能够从政府领取社会保障残障福利金，这至少为他提供了食品券和住处，不管这个住处多么简陋。

在我为保罗父母提供咨询的过程中，我了解到保罗在过去20年里曾零星地尝试过心理治疗，但从未接受超过几个疗程的治疗。谨慎起见，我建议保罗的父母为儿子提供有限的临时经济援助，但前提是他同意每周见一次治疗师并坚持服药。但保罗以一种不太礼貌的方式拒绝了。

父母的两难境地

当父母已经提供了帮助，而且经常是超过发挥作用所需程度的帮助，却没有任何改变出现时，他们该为孩子做些什么？通常，父母能做的极少。他们可以继续邀请孩子到家里吃饭（假设他不会偷走银器）、定期给他打电话，并提供其他不会加强他的依赖性的帮助。如果父母负担得起账单，他们可以继续支付请心理治疗师和精神科医生的费用，或者为其他有助于孩子的独立性和心理健康的辅助措施支付费用。如果父母很有钱，他们可以把孩子送到住院治疗中心几个月或更长时间，希望孩子能得到足够的强化治疗和康复，从而保持一种不同的生活方式。但父母不能强迫孩子；孩子必须同意接受这些措施。

还有什么办法？父母不能替孩子生活。如果孩子不把钱用于开启成年生活，父母就不能给孩子钱。如果为孩子支付账单使他进一步依赖父母，那么父母就不能为他支付账单。父母没有办法不感到悲伤，因为孩子很有可能永远都无法过上他们希望他过上的那种生活。

虽然在这种情况下，用充满希望和激励的话语来掩盖痛苦是很诱人的做法，但我认为，对已经尝试过所有办法的父母来说，这种快乐的谈话并不是很管用。这更有可能让他们感到羞耻，因为这意味着他们还不够努力。虽然我永远是一个乐观主义者，但我们必须接受，有时候希望是一个坏主意，特别是在它基于"我们仍然有很大的力量影响成年子女生活"的观念时。在某些时候，我们必须接受子女是独立的、要靠自己。尽管我们犯过最严重的错误，也尽了最大的努力，但他们现在必须找到自己的路。我们将永远是他们的父母，但我们养育孩子的能力，至少在很大程度上，最终会消失。在这一点上，我们必须把"养育"的行为与"父母"的身份分开。

然而，你有理由对拥有一种让你不感到如此担忧、悲伤或内疚的生活充满希望。宁静来自接受无法改变的事情，原谅你的孩子和你自己，并对在有孩子或没有孩子的情况下出现的美好事物心存感激。

第十一章　子女长大却没有成人

物质和酒精依赖

佐伊是一个"最有可能成功"的青少年。她有一种清新天真的气质，使每个人都想和她在一起。不出所料，佐伊获得了奖学金，进入美国东部一所著名文理学院学习音乐。正是在那里，她遇到了霍华德，一个让她接触成瘾性物质的音乐人。和许多同龄人一样，她最初对尝试那些东西持谨慎态度，但她的好奇心占了上风。到大学三年级，佐伊已经完全上瘾，发现自己无法学习，也没有兴趣学习。她在大三第二学期辍学，和其他几个同样染上瘾的朋友搬进了一间公寓。她没有告诉父母自己辍学了，因为她想继续用他们的钱为自己的瘾买单。她的父母收到一张姗姗来迟的缴学费通知书之后才发现真相，明白女儿没有用他们寄给她的钱支付学费。

虽然佐伊的父母有经济实力，让女儿进入了条件优良的治疗中心，但佐伊的康复期从未持续很久。佐伊的成瘾问题一直伴随她进入中年。此时，艰苦的生活已经大大消磨了她的美丽、光芒和活力，而这些曾经都是她身上显而易见的魅力。佐伊在45岁时加入互助组织，在那里找到了自己的救赎。但所有认识她的人都意识到，她已经失去了曾经属于她的美好。

她年轻的时候表现出了什么容易染上这种问题的迹象吗？没什么明显的迹象。不过，她父亲的许多亲戚都是酒鬼，所以她肯定具有遗传上的脆弱性。此外，她与父亲的关系并不是特别亲密，所以她的被拒绝感可能比她父母中任何一方了解的更深。但是，从前肯定没有什么戏剧性的征兆能够预示她会落入激流，被带到如此具有破坏性的水域。

在我与佐伊父母的讨论中，他们对她仍然活着并正在康复表示感恩。然而，他们也怀着深深的悲伤，因为这个原本前途无量的女孩一生中的大部分时间都生活在巨大的痛苦之中。他们每天都会感到些许悲伤，有时甚至会非常悲伤，因为他们的孩子很可能永远不会收获她的才华和美貌所能带给她的奖赏。那是兑现成功生活的彩票。她的天真无邪是一个弱点。那曾经是温暖之光，吸引了许多人，但现在也招来了她的无力。事实证明，这对父母为将女儿从生活的破坏性力量中拯救出来所做的最大努力是徒劳的。在我与他们会面的整个过程中，我听到了许多受伤的父母共有的悲哀心声："我让她失望了，我让她失望了，我让她失望了。"这种挥之不去的声音的重复节奏让他们几乎听不到这声音有多刺耳。

抛开过去

佐伊的父母在很多方面与女儿不合拍。他们会感到悲伤或懊悔是可以理解的，但他们却被困在这些感觉中，无法放下过去、迈向未来。他们因让她失望而产生的负罪感使他们无法继续自己的生活，无法享受她的生活和他们自己的生活中仍然美好的

第十一章 子女长大却没有成人

东西。

在接下来的几个月里,我在为佐伊父母提供咨询时使用了本书第二章中总结的基本原则。下面是佐伊父母的实践情况:

无论你的何种行为导致你与孩子的关系出现了问题,都要勇敢地承担起责任。

我指示佐伊的父母写一份清单,列出他们认为自己以什么样的方式让女儿失望了。然后,我让他们为每一种方式提供证据。经过仔细检查,他们写出的许多东西都站不住脚,这让他们感到些许欣慰。然而,在发现女儿的成瘾问题后很长一段时间,他们继续在经济上支持她,这延长了她触底所需的时间。此外,她的父亲承认,由于他经常出差、埋头工作,佐伊感觉自己被他拒绝了。

弥补你的过错。

佐伊的父母与女儿会面,对他们给她造成的问题表示遗憾。幸运的是,佐伊的康复计划强调了宽恕和她对自己的行为负责。这使她能够接受他们的补偿,并为她给父母带来的诸多痛苦向父母赔罪。

开始原谅你的孩子过去或现在对你的伤害(这并不意味着宽恕或原谅不良行为,或忽视和贬低你受到的伤害)。

尽管佐伊的父母内疚不已，但他们也对女儿欺骗他们、浪费他们的钱、给他们带来无尽的担忧和痛苦感到愤怒。通过使用 HEAL 方法，他们得以走向宽恕。他们使用 HEAL 方法之过程的简短版本如下：

希望："能够看到我们的女儿利用她所有的天赋。我们能够与她建立亲密和充满爱的关系。"

教育："我们并不总是知道谁会成为瘾君子。佐伊的成瘾问题是一种疾病，这导致她以自己并不引以为傲的方式行事。她正在努力改变。她无意伤害我们或给我们带来痛苦。"

肯定："我们仍然可以和女儿保持亲密的关系，成为我们想要成为的那种父母。"

长期付出："我们承诺参加嗜酒者互诫协会的会议，以便加深对这种疾病的认识。我们将继续努力原谅她对我们的伤害，也原谅我们对她的伤害。我们也对今后讨论我们的错误行为持开放态度。"

开始原谅你作为父母所犯的错误。

我让佐伊的父母也使用 HEAL 方法进行自我宽恕。他们的应用过程如下：

希望："能够看到我们的女儿利用她所有的天赋。我们能够与她建立亲密而充满爱的关系。"

教育："虽然我们犯了错，但考虑到我们当时多么害怕和沮

第十一章 子女长大却没有成人

丧,我们已经尽力了。很少有父母能够正确理解这一点。我们也做了很多事情来帮助她,自始至终尽心尽力。"佐伊的父亲补充道:"我没有意识到我埋头工作伤害了她。要是我早知道,我会改变一切。"

肯定:"我们仍然可以与佐伊保持亲密的关系,成为我们想要成为的父母。我们仍然尽心尽力参与她的生活,致力于让她快乐。"

长期付出:"我们致力于关注女儿身上仍然美好的东西,以及我们与她的关系中仍然美好的东西。我们还致力于感激她的生活和我们的生活中存在的美好和有价值的东西。"

一些基本原则将在实践其他原则时自然地被遵循。例如,如果你努力宽恕你的孩子和宽恕你自己,你会发现同情心会自然而然地从这种体验中产生。此外,如果你练习对自己和孩子保持同情心,你会发现你将原谅你自己和你的孩子。

不再过度陷于愤怒、内疚、羞耻和懊悔,将注意力集中于希望、感激和乐观。

佐伊父母的主要负担是懊悔和羞耻。这些感觉源于他们"无法执行的规则",即没能看到女儿成瘾风险的线索,以及在女儿成为瘾君子后他们没能让她向更健康的方向发展。由于他们能够更好地审视他们对自己作为父母的不合理期望,他们可以减轻羞耻感和懊悔感。此外,他们还能够通过感恩练习减轻羞耻感和懊悔感。

基于你作为父母和个人的优点和成就，建立你的身份认同，并书写你的人生故事，而不是书写关于你的痛苦或失败的故事。

作为父母，佐伊的父母做了很多正确的事情。他们尽职尽责、尽心尽力，而且充满爱心。他们牺牲了时间和金钱，使佐伊能够上好学校，接受好的治疗项目。写出并回顾他们作为父母尽心尽力所做的许多事情帮助他们大大减轻了羞愧感或懊悔感，并且让他们感到自豪和充满力量。

获得并保持来自朋友、家人或信仰的支持。

由于羞愧，佐伊的父母没有向朋友倾诉自己的挣扎。在我的鼓励下，他们加入了嗜酒者互诫协会，获得了许多其他面临类似挣扎的父母的支持和智慧。

回馈社会。

由于嗜酒者互诫协会的支持，佐伊的父母在他们家周边的教堂成立了一个小组，为那些与青少年和成年子女有冲突的父母服务。这个小组到今天仍然存在。

第十一章 子女长大却没有成人

父母造成的伤害

由严重忽视或虐待孩子的父母抚养的孩子会受到长期的伤害。目前的神经学研究表明[1]，生活在这些家庭中的孩子往往会经历大脑边缘系统的变化。大脑边缘系统是一组相互连接的神经核团，参与调节情绪和记忆。特别值得注意的是，有证据表明，持续的虐待会导致海马体和杏仁核的发育出现问题。海马体在检索语言记忆和情感记忆方面非常重要，而杏仁核会产生与恐惧或攻击有关的情绪。

正如童年时期患有严重疾病可能会增加一个人成年后患病的风险，严重的虐待或忽视会使儿童更加缺乏应对生活中的社会和经济挑战所需的能力。作为孩子，他们更有可能出现成绩不佳、逃学、物质滥用、酗酒、攻击行为（尤其是男孩）、性生活混乱、焦虑症和抑郁症等问题[2]。大脑结构的这些变化使这些孩子更有可能终生与抑郁症、焦虑症、攻击性行为或亲密关系问题做斗争。心理虐待的影响通常会伴随儿童进入成年阶段。而且创伤有时会在这些受创伤孩子的后代身上表现出来。心理学家称之为病理的代际传递。

"我父亲是一个身高 1.95 米的爱尔兰大汉，他无所畏惧，"55岁的迈克说，"他过去常常动不动就打我们。有一次，只是因为坐在屋前的台阶上，我就被他打了一顿。当我问'我做错了什么？'时，他说：'你什么也没做。只是我似乎需要给你好好提个醒。'他就是这样,总是想让别人知道谁说了算。有了孩子之后,我也和我父亲一样是个大浑蛋。我没有揍过我的女儿,但我揍过我的儿子威廉,而且可能和我父亲揍我一样频繁。我听人们说,他们永远不会像父母对待他们那样对待自己的孩子。但说实话,我从未这样想过。我的儿子长大了,他出现了各种问题。他酗酒,无法保住工作。我妻子将他生活的不如意归咎于我。我过去常说:'嘿,我的生活过得很好,我也是这样长大的。你不会听到我抱怨我父亲对我做了什么!'但是,也许她是对的。在我离家后,我和父亲就没有任何关系了。看起来我儿子正在延续这个传统。"

性虐待

心理学家艾丽斯·米勒(Alice Miller)将乱伦和猥亵儿童称为"灵魂谋杀"。这一点千真万确。遭猥亵的儿童对人性的天真信任被偷走了。乱伦幸存者常常会在事发多年后感到长期受威胁,而且往往是在余生中一直如此。

乱伦幸存者很容易染上成瘾问题和出现自残行为,使他们在成年后无法受到欢迎。他们对他人的不信任往往使他们很难获得或维持找到有意义的工作及有所成就所需的人际关系[3]。他们很难区分好人和坏人,这使他们容易卷入具有虐待性的关系,并无法结束这种关系。

第十一章 子女长大却没有成人

一位乱伦幸存者表示:"我直到 30 多岁才幡然醒悟,意识到我身上发生了什么事,意识到我为掩盖痛苦而吃了什么东西,意识到我推开了所有想要帮助我的人。那种感觉就像,有一天,我意识到我必须用周围的碎木头搭建一所崭新的房子。"

在我为乱伦幸存者及其父母提供咨询的过程中,我学到了我在本书中反复强调的教训:假如你有机会赢回你的孩子,那么这个机会只能来自你全身心的投入,尽一切可能为你所做的事情赎罪。一些乱伦幸存者选择宽恕,而很多乱伦幸存者不会选择宽恕。但是,如果父母给出深刻和持续的承诺(往往持续很多年),以修复他们给孩子造成的创伤,孩子就更有可能选择宽恕。

霍莉是一位 33 岁的单身女性,她在青春期曾多次遭到酗酒父亲的猥亵。她的父亲弗兰克小时候也曾遭一位叔叔猥亵。这位叔叔当时在弗兰克的父母不在城里时和孩子们住在一起。当 21 岁的霍莉开始接受心理治疗时,她开始想起父亲的猥亵行为并将此告诉了母亲。弗兰克因此进了监狱服刑数年,并被要求接受心理治疗。

经过治疗,弗兰克得以直面酗酒问题和他在女儿身上不断犯下的罪行。虽然霍莉深感被父亲背叛并对他十分愤怒,但当他出狱后,她最终和他一起接受了家庭治疗。经过几年的时间,她最终走向宽恕。她之所以能够做到这一点,部分原因是弗兰克写了如下的一系列信件:

亲爱的霍莉：

　　我为我让你经历的一切感到万分抱歉。我意识到，我让你的生活在很多方面成了一场噩梦。你完全有理由对我大发雷霆，永远不想再见到我。虽然这会让我心碎，但我还是要承认，鉴于我过去的行为，让你原谅我可能会令你痛苦或困惑。我有很严重的问题，因此才会以那么可怕的方式对待你。我已经努力接受治疗。如果你允许，我现在可以成为更好的父亲。我明白，你可能感到被背叛，感到愤怒，因此不想要我这样做。

爱你的爸爸

霍莉的回复如下：

爸爸：

　　我不敢相信你竟然认为我会考虑再和你说话。你知道由于你把我当作女人而不是你的女儿，我遭受了多少痛苦吗？我每天早上起床，去做我那份该死的工作，回家，锁上门，然后向上帝祈祷我不会做噩梦，不会梦见父亲半夜进入我的房间。你知道这一切对我来说有多难吗？我不认为你能理解，对我来说完成包括你在内的许多人认为理所当然的基本生活是多么困难。就连刷牙、支付账单或去车辆管理局之类的事我都难以做到。你知道，我在整

第十一章 子女长大却没有成人

个高中阶段都沉迷于飙车，还因为害怕你会在晚上进入我的房间而不敢睡觉吗？你知道我因为太紧张，甚至不敢考虑学习或上课的事，所以在大学二年级后就辍学了吗？我会考虑与你建立关系吗？这辈子都不会。

霍莉

霍莉的信使弗兰克陷入悲伤、内疚和自我憎恨。但在治疗师的支持下，他给她写了下面的信：

亲爱的霍莉：

我完全理解，你完全有权利体会自己的感受。我确信，如果我父母中的任何一方让我经历我让你经历的事情，我也会有同样的感受。我不知道你在高中期间对飙车上瘾。了解到这是因为我，我感到很难过。很明显，你因为我而直接或间接地经历了堆积如山的痛苦，而且现在还在持续经历这些。我永远无法把你的童年或你应得的纯真还给你。我想让你知道，即使你不想再见到我，我也非常愿意支付你的治疗费用。如果你决定重返校园，我也愿意支付你上大学的费用。如果我给你写信或打电话真的让你更加难受，我不会继续这样做。但如果你同意，我愿意继续联系你。

爱你的爸爸

弗兰克后来继续联系了霍莉两年多，但几乎没有回音。最终，霍莉同意让弗兰克参加她和我的几次治疗。虽然花了很多年，用了很多次治疗的时间，但霍莉最终得以让她的父亲回到她的生活中。

为什么弗兰克能在别人失败时取得成功？因为他做了很多正确的事情。

他为自己的行为给女儿带来了创伤和破坏了他们的关系承担了全部责任。虽然除了斥责和愤怒没有得到任何回报，而且女儿的反应使他产生了强烈的内疚感和自我厌恶感，但他还是持续与女儿联系。他得到了治疗师和嗜酒者互诫协会中的赞助人的充分支持，这让他得以努力同情自己。由于他能够看到自己被猥亵和他猥亵女儿之间的联系，他得以控制他的自我憎恨情绪，以继续联系女儿。

犯下乱伦这一可怕罪行的人实现自我宽恕或自我同情的努力应该得到支持，这个观点很多人难以接受。虽然我理解这种情绪，但我不敢苟同这种反对观点。自我同情和自我宽恕是结束代代相传的暴力循环的核心。正是因为弗兰克得到了他的治疗师、赞助人和教会的支持，他才有足够的韧性去寻求女儿的原谅，并开始治愈他所造成的伤害。他恢复了健康不仅是因为他的女儿有宽恕的能力，也因为他的自我同情能力给了他力量，让他能做出努力，进而使女儿考虑原谅他。

风险、焦虑和成为一个成年人

成为一个功能齐全的成年人需要有冒险能力,也需要能够感受失望、羞耻和失败,还需要让自己放松警惕。遭受虐待或忽视的人往往被剥夺了这种能力,因为他们很难相信自己应该信任什么人。

如果父母不做出弥补,或者否认虐待行为的严重性,他们就会剥夺孩子最宝贵一种资源——检验现实和相信自我感知的能力。

"当我告诉母亲我的父亲猥亵我时,她责备我。"28岁的科琳说,"我知道那件事发生了,但有时我会想,'真的吗?它真的发生了吗?也许那是我编造的,就像我爸爸说的那样'。"虐待行为的幸存者有时无法清楚地了解人们在工作或社交场合的意图。他们缺乏资源,无法轻易区分朋友与敌人、安全与威胁、机会与代价。

不敢尝试

一些成年子女来自父母相当通情达理的家庭,但因天性所限而不敢面对进入健康的成年生活所需经历的风险。例如,那些畏首畏尾、回避社交、极度害羞或焦虑,或者对被拒绝高度敏感的孩子,可能缺乏让他们接受恋爱、工作面试或职业发展之挑战的性格。

一个人必须能够忍受众多打击，才能成为成熟的成年人；有些人太害怕了，只能放弃。"80%的成功来自出席。"伍迪·艾伦（Woody Allen）[①]这句经常被引用的话就体现了这种智慧。受过伤害的人或带有生理弱点的人觉得自己有缺陷、可耻、渺小、丑陋、不可爱或微不足道，不敢继续出席，或者说勇敢地采取行动。他们确信外面的世界很危险，自己没有能力迎接挑战，所以他们极力避免可能使这些感觉被否定的情况。他们感到太不安全，不敢去参加工作面试，不敢给女孩打电话，不敢要求晋升，不敢申请大学，也不敢与朋友对抗。在这些成年人的所有情绪中，对失败的恐惧往往处于核心位置。

留　巢

子女在家里待的时间长并不总是表明父母、子女中的一方或双方之间的关系出了问题。例如，威斯康星大学的威廉·阿奎利诺（William Aquilino）的研究表明[4]，与所有子女保持积极关系的父母和从未离婚的父母最有可能有一个成年子女一直住在家里。

另一方面，当前过度保护的育儿文化可能会使一些青少年更难进入成年阶段。现在，孩子们的生活得到了精心管理，他们的

[①] 美国电影导演、戏剧和电影编剧，电影演员，爵士乐单簧管演奏家。

第十一章　子女长大却没有成人

压力受到了刻意限制，因此有时会被剥夺发展必要能力的机会，因而无法在成年生活的碎石坡上站稳脚跟。

此外，一些父母明确表示，如果他们的孩子长大成人，他们会感到非常受伤、孤独，或者被拒绝。他们让孩子相信，长大是一种自私和残忍，从家里搬走意味着抛弃父母，独立等同于弑父行为。

尼娜和鲍勃带着他们22岁的儿子厄尔前来咨询。厄尔仍然住在家里，他在一所当地的大学就读时曾短暂搬出去一年，但在辍学后又搬回了父母家。当我听着这对父母轮番抱怨厄尔时，有两件事变得很清楚：第一，他们的婚姻很糟糕；第二，尽管他们不停地抱怨厄尔的依赖性，但他们最不希望他搬走，因为这样他们就会成为孤家寡人。他们显然不希望这样！

就像我在实践中看到的许多"无法开启成功的成年生活"的成年人一样，厄尔身上也有令人心酸之处。他让我想起了昆汀·克里斯普（Quentin Crisp）[①]的话："我的父亲用这个世界来威胁我，我的母亲则保护我免受这个世界的伤害。"厄尔陷入了两难境地，既想摆脱父母对他的依赖，又完全相信他缺乏独自在外生活的条件。由于这种心理上的拉锯，在因父母对他缺乏信心而生的愤慨，以及因没有能力打破父母对自己注定失败的预测而生的悲观态度之间，厄尔徘徊不定。

父母一方或双方全身心投入育儿工作以应对婚姻问题的情况

[①] 英国男演员、编剧。

· 253 ·

并不罕见。虽然孩子们有时可以从这种额外的关注中受益,但如果父母不能在应该停止养育孩子的时候停止养育,那就弊大于利。例如,如果一个青少年感到父母的自尊是围绕着拯救和解决他生活中的冲突建立的,他可能会不自觉地制造个人问题,好让父母有事可做。此外,如果一个青少年不得不为父母提供那种更适合由其配偶提供的关注、爱、奉承和保证,那么这名青少年可能会非常困惑,不知道该为自己的需求和需要精神支持的父母各投入多少心力。这名青少年可能会产生这样的想法[5]:长大成人、搬出去住,或者过自己的生活,就等于是在抛弃父母,让他们过孤独的生活。

调查问卷:孩子离巢的影响

选出与你的情况相符的说法:

- ☐ 我担心青少年子女搬走后我会很孤独。
- ☐ 自从孩子搬走后,我就因感到孤独而担心,也担心我会让他对搬走感到内疚。
- ☐ 我有时会去找孩子,以满足我可能应该从配偶那里得到的情感需求。
- ☐ 我有时会给孩子发出一些混杂的信号,让他不知道我是否希望他长大并变得独立自主。
- ☐ 我不知道我是谁,也不知道如果我不为人父母,我

第十一章 子女长大却没有成人

会是谁。
- ☐ 我在孩子身上投入了很多精力，而这些精力本应该投到我的婚姻中。

如果你选出了一个以上的上述项目，在应对孩子搬出家门或者过上自己的生活时，你可能需要更多的支持。作为解决这个问题的一种办法，你可以写几段话，说明你为什么会做出已经做出的选择。这是一个自我意识和自我同情的练习，而不是自我鞭笞。一位家长这样写道：

> 事后看来，我在孩子身上投入了很多精力，而这些精力本应该用于我的婚姻——如果我是和一个更好的伴侣结了婚，这些精力也许就用于我的婚姻了。我最小的孩子很难离家，我现在可以看出这是因为她担心我和她父亲独处。我从前没有意识到这就是她不断搬回家的原因。以前每次她搬回来我都很高兴，因为我觉得，"感谢上帝，终于有人可以和我说说话了"。她父亲整天都不会和人说一句话。因为接受了治疗，我发现她需要更多的保证，好让她知道，没有她我也可以过得很好。我一直在非常努力地这样做。虽然我努力不苛刻地对待自己，但是我真的很为她不得不为我担心而后悔。

> 为什么孩子越大,我们越疏远

过度担忧的父母

当父母们看到自己的孩子坐在汽车里、走在商场里或漫步在绿树成荫的校园里时,微妙或明显地表现得不如其他无数看似快乐和成功的孩子自信、受欢迎、聪明或有干劲,他们有理由为此感到担心。许多父母都是如此。不幸的是,父母的担忧会侵蚀孩子的自信和快乐感。这可能导致父母过于挑剔和愤怒,让他们看不到孩子身上与考上好大学或创立事业无关的美好方面。

孩子的青春期可能会导致一种亲子关系变化,使父母和孩子都表现出最坏的一面——这种变化可能会干扰青少年建立足够的自信和自尊,使其无法成为一个功能健全的成年人。父母可能因为自身潜在的成瘾问题,以及孩子无法与他人或合适的同龄人交往、学习成绩差和具有令人困惑的过度情绪起伏问题而陷入不平衡的境地。

例如,17岁的拉里就读于圣何塞的一所私立高中,该校专门招收学习障碍儿童。尽管拉里的举止非常随和,但他与其他青少年有很大不同——连受人排挤的孩子都排挤他。因此,他总是觉得自己与同龄人格格不入。

拉里还有另一个问题,也许这个问题更严重,那就是他父母因儿子学习成绩糟糕和无法融入同龄群体感到恐惧——是的,恐惧。在我与拉里父母的初步咨询中,他母亲哭了,他父亲则直摇头。"我们只是认为,如果他不振作起来,他最终会掉到某条沟

第十一章 子女长大却没有成人

里。"他的父亲说,"他不努力。每次我进入他的房间,他都在玩那些该死的电脑游戏。上个月,有一次我对他非常生气,我把键盘从他手里夺下来,把他的电脑扔进了垃圾桶。我是想说,这孩子让我生了这么大的气。我们付了那么多钱,让他上一所好高中,而这就是我们得到的感谢。他不按学习专家说的做,不按学校辅导员说的做,不按我们说的做。他只是做任何他想做的事。我不知道这孩子怎么才能取得成功。"

"不仅如此",他母亲加入对话,"他没有任何朋友。他的学校辅导员说他总是独自一人吃午饭。我总是对他说:'亲爱的,你必须努力。在生活中,人们不会来找你,你必须主动起来。'但他只是说,学校里的孩子都不喜欢他,这让我心碎。他在小学时也有同样的问题。每个人都说到了高中就会好起来,但情况却变得更糟了。一想到他上大学的事,我就不寒而栗。如果他能上大学,照这样下去……"

无论父母是什么人,拉里都会过得很艰难。作为一个孩子,没有朋友的生活是可怕的;如果有严重的学习障碍,那生活就将难上加难。拉里的父母虽然心怀善意但被吓坏了,他们让事情变得更糟,因为他们的担忧让他们把基本上不受拉里控制的事情归咎于他。这对夫妻和儿子在一起的大部分时间都在批评他对待家庭作业或社会生活的方式。由于这些对话一直处于混乱状态,谈话让拉里更加感到有缺陷和气馁。

我告诉拉里的父母,他们应该从长远的角度看待他们的儿子，尽量别太关注他是否能进入一所好大学或在未来一年内开始约会。许多青少年尽管在青春期很不受欢迎，或在高中成绩不太引人注目，但他们的成年生活还是很成功。有些人需要很久才能知道如何学习、如何约会，甚至自己是谁。虽然青春期是父母施加某种影响的最后时间窗口，但它并不是孩子最后的机会。

显然，拉里的情况尚未有定论。他只有 17 岁，无论他的父母表现如何，他都可能找到自己的路。但是，拉里会从更多的支持和更少的批评中受益。与自己的不安全感斗争是一条战线，与父母斗争也是一条战线。如果不需要同时在两条战线上挣扎，孩子进入成年阶段将会更加容易。

调查问卷：你对什么感到忧虑

选出最符合你的情况的说法：

- ☐ 我很担心我的孩子能否过上成功的生活。
- ☐ 我的担忧导致我的沟通方式可能让孩子感到被批评、被羞辱或被控制。
- ☐ 我对孩子的担忧使我很难重视或思考他的其他积极方面。
- ☐ 对孩子的担忧对我的婚姻和/或其他关系产生了负面影响。
- ☐ 对孩子的担忧使我忽略了生活中需要关注的其他方面。

练习：减轻你的担忧

担忧往往基于非理性信念或灾难化思维。以下是受伤父母的常见担忧。每种担忧之后是供你练习的积极反陈述：

担忧：我的孩子永远不会拥有美好的生活。

积极反陈述：有时人们会随着年龄的增长而过上更好的生活。然而，即使我的孩子没能如此，对我的孩子和我来说，我的担忧也只会起到适得其反的效果。

担忧：我的孩子缺乏社交生活，这令我心碎。

积极反陈述：我对这个问题的持续担心就像对他投了不信任票。我也许能够帮助他解决这个问题，但前提是他愿意让我提供帮助。

担忧：担心表明我在乎。如果我不再担心，那就相当于对他漠不关心了。

积极反陈述：只有在我可能真的错过了什么的时候，担心才有用。如果我每天担心的时间在5分钟以上，那就太多了。

练习：通过行动减轻忧虑

如果你深陷担忧无法自拔，你需要练习减轻忧虑和让自己心静下来的行为。以下是一些消除忧虑的方法。

与自己达成协议，每天为孩子担心的时间不超过5分钟。之后，请执行以下一项或多项任务：

- 给朋友打电话，但不要谈论孩子，除非这能让你感觉好些。如果你要给朋友打电话，请确保朋友知道如何支持你，而不是让你感到内疚或被误解。
- 大声播放一些你喜欢的歌曲。
- 锻炼身体。
- 阅读一些引人入胜的书。
- 去散步，徒步旅行，接触大自然。
- 冥想。
- 做瑜伽。

对孩子的失败小题大做

因自己的孩子会变成什么样子而担忧，这是许多父母备受煎熬的原因所在。一些孩子在学业或社交方面表现不佳、难以开启成年生活，或者与父母关系不融洽。这些孩子的父母尤其会为孩子的未来担忧。我在生活和实践中发现，知道你可以控制什么、不能控制什么是一件好事。下面这份清单上是你可以做的事情：

- 让自己接受治疗。
- 让你的青少年子女接受治疗。
- 试着让成年子女和你一起接受家庭治疗。如果做不到，请向治疗师请教最佳方法。
- 如果你的青少年子女有成瘾问题，请将他们享受的某些权利与参加康复计划联系起来。
- 如果你的成年子女有酗酒或吸毒问题，请考虑进行"干预"。
- 努力提高你的沟通技巧。
- 通过锻炼、充足的睡眠和健康的饮食来保持自己的健康。
- 从朋友和家人那里获得足够的支持。
- 从你的信仰中获得支持。
- 确保你的生活除了为人父母还有其他意义。

应对为人父母的绝望

绝望通常基于对自己的小题大做，或基于对孩子的未来或亲子关系的负面预测。当人们对自己的孩子感到绝望时，绝望往往

▶ 为什么孩子越大，我们越疏远

源自以下一种或多种萦绕于怀的功能紊乱的信念：

- 他永远不会振作起来。
- 他的行为和我们的关系意味着我是个失败者。
- 如果情况没有改善，我会感到非常孤独或不称职。
- 我的生活结束了。
- 我会感到非常空虚。
- 我会感到非常痛苦。
- 我永远不会快乐。

让我们用其中的几个例子练习通过积极的自我声明来对抗绝望情绪：

自动思维：他永远不会振作起来。

关于青少年子女的积极的自我声明：也许他永远不会振作起来。但只要他和我住在一起，我就会尽我所能帮助他。如果我目前正在这样做，那么我将努力利用本书中的策略变得更加能接纳和宽恕自己。

关于成年子女的积极的自我声明：也许他永远不会振作起来。但让担心和懊悔毁掉我的生活这种做法，除了让我痛苦没有任何作用。我享受自己的生活并不自私。

第十一章 子女长大却没有成人

自动思维：他的行为和我们的关系意味着我是个失败者。

积极的自我声明：每个父母都希望自己能够做得更好。如果我犯了错，我会继续努力在孩子身上弥补这些错误。然而，我也会致力于审视自己生活中除养育子女之外的其他方面，以获得感激、快乐和自豪。

自动思维：如果没有与孩子的亲密关系，我永远不会快乐。

积极的自我声明：不管过去发生了什么，也不管现在发生了什么，我都值得拥有快乐的生活。快乐是我与生俱来的权利的一部分。虽然我希望孩子回到我的生活中，但我也有很多其他方法让自己过上美好的生活。

练习：管理失望

管理失望情绪需要你放弃自己希望的东西。一方面，这可能需要你不再希望孩子在学业、社交、恋爱或经济上像你希望的那样成功；另一方面，这可能意味着你要面对你和孩子之间可能永远不会有你希望的那种亲密关系的事实。管理你的失望情绪是你保持平静和心理健康的关键。正如一位家长所说："我发现自己必须认识并放弃我'幻想'中的孩子。过去，我间接地而且不知不觉地生活在身为儿童演员的女儿取得的小小成功

> 中，以及我对儿子能够成为一名成功的动画师或飞行员的希望中。当我认识到我在强迫孩子进入我自己的幻想，我就意识到他们永远无法达标。我丈夫是一名大学教授，他有自己的期望。我学会了如何为他们数学成绩拿了 C 这种小事感到骄傲，而不是因为他们没有达到我对成功的想法而不断感到失望。如今，我与所有成年子女都保持着良好的关系，而这与他们在物质和教育上的成就无关。"

对孩子的担忧会在你的生活中造成持续的焦虑和抑郁。这种担忧会给你的婚姻带来沉重的负担，甚至毁了它。它会导致你忽视你的其他孩子、家人或朋友。他们同样渴望并需要你的爱和关注，而他们也可以给你爱和关注。担忧是对你宝贵时间的巨大浪费。

第十二章

冷漠的成年子女

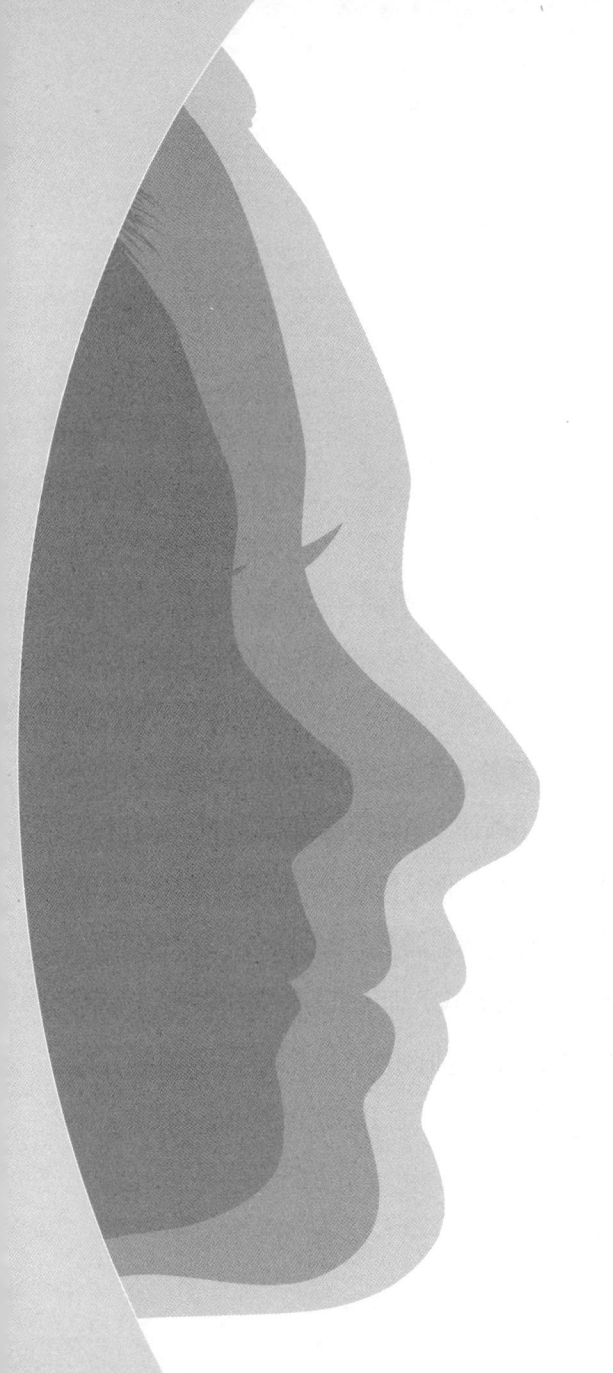

我就在这里,不离不弃。

逆子无情甚于蛇蝎。

——《李尔王》(*King Lear*)
莎士比亚(Shakespeare)

这是每个父母最可怕的噩梦。你为之倾注所有的孩子离开，不回你的电话，无视你的电子邮件，拒绝你接近他。当然，他有他的理由——你的育儿方式糟糕，你对他的另一位家长表现得苛刻，你自私、疏忽、残忍，你与前配偶离了婚，等等。他已经决定按下核按钮，采取最为极端的反应，即完全与你切断联系。

尽管人们很少谈及此种情况，哪怕对朋友也会缄口不言，但这其实很常见。这太让人痛苦和丢脸了。它引发了以下一连串问题：

"你试过给他打电话吗？"
"是的。"
"与他对质过吗？"

第十二章 冷漠的成年子女

"是的。"

"试着让他接受咨询了吗？"

"是的。"

"给他设置限制了吗？"

"是的。"

"你道歉了吗？"

"是的。"

"告诉他你的看法了吗？"

"是的。"

"你解释当时你身上发生什么了吗？"

"是的。"

"以其人之道还治其人之身了吗？"

"是的。是的。是的。"

大多数人很难接受这样一个悲惨的现实：有时候，没有什么可以挽救父母和成年子女之间关系的破裂。然而，还有些时候，挽救这种关系的可能的确存在。本章旨在提供指导，帮助你找到平静——无论你的生活有没有孩子的参与。

家庭创伤

有很多原因会导致成年子女可暂时或永远与父母断绝关系。

一些常见的原因是：

- 成年子女有精神疾病或成瘾问题。
- 成年子女因父母对待自己的方式感到愤怒或受伤。
- 成年子女因父母一方对待另一方的方式感到愤怒或受伤。
- 成年子女与同性别的家长结盟。
- 成年子女与明确表示自己需要孩子的家长结盟，例如在离婚过程或高度冲突的婚姻中。
- 父母拒绝接受孩子的性取向、政治倾向、宗教信仰、生活环境或对恋爱对象的选择。
- 父母披露自己的性取向。

精神疾病和物质依赖问题

患有精神分裂症、反社会人格障碍、边缘型人格障碍，甚至有极端社交回避问题的成年人一旦离开家，就可能不再与父母有什么关系，因为有这些问题的人可能更难形成持久的依恋[1]。此外，有些孩子可能出现反社会人格障碍或其他人格障碍，这可能使得父母很难避免亲子间可能的长期疏远。霍华德的孩子32岁了，他说："我想我没有一天不记得我对罗比说过的一些蠢话。他是个叛逆的孩子。我们总是因为一些事情发生争执——他成绩不佳、偷车、拿钱，等等。我从前不认为我会打自己的孩子，但

第十二章 冷漠的成年子女

我不止一次打过他。我们也曾相互推搡,特别是在他大一点儿之后。我犯过错误吗?是的,我犯了。我每天都在付出代价,因为自从他搬出去大约一年之后,我就再也没有见过他。"

研究表明,有一个长期患精神疾病的孩子是母亲患抑郁症的最有力的预测因素之一[2]。有些孩子没能如期成为独立的成年人,他们的母亲会因此产生一种个人的失败感。海伦妮也是如此,她有一个40岁的女儿茉琳。"茉琳在18岁时第一次精神失常,那太可怕了。在接下来的10年里,她频繁进出精神病院,并继续和我们一起生活。但她从未坚持服药,这是个问题,因为一旦她停止服药,她就会精神失常,总说政府在花园里安东西监视她之类的事。她在大约28岁时决定搬出去住。说实话,我和弗兰克当时松了口气。我们不认为她能独立生活,但她和我们住在一起使我们一家人无法过上正常的生活。我们永远不知道她什么时候又会再度精神失常,或者发现她害怕地缩在角落里。但我现在觉得当时不应该让她搬出去,因为我已经好几年没有她的消息了。她有一个表妹,她和表妹偶尔联系。她表妹最后一次收到她的消息时,她正要搬到某个嬉皮士公社之类的地方。不知道孩子在哪里,也不知道她怎么样了,这比她去世更糟糕。我从未停止过对她的担忧。孩子永远是父母的心肝宝贝。"

成瘾问题可能导致成年子女因为以下原因切断与父母的联系:

- 始于青春期的长期成瘾可能使父母和孩子之间的关系严

重紧张,例如成瘾问题导致孩子从父母那里偷东西,遭到言语攻击或身体虐待,或者藐视父母的权威。
- 成瘾问题导致的羞耻感可能使孩子切断与包括父母在内的所有重要人物的联系。
- 成瘾问题可能由父母施加的严重虐待导致,例如青少年试图用药物治疗父母言语、身体或性虐待导致的愤怒、伤害、焦虑或恐惧。
- 成瘾行为可能始于通常与育儿方式无关的精神疾病因素,例如生物学因素导致的焦虑症或严重抑郁症。

离 婚

如第九章所述,父母离婚往往会导致子女与父母长期疏远,原因不一而足[3]。关于父母在离婚前后的行为的事实,例如不忠、不支付子女抚养费,可能会使孩子感到受伤、愤怒或遭父母背叛。例如,离婚时,父母可能会对孩子说"你母亲从来没有真正想要你"或者"你父亲在你小的时候从来没有陪过你,我什么事都要干"。父母离婚也可能提高孩子觉得自己有义务支持被认为是离婚受害者或心理不太健康的家长的可能性。

孩子可能出于对同性家长的忠诚或责任感而拒绝另一位家长。此外,父母在离婚后的行为,例如家长花在孩子身上的时间较少、长期抱怨前伴侣,或与孩子非常不喜欢的人再婚,可能会造成亲子关系的裂痕。

我曾接触过一些家庭。这些家庭中的成年子女在得知父母的婚姻因一方透露自己是同性恋而终结后,减少或断绝了与这名家长的联系。在这种情况下,该名家长面临的不仅是失去孩子的爱,还有因孩子拒绝接受自己的性取向而产生的受伤或愤怒情绪。正如一位同性恋父亲所说:"我把 16 岁的儿子培养成一个宽容的人。但当我在和他母亲离婚一年后公开自己的性取向时,他变得对我非常刻薄。我担心过我的父母会做何反应,但从来没有担心过我儿子的反应。虽然我的父母对此很释然,但我儿子几乎有两年时间拒绝见我。这无疑是我一生中最痛苦的经历。"

失败的婚姻

研究表明,子女在家长的婚姻充满冲突的情况下选边站队的可能性要大很多[4]。此外,在这些婚姻中,母亲不太可能与女儿保持联系,而父亲往往会回避女儿和儿子[5]。这种亲密关系的恶化有时会伴随他们进入成年。"我的父母也许应该离婚,"25 岁的罗伯塔说,"他们毫不掩饰对彼此的憎恨。他们仍然在一起,但我不想和他们中的任何一人待一分一秒。我为什么需要想要和他们在一起呢?我已经与孩子和丈夫建立了我自己的家庭。"

高冲突婚姻中的父母会通过羞辱、喊叫、指责来管理情绪,有时还会对对方和孩子进行身体虐待[6]。结果是,在这些家庭中长大的孩子往往更难知道如何有效地表达自己的情绪。这可能会造成持久的冲突，因为父母和孩子都缺乏在彼此间建立桥梁的工具。

父母的过错

父母如果存在言语、身体或性虐待行为，吸毒或酗酒，疏忽大意或过于挑剔，这可能会给孩子留下情感创伤，使孩子不愿意再给父母一次机会。

有时候，哪怕年轻人对父母没有负面印象，孩子成为成年人这一简单的事实也可能为裂痕埋下伏笔。正如一位大学二年级学生所说："我的父母很难接受我长大后搬出去住。他们向我施加压力，要我在当地读大学，尽管我得到了东部一所名牌学校的全额奖学金。在我离家的第一个学期，如果我不每天晚上给他们打电话，他们会惴惴不安。我当时只想说：'嘿，别这样，放手吧。我的意思是，我知道你们爱我，但是时候斩断联系了。'他们让我深深地感到内疚，这真的让我根本不想给他们打电话。"

孩子向成年过渡也为父母创造了机会，让他们可以对孩子如何管理作为成人的生活提出批评。围绕选择伴侣（或没有伴侣）、宗教、财务、育儿、居住地、性取向和宗教的决定是父母与成年子女之间冲突的常见诱因。

30岁的律师马蒂说："我母亲从来没有喜欢过我从前的任何一个女朋友，她也无法忍受我现在的妻子。是的，我妻子是一个固执己见的纽约人，但她也是一个很棒的女孩。我最终厌倦了我母亲对我妻子的抱怨，对她说：'听着，妈妈，我真的不想再听到任何关于艾琳的抱怨了。你想见到我和孩子们，你就得闭上嘴，不要再批评她。'不过我母亲还是继续抱怨，最终我们不再去她那儿了。"

如果你不喜欢你的青少年或成年子女选择的恋爱对象或伴侣，或者不赞成子女的决定：

努力避免：

- **批评他们的选择。**如果你想和你的成年子女在一起，你就需要接受他的伴侣，即使你绝不会为你的孩子选择这样一个伴侣。如果你的孩子向你咨询如何与伴侣相处，请用几句话给出建议，但要用温和的、不加批判的口吻。
- **主动提供育儿建议。**是的，你有更多的知识，但这并不意味着你的孩子会欢迎你提供这种来之不易的经验。你也应避免就金钱、家务、职业、宗教仪式以及如何使用休闲时光提供建议。
- 以任何方式将你的成年子女置于涉及你与其伴侣的忠诚困境中。

努力做到：

- 通过行动和语言表达你接受成年子女选择的伴侣。让对方知道你喜欢或认可他/她的哪些方面。这是"若狗嘴里吐不出象牙，就请三缄尊口"这一格言适用的领域之一。如果你有一些担忧，你可以在极少数情况下用积极的方式表达出来。假设你女儿的丈夫罗伯特有酗酒问题，你可以对她说："罗伯特真的很有趣。我明白你为什么喜欢他。看起来他酒喝得不少。这对他来说是个问题吗？"如果你的女儿明确表示希望你帮助自己结束这段关系，你可以做出转变，扮演更具支持作用的角色。例如，对她说："罗伯特显然存在酗酒问题，我知道为什么他很难相处。你一直在说想要离开他。你知道是什么让这很难实现吗？"如你所见，同样是由对罗伯特酗酒问题的观察引发的评价，这些说法的立场截然不同。显然，如果罗伯特也是你孙辈的父亲，你会想在女儿离婚前帮助她制订一系列更有层次的步骤。前提是她允许你帮助她。

- **关注孩子做对的事。** 如果你不赞成孩子的育儿方式，或不赞成孩子伴侣的育儿方式，请赞美他们的育儿方式中你欣赏的部分。

如果你子女的配偶或伴侣存在虐待行为，那么你需要更加直接地表达你的关切。然而，即便如此，你也必须接受你的孩子是成年人，必须找到他自己的应对方式这一事实。虽然看到成年子女在择偶方面做出糟糕的决定总是令人痛苦的，但我们可能会让他们感到被批评、被羞辱或被我们的反应所控制,从而进一步将他们推入对方的怀抱。

成年的开端

现在,孩子步入成年阶段的时间比过去晚得多,这在父母和不再与他们一起生活的孩子之间制造了各种潜在的祸患。原因如下:

- 父母有时更难理解为什么孩子不能做他们在相仿的年纪做过的事情,并以伤害孩子的方式进行回应。
- 年轻人可能会因为难以找到有意义的工作或实现经济独立而感到羞愧。因此,他们可能不得不拒绝父母,借此确立自己的身份。
- 如今父母和子女之间的关系普遍更为紧密,这意味着子女对父母的情感依赖被延长,因此,子女需要"证明"自己独立于父母之必要性的阶段可能也会持续更长时间。

附加条件

与前几代人相比,如今有更多的成年子女得到父母的支持。密歇根大学社会研究所的一项研究发现[7],34% 的 18 岁至 34 岁的年轻人定期从父母那里收到钱。根据 2005 年美国政府的统计数据，美国中等收入的父母预计在每个 17 岁以下的孩子身上花费 190980 美元。然而，如今，在孩子 17 岁之后的另外一个 17 年中，家长们预计会继续在子女身上支出约为此数字 25% 的金钱。

这些支出不仅是经济上的。如今的父母每年要多花九周的时间，在照看孩子、出行和洗衣服方面帮助 18 岁至 34 岁的成年子女。虽然这些可以为父母和成年子女之间建立和维持亲密的关系提供丰富机会，但这也会为更多的冲突创造机会。

许多父母不清楚他们有权用时间或经济上的支持（即使只是部分支持）从子女那里换取什么。"我父母帮我从家里搬出去，让我有了自己的公寓。" 25 岁的萨姆说，"一方面，他们以及他们为我付出的一切都很好；另一方面，我觉得他们是利用这一点把我和他们绑在一起。就像，他们因为为我提供了一点儿帮助，所以有权让我随时过去和他们待在一起。如果我不这么做，他们就会说：'我们为你做了那么多，你就不能偶尔过来陪陪我们吗？如果不是我们，你可能睡在某处的水沟里。'我想说：'你们偶尔帮助我，但这并不意味着你仍然可以告诉我该做什么。我又不是 12 岁的小孩。'最后，我只是想，'去他的，如果我就是不过去，又能怎么样？'"

我还发现，许多成年子女不清楚他们有权在时间和金钱方面从父母那里得到什么。因为如今成年子女从父母那里获得帮助的情况更加普遍，年轻人认为自己可以更自由地对未能提供帮助的

第十二章 冷漠的成年子女

父母表示不满。在参与孩子的生活和给他们提供照顾方面，如今的父母被要求遵循前几代人身上并不常见的标准，这是另一种表现。正如一位父亲所说："在他这个年纪时，我有一份工作，背着贷款，有妻子，还有一个孩子。他什么都没有，但他仍然向我伸手。他现在23岁了。但是如果我不满足他的所有经济要求，我就会被视作漠不关心、虐待子女的家长。饶了我吧。"

努力避免：

- **发出关于你的时间或金钱礼物的矛盾信号。**如果你的孩子向你要钱，而你觉得你们相处的时间被剥夺了，请直截了当地说出来。说这样的话："我很乐意借（或者给）你钱，但我想和你一起度过一段时间。我们什么时候可以这么做？"

- **避免让孩子感到内疚。**例如，不要对孩子说："当我像你这么大的时候，我有房子，有汽车，有工作，还有两个孩子。你怎么回事？"或者，"你怎么总是向我伸手要钱？我受够了。"

- **表现得不堪重负或像个受害者。**你可能只有在孩子需要什么的时候才会听到他的消息。如果我每次听到父母的这种抱怨都收到一分钱，那么我会有很多钱。不要太纠结于此。如果你想拒绝孩子的要求，你可以说"不"，但不要采取一种夸大的、受害的、自以为是的立场。另外，你可以偶尔用这个机会来抽出一些时间与孩子待在一起。

你可以说:"当然,我们下周一起吃个饭,到时候我可以把它(钱)给你。"

他说:"我没空。"

你说:"没问题。要不你说个时间?"

他说:"我没什么时间。我只想知道你能不能把钱借给我。"

你说:"你知道,我愿意借你钱,但这必须在我们之间存在真正的联系时发生,否则我的感觉就不那么好了。我乐于时不时帮助你,但如果这是我与你的唯一联系,我就不会愿意这样做。"注意:这句话不应该每次都说。你年纪尚轻的成年子女可能需要获得很高的独立性,因此,对孩子的每一个要求都提出条件会适得其反——而且孩子可能会有很多要求。但是,随着时间推移,如果你只能在满足孩子的经济要求时见到他,那么你可以偶尔在孩子与你真正地互动之后再满足这种要求。

努力做到:

- 以明确的方式说"是"或"不"。如果你想对他说"不",就说:"我很乐意帮助你,但我现在没办法帮你。"如果你觉得这么说不诚实,就说:"不,我很抱歉。我上个月刚借过钱给你,我希望你先把钱还上。"或者说,"不,我想这次我更希望你能在没有我帮助的情况下找到一种生活方式。希望你能接受。"即使这感觉不好，但如果你认为这是正确的事情，你也必须这样做。记住，尊重地拒绝永远胜过轻蔑地答应。

- **给予时间或金钱而不要求任何回报。** 给你的孩子时间或金钱礼物并不意味着我们有权就他们如何最好地使用这种礼物给出建议。你没有义务付出比你想付出的更多的东西。如果你不想付出，你完全可以说"不"。但如果你答应，请注意不要用过多的条件束缚因你的慷慨而生发的好感。

年轻人的分离内疚与分离焦虑

如今，年轻人在成年前后和20岁出头这段时期可能是动荡不安的，对孩子和父母来说都是如此。父母和孩子在此阶段都很担心。父母担心孩子能否上大学，孩子能够进入的大学是否像样，以及孩子到了大学能否充分适应。父母和孩子都有理由担心，等到孩子高中或大学毕业之后，可供选择的工作岗位将越来越少。

此外，在经历了与父母之间关系极度亲密的过去之后，孩子还有一个心理任务，即进入成年。就像情侣们可能在分手时为了不想念对方而诋毁对方一样，一些成年子女将他们的父母妖魔化是为了提醒自己，他们不需要父母也能在这个世界上生存。埃琳娜是一名 19 岁大学生的母亲,她说:"我完全措手不及。我觉得自己在两个学期内从她最好的朋友变成了最恶毒的敌人!突然间,我开始听她说我一直很自私,她不想和我一样,或者我从来没有倾听她的心声。这真的很令人伤心,也很让人不知所措!"

埃琳娜的女儿努力通过拒绝母亲来争取独立。对遭受批评的人来说,这绝不是一件令人愉快的事,但对做这件事的人来说,这是一个非常有效的工具。为什么会出现这种情况?因为,从孩子的角度来看,这是安慰自己的一种方式。"当她能够提供的东西这么少时,我怎么能想念她呢?当我无法从她手中得到任何东西时,我为什么会需要她?"

许多父母误解了这一现象,这是可以理解的。父母想要通过拒绝来对抗拒绝是很自然的,特别是在我们这种报复和反击是惯例的文化背景中。然而,请记住,当一个年轻人开始通过批评你来回避你,或者与你分开时,没有什么比回击更加错误了。孩子的发展目标是获得独立性,你对孩子的指责或拒绝的回击只会让他们觉得你有一种令人困惑的占有欲。

这并不意味着无论你感觉如何,你都应该微笑点头。相反,试着想想为什么孩子会说这些话,然后循序渐进地由此一步步改善情况。以下是一些你在感觉遭到攻击时需要采取的行动:

- 深呼吸,安慰自己,以便你能够清晰地思考。在你相对平静之前什么都不要说。约翰·戈特曼已经证明[8],当你的心率比平均水平每分钟多跳上十次时,你清晰思考的能力会大大降低。如果你不能让自己平静下来,那就这样说:"我对你的这些话很感兴趣,并且希望这是一次富有成效的谈话。我想先想一想,稍后再给你回电话。"

- **倾听真理的内核**。几乎在每一句抱怨中,都有一些小的方面是真实的。试着承认这一点,即使你认为这种说法是高度夸张的。对孩子说:"是的,我可以理解你的感受。"你这样做不是在逃避做一个糟糕的人或家长,你只是在保持沟通渠道畅通,降低孩子的防备。

- **询问你的孩子想要什么回应**。你们需要分开更长时间吗?你需要更多地保持耐心、接受和克制吗?不要以为孩子知道答案,因为这些互动的重要性有时更多地在于形式而不是内容。与其说你需要说正确的话,不如说你需要表明你可以容忍孩子成为他自己,有他自己的想法。不幸的是,孩子对于你是什么样的人或你如何抚养他的批评,有时会给他带来最大的收获。这些时候你只需要加以应对,而不需要过于激动。

- **几周后再讨论这个话题**。"我想看看你对我们谈论的事情是否有进一步的想法。沟通的大门永远是敞开的。"这样做的目的是让孩子知道:你可以承受打击;你并没有脆弱到不能接受孩子与你分开或对你有苛刻的看法;你充分考虑孩子新的成年面貌,想听听他的意见。

- **不去容忍虐待**。容忍批评和抱怨并不等同于让自己遭到虐待或践踏。如果你发现自己感觉过于沮丧或防备,请回到第一个步骤。

继续联系子女

一些成年子女切断或大大减少了与父母的联系。他们的父母大多过早地放弃了与成年子女联系。这是可以理解的。一直试图接近一个不断拒绝你的人是很痛苦的。然而,我建议我的来访者继续与子女联系,因为事情往往会随着时间推移而改变。子女在生活中可能会遇到状况,需要和你联系。如果与你沟通的大门是敞开的而不是关闭的,孩子就更有可能这样做。孩子可能会找到新的伴侣或配偶,而后者也许能够帮助你的孩子发现你并不是非常糟糕。孩子可能会有自己的孩子,并了解到做一个完美的父母并非易事。离婚的孩子可能会变得足够成熟,从而能够将你视为普通人,而不是恶毒的食人魔。

不继续和子女联系的父母可能会无意中发出这样的信息:孩子没有权利抱怨,而是应该让事情就这么过去。正如我的一个来访者所说:"我母亲对我继父猥亵我的事表达过一两次歉意,好像这就意味着她已经脱身了。好像事情就这么结束了,再也不必重提了。可这只是让我觉得她不在乎我,她只在乎她自己。好像我不应该让她承受我生活中的痛苦,好像她没有责任保护我。"

第十二章　冷漠的成年子女

继续联系子女是父母应主动去做的。这是一种关心和奉献的表现。它使沟通的大门一直敞开，使你更慈爱。它表明你足够爱孩子，即使只收获了悲伤，你也会为孩子奋不顾身。

一条准则是，不要因为觉得被孩子背叛或伤害，就轻易地切断或拒绝对他的支持。如果你对某一个孩子非常慷慨，请对你所有的孩子同样慷慨。如果你愿意为亲近你和爱你的孩子支付大学学费、婚礼费用或儿童保育费，即使是咬紧牙关，你也应该为拒绝你和伤害你的孩子支付这些费用。为什么？因为你阅读本书大概是为了找到回到孩子身边的方法，或者找到让自己感到更平静的方法。因此，你想为未来敞开大门。许多孩子在20多岁时甚至更年长之后的表现会让人得出结论，认为他们根本不可能与父母团聚。但事情往往会发生变化。此外，如果孩子发现，父母对兄弟姐妹的付出比对他们的付出更多，这就太令这些孩子受伤了。

另一条准则是，即使知道孩子会拒绝，也持续发出邀请。"今年夏天我们要去怀俄明州度假，想知道你是否想来。"你的孩子可能会拒绝，但至少邀请函已经写好了。如果你觉得孩子很麻烦，而真心地不想让他们与你一同度假，那么你可能不仅需要公开邀请，还要设置更多限制。雅各布有一个23岁的儿子，他说："我儿子酗酒，他真的很难相处。我永远不知道他什么时候会演一出大戏，或者在喝酒时为了一些琐碎的事情而大发雷霆。最终，我不得不对他说：'我们很希望你这个星期天来家里吃晚饭，

· 283 ·

但如果你酗酒就不行。喝酒之后，你的性格真的会改变，但我想你还没有意识到这一点。所以，除非你能保证保持清醒，否则我宁愿你不来。'因此，我们有一段时间没有见到他。我不得不接受这一点，这并不容易。尽管如此，我还是给他打了电话，并试图维持这段关系。最终他恢复了健康，从那以后情况就好多了。"

如果你的孩子在18岁到30岁之间，我建议你每周联系他一次左右。你可以通过一封电子邮件、一个电话或一张卡片联系他，其中的内容可以是简短、甜蜜、切中要害的。"嗨，亲爱的。我只是想看看你过得怎么样，想听听你在做什么。保重。"

你可能会在一个月后收到孩子的来信，然后在接下来的几个月里再也收不到。你可能会觉得你们的关系正在改善，但过去的潘多拉魔盒又被打开了。"我觉得我和女儿在旋转木马上，"一位离婚的父亲说，"当我感觉过去的事情已经过去时，我会发表一些评论，或者她会从她母亲那里听到一些消息，之后我们又回到原点，我又是那个糟糕的父亲了。这太累人了。我真的觉得我们不会再有正常的关系。"

如果你的孩子让你别再联系他，你会怎么做？对于这个年纪的孩子，你不应该顺应他的要求。你应该说："我不能这么做。你是我的孩子，我不能不给你打电话。"我之所以强调这一点，是因为你是他的家长，而不是他的同龄人。你不必每天都给他打电话，但一周左右打一次电话是合理的。在他的生日和节假日给他寄贺卡或礼物也是合理的。即使他没有听就删除了语音信息、扔掉了卡片，或者从未打开礼物也没关系，重要的是这一行为的象征意义。换句话说，你要做的只是敞开大门，表明你足够强大，可以继续为这段关系而战，并表明你愿意就过去进行对话。

如果家长的联系过于频繁，一些成年子女会因此感到内疚。如果你确信你的孩子会认为你的联系是骚扰而不是爱，那么你最好还是离他远一点儿。对于那些已经证明他们可以时不时地与你联系的孩子来说，情况尤其如此。

关于过去的对话

随着你的孩子慢慢长大，修正他们对你的认知中的偏误变得合情合理。你应该先问他们是否想听听你的说法。你可以说："专家说这没有帮助，所以我从前没有说。我不确定你现在是否准备好了，但我愿意等到你觉得合适的时候，再告诉你那时的情况。"我接诊过的一位母亲是这样处理的："我一直等到儿子24岁时才详细告诉他我为什么离开他父亲。我和前夫做了婚姻顾问让我们做的事，也就是表现出离婚是双方共同的决定，这样孩子就不会觉得有义务选边站了。这太难了。因为这件事，我儿子对我充满了责备和愤怒，我不得不咬紧牙关，不以我希望的方式责怪他的父亲。但在我儿子24岁时，我想，是时候告诉他我对这件事的更多感受了。他让我说了。他说，听到我的观点对他很有帮助，这让他对我更加宽容。从那以后，我们实际上更亲近了，所以我很高兴。"

如何以及何时为自己辩护

关于为过去的错误承担责任的重要性，我已经谈了很多。然而，当被孩子责备时，大多数父母都会感到内疚，即使这种责备是完全错误的。对你没有犯下的罪行表现出极大的罪恶感可能会让你的孩子感到困惑。虽然在出现严重错误时忏悔是有帮助的，但因对过去的扭曲演绎而忏悔对任何人都没有好处。随着孩子们逐渐长大和成熟，对错误的指控进行更有力的回击是合适的。但不是以敌意、防御的姿态进行还击，而是要展现你的力量。例如：

孩子说："在我的整个童年时期，你只关心你自己。"

你说："你以前对我这样说过，但这不是事实。我当然不是一个完美的家长，但我对你非常投入。"注意，你应该避免内疚感。不要说"我为你做了这么多事，你怎么能这样对待我？"你只需要实事求是。

孩子说："离婚后，你对妈妈太刻薄了。你没有给她足够的钱用于我们俩或她自己的开支。"

你说："我知道那笔钱对你妈妈来说不够。那笔钱并没有像我们两个都希望的那样多。但如你所知，我确实支付了法院在和解协议中规定我应该支付的所有费用。"换句话说，你既要承认另一位家长的现实——"我知道那笔钱对你妈妈来说不够",也要同时说明你当时行为的现实情况。离婚后,孩子的生活水平可能大幅下降,这可能令他感觉羞耻或觉得自己受到了羞辱,所以你也应该认可他的这种感受。

这样的对话很少是简单的。之后,你的孩子可能会这样回应:"是的,但你有一栋漂亮的大房子,而妈妈还在租房。她还在挣扎,可你一点儿也没有挣扎!"

你说:"我知道,但我的大部分钱都是离婚后赚的(或者'我结婚前就有这笔钱了',如果情况确实如此)。我知道你妈妈很生气,因为自从我们离婚后,我的生活水平提高了,但实际上我欠她的并不比我给她的多。我看得出这看起来有多不公平。"记住,不要一口气谈论过去的所有细节或者你的观点。你只需要回应孩子提出的具体问题。这些都是高风险的对话,必须正确处理。你可能会得到不止一次机会,但你的下一次机会可能在几个月甚至几年内都不会出现。

下面是另一种常见情况。

孩子说:"你对爸爸不忠,我永远无法原谅你。"

你说:"我理解,我也不要求你原谅我。但是,当时你父亲对我非常挑剔和抗拒,多年来一直如此。我感到非常孤独。不过,我当然不会以有外遇为荣。"

孩子说:"是的,好吧,我还是觉得是你搞砸了你们的关系。"

你说:"我明白。如果我知道我母亲对我父亲不忠,我可能也会有同样的感觉。但事情比你知道的要复杂得多。当时我不能让自己考虑结束这段婚姻。我不想让你或你哥哥经历父母离婚,我当时也没有能力用成年人的方式健康地离婚而不是有外遇。回过头来看,如果我当时能够直面这些感受,我会做出更好的选择,今天我自己感觉也会更好。"

更可取的做法是,保护成年子女,使其免受父母生活的影响。但如果他们对你的看法被其他人毒化了,特别是被像他的另一位家长那样对他有影响力的人,那么你澄清事实的举动对他们是有帮助的。注意不要做得过火,也不要不恰当地利用这些讨论来反击另一位家长。此外,你要注意,这种对话是要与20多岁或年纪更大的孩子进行的,而不应该与十几岁或更小的孩子进行。

许多父母会错误地对年幼的孩子说另一位家长的坏话。他们的借口是"我只是觉得他们有权知道""我不想让他们认为婚姻破裂是我的错"或者"我不想让他们认为我们婚姻不和或离婚不顺是我的错"。

这些都有道理。但是,在孩子完全成年之前,在孩子似乎有必要或准备好倾听之前,不要告诉他们这些。为什么?因为孩子都会认为自己像父母,即使在他们成年之后也是如此。你表达对孩子的另一位家长的仇恨或蔑视就像表达对孩子本身的仇恨和蔑视。孩子非常需要看到母亲或父亲在本质上是好的。无论你有多难过，孩子都有权保持这种看法。

应对年长的成年子女

应对30岁以上子女的策略与应对18岁至30岁子女的策略稍有不同。尽管你需要等待很长时间，才能让你与子女的关系达到可能的最佳水平，但可能到某个时候，你也不得不接受子女不再与你联系的决定。到孩子30岁的时候，你可能会知道，对他们来说，你联系他们的行为是一种骚扰还是某种程度上被接受或受欢迎的（无论他们的回应多么贫乏）。虽然我建议家长每周或每半周联系18—30岁的孩子一次，但在孩子30岁之后，家长应该考虑降低频率，只在生日和节日再联系不进行回应的孩子。

无论采取哪种方式，你都要小心避免让那些需要与你保持安全距离的孩子感到内疚。即使他们表现得并不明显，但与父母断绝联系的孩子通常会非常痛苦。你的责备（无论在你看来多么合理）只会增加他们减少与你联系的欲望。我听到不止一位家长对我的建议做出这样的回应："我现在不在乎。我没什么可失去的，所以我不妨让他知道我觉得他对待我的方式有多糟糕。"我总是说："你真的不在乎接下来会发生什么是一回事。然而，如果你实际上是在乎的，而且你现在只是想反击，那就不要这么做。你不会有什么收获，而且会损害你在未来建立亲子关系的机会。"

事实上，我建议父母在子女切断与他们的联系时采取积极主动的态度，比如对子女说："我很想和你在一起，但我首先希望你快乐。所以，尽管我不完全理解你为什么不想见我，但如果你不需要和我在一起，我也不想让你感到内疚。"记住，他们这么做主要是因为他们觉得这符合他们的最大利益，而不是为了惩罚你。

矛盾的是，最不想与我们联系的孩子通常是在管理内疚感方面最需要我们提供帮助的。用莎士比亚的话说，"逆子无情甚于蛇蝎"。那么我们为什么还要为这种逆子煞费周章呢？因为，为人父母意味着在短期甚至长期没有回报的情况下付出。这并不让人愉快，但这就是我们有孩子时选择面对的，所以我们不会为自己感到难过。好吧，我们确实会为自己感到难过——被孩子拒绝是非常痛苦的。但我们仍然必须从事繁重的育儿工作，哪怕我们得到的回报少得可怜。

因此，即使你开始接受你的孩子不想与你有联系，你也应该给他写一封信，为未来的可能在联系铺平道路。下面我给出了这封信中应写内容的参考。

作为开头，你可以说："亲爱的，你是我的孩子，我非常爱你。我知道，在你成长的过程中，我在你身上犯下了可怕的错误。"或者，"我知道，你一定是很痛苦，所以才想要切断和我的联系。"或者，"我知道，在我和你父亲/母亲结婚后（或离婚后），我对待他/她的方式令你非常难过。"又或者写一些你自己的介绍语。

接下来，在信中写这样的话："如你所知，我对此感到遗憾。我已经努力对你做出弥补，如果能够拉近我们的距离，我愿意继续谈论任何过去对你来说很重要的事情。我真的很想听听你的感受。如果对你有帮助，我随时愿意给你写信、打电话或与家庭治疗师会面。"

"我真的希望你快乐，而且我渐渐开始接受你不想和我有关系的事实。作为你的家长，不能见到你是一件令我心碎的事。同时，如果你认为这符合你的最大利益，那么我不想让你感到内疚。你一定有很充分的理由（即使你不这样认为也请这样说）。如果你必须这样做，我可以接受你的决定。我想让你知道，如果你改变主意，与我联系的大门在你的余生都是敞开的。"

治愈伤痛

在养育孩子的过程中，家长可能受到很多创伤，但与孩子断绝关系可能是其中最糟糕的。虽然疗愈这些伤痛需要持续的努力和练习，但有一些简单的行动会带来更强的平静感。以下是一些建议：

努力避免：
- **自责。**作为家长，你可能犯了一些非常严重的错误。回过头来看，你可能会发现孩子有权生你的气。然而，即使如此,你仍然值得原谅。即使不能得到孩子的原谅,也该得到其他人的原谅。现在问问自己:"我需要在炼狱里待多久才能重新活一次?在我开始真正地生活之前,遭受多少痛苦才算够?'好了,我现在把这件事抛在脑后了。我努力想要弥补,但我的孩子拒绝了我。即使我仍然希望有一天他会想要再次靠近我,可不管有没有他,我都会继续生活。'在说出这样的话之前,我要忏悔多少次?"

- **坚持愤怒和指责**。被自己的孩子切断联系会激起强烈的愤怒情绪。对你的孩子生一段时间气是健康的,因为哪怕你犯了严重的错误,你的孩子对待你的方式也可能是不恰当的。但在某些时候,你必须放手。生活在愤怒中对你不利。它让你陷入一种消极的状态,让别人更难为你付出,也让你更难为别人付出。它使你看不到关于你自己、你的朋友,以及你的家人身上的美好品质,也让你看不到你的生活中和这个世界上的美好事物。正如弗雷德·罗斯金所说:"虽然愤怒和伤害是恰当的,但它们不像酒,不会越陈越香。"一位母亲说:"我见过很多父母,他们悔不当初,试图弄清楚自己的育儿方式出了什么差错。我很幸运,我(在大部分时间里)已经超越了这个阶段。事实上,今天我给女儿送了一张母亲节贺卡……那张贺卡非常普通而且便宜。我附上了一张小额支票,并写了她是一位出色的母亲,然后就此打住。我

第十二章 冷漠的成年子女

想做更多、说更多吗？当然。但情况就是这样，我不能日夜为此忧心。人生无常，我不想因为哀叹今天没有得到什么东西而错过我拥有的日子。"

"我首先在愤怒中超脱，然后在冷漠中超脱，最后在爱中超脱。"嗜酒者互诫协会的这句警语中蕴含着许多智慧。愤怒是开始悲痛的有用步骤，但这只是一个早期步骤，而不是最后一步。治愈需要你有意愿最终放下愤怒走向宽恕，这既包括宽恕你自己，也包括宽恕你的孩子。

如何摆脱愤怒

放下愤怒的第一步是将自己与愤怒分开。威斯康星大学神经学家理查德·戴维森（Richard Davidson）认为，冥想通过加强和稳定大脑内侧前额叶皮质的神经网络来加强大脑的执行控制中心[9]。正如作家凯瑟琳·埃里森（Katherine Ellison）在谈到冥想时所说的那样[10]："它改变了你与情绪的关系，而不是情绪本身。它可以让你看到情绪的时刻波动，这样你就可以绕过它们。"

为"摆脱愤怒、具有强迫性的欲望或嫉妒"，埃里森介绍了一项练习：

首先，回想让你感到非常愤怒的情况。接着，一点儿一点儿地回忆这段经历。当愤怒出现时，把注意力集中于愤怒本身，而不是愤怒的对象。不要屈服于愤怒，而要把它与你自己分开。当你继续观察愤怒时，它会在你的凝视下逐渐消失。

请保持以下想法：

- "我作为父母犯下的错误值得被宽恕。虽然我的孩子没有义务原谅我，但我可以寻求朋友、家人或信仰的原谅。"
- "我承认我的孩子还在生我的气。我不必以愤怒作为回应来为自己辩护。"
- "长期感到愤怒让我无法过上应有的生活。"
- "惩罚自己让我深陷不快乐的泥沼。"
- "惩罚我的孩子让我深陷不快乐的泥沼。"

为了避免谈论你和孩子之间痛苦的关系，你很容易将自己封闭起来。这可能是出于羞耻、自我惩罚或抑郁。请不要这么做。你值得拥有别人的爱和支持。承诺增加你与朋友、家人或宗教团体的联系。治愈来自让自己被爱和被重视，也来自为其他需要你关心的人付出。许多人发现，为其他痛苦的人付出是促进自身康复的最有力行动之一。

爱一个不回报这种爱的人是你精神之旅的一部分。你需要勇气和开放，而这种勇气和开放将辐射到你生活的其他方面。从经历过严重损失的人身上获得的智慧表明，付出这种爱不仅是可能的，而且是有价值的。

第十三章

父母也曾是孩子

终止冲突的代际传递。

科莉特对童年的记忆没有多少是积极的。"我有一种强烈的感觉,即我的父母讨厌我。好像我是狄更斯小说中的某个人物,如果我要吃点儿什么,他们就会冲我尖叫。这太可怕了。"

虽然科莉特的童年让她感到不安全和焦虑,但她对自己的母亲身份并不缺乏信心。科莉特小时候曾因母亲的许多行为而受到伤害或感到被误解。于是,像许多父母一样,在养育自己的女儿埃丽卡时,科莉特抛弃了很多曾让她受伤的育儿方法,做一名她自己从没拥有过的好妈妈。科莉特一直如此,直到埃丽卡长到13岁,从可爱的小姑娘变成了令人毛骨悚然的野蛮人。正如科莉特所说:"事情似乎发生在一夜之间。我突然从她一切安慰的源泉变成了她一切痛苦的源泉。她不停地抱怨我是一个糟糕的家长、我从来没有倾听过她的心声,或者我总是只考虑自己。我知道这种抱怨是不合理的,因为我为她做了一切。但她对我说话的口气就像我父母,而我对此没有任何免疫力。突然间,我觉得她才是那个手握生杀大权的人,而我则沦为瑟瑟发抖的孩子。当然,我

第十三章 父母也曾是孩子

没有在她面前表现出来。表面上我说'年轻的女士，你不能这样和我说话'，但我的内心实际上在发抖！"

英国精神分析学家和儿科医生唐纳德·温尼科特（Donald Winnicott）写道[1]："一个人的余生都依靠童年过活。"尽管我们的童年并不像人们曾经认为的那样对人有直接而强烈的影响，但我们与父母、兄弟姐妹和其他照顾者的共同经历会对我们成为什么样的人、选择谁作为伴侣，以及作为父母做出什么决定产生长期影响。

本章的写作目的有三个：

1. 帮助你了解你的童年经历如何影响你的育儿方式。
2. 帮助你了解你的童年对你因孩子对待或虐待你的方式做出什么反应有何影响。
3. 帮助你获得对自己为人父母所犯错误的更多自我宽恕和自我同情。

调查问卷：理解过去

人们常常因自己仍然受到过去的微妙影响而感到惊讶。下面的问题可以帮助你了解童年对你产生了何种影响。

为什么孩子越大，我们越疏远

你和父母之间冲突的根源是什么？

- ☐ 他们的控制欲和占有欲太强。
- ☐ 他们不重视我。
- ☐ 他们对我恶语相向。
- ☐ 我不喜欢父母中的一方对待另一方的方式。
- ☐ 他们没有帮助我。
- ☐ 他们不信任我。
- ☐ 他们以自我为中心。
- ☐ 他们是完美主义者。
- ☐ 他们没有时间陪我。
- ☐ _____

你曾以何种方式取悦他们？

- ☐ 我是一个好学生。
- ☐ 我是一名优秀的运动员。
- ☐ 我照顾过他们。
- ☐ 我让他们有面子。
- ☐ 我举止得体。
- ☐ 我不给他们添麻烦。
- ☐ _____

你在哪些方面令他们失望？

- ☐ 我不是一个好学生。
- ☐ 他们不喜欢我的朋友。
- ☐ 他们从来不喜欢和我约会的人。
- ☐ 我有成瘾问题。
- ☐ 我不爱干净。
- ☐ 我跟他们顶嘴。
- ☐ 我所做的一切都不够好。
- ☐ _____

你对待孩子的哪些方式与你的父母一样？

- ☐ 我很挑剔。
- ☐ 我没有耐心。
- ☐ 我很和蔼。
- ☐ 我尽职尽责。
- ☐ 我是一个完美主义者。
- ☐ 我让他们内疚。
- ☐ 我爱骂人。
- ☐ 我控制欲很强。
- ☐ 我以自我为中心。
- ☐ 我对他们的母亲/父亲不好。
- ☐ 我说话声音很大。

- [ ] 我不主动。
- [ ] _____

作为父母，你和你的父母有什么不同？
- [ ] 我很有爱心。
- [ ] 我尽职尽责。
- [ ] 我关心孩子。
- [ ] 我在孩子身上花费的时间和/或金钱要多得多。
- [ ] 我在孩子身上花费的时间和/或金钱要少得多。
- [ ] 我很有耐心。
- [ ] 我没有耐心。
- [ ] _____

你父母对待你的方式让你觉得自己值得或不值得在生活中获得什么？
- [ ] 我值得尊重。
- [ ] 我不值得尊重。
- [ ] 如果我不小心，我会被拒绝。
- [ ] 我在这个世界上没有任何权威。
- [ ] 其他人比我更重要。
- [ ] 别人会得寸进尺。
- [ ] 大人在说话，小孩莫打岔。

第十三章　父母也曾是孩子

- ☐ 无论如何，孩子都是第一位的。
- ☐ 我应该付出，直到这让我受伤。
- ☐ 我应该付出，不期望任何回报。
- ☐ _____

童年的经历如何导致你作为父母犯下错误？

- ☐ 我很容易感到内疚。
- ☐ 我对批评反应过激。
- ☐ 我的自尊总是岌岌可危。
- ☐ 我太担心被拒绝或感到被抛弃。
- ☐ 我过度参与了孩子生活的方方面面。
- ☐ 我没有充分参与孩子的成长。
- ☐ 我控制欲太强。
- ☐ 我没有设置适当的限制。
- ☐ 我对孩子有不切实际的高期望。
- ☐ 我对孩子的期望很低。
- ☐ 我已经放弃了。
- ☐ _____

你"难以相处"的孩子和你小时候有什么不同？

- ☐ 他/她更加自信。
- ☐ 他/她不那么自信。

- ☐ 他/她更加叛逆。
- ☐ 他/她不那么叛逆。
- ☐ 他/她在学校的表现更好。
- ☐ 他/她在学校的表现更差。
- ☐ 他/她更好相处。
- ☐ 他/她更难相处。
- ☐ 他/她更擅于社交。
- ☐ 他/她不太擅于社交。
- ☐ 他/她没那么雄心勃勃。
- ☐ 他/她更雄心勃勃。
- ☐ 他/她更独立。
- ☐ 他/她更依赖他人。
- ☐ _____

作为一名心理学家，多年的实践告诉我，童年不堪回首的人长大后仍然可以成为伟大的父母。然而，许多儿时遭受过痛苦的人将这些脆弱性带进了自己的家庭，影响了他们对待孩子的方式，以及他们对孩子对待他们的方式做出的反应。

童年的影响在育儿过程中可能表现得很微妙。就像今天的夫妻对他们有权从伴侣手中得到多少东西抱有不切实际的高期望一样，今天的许多父母期望中与孩子的亲密程度与他们的孩子能够或应该提供的回报不一致。一个成年人可能不仅希望成为自己从

第十三章 父母也曾是孩子

未拥有过的那种父母,还可能希望自己与孩子的关系能修复他因自己的童年而感到的种种失望。

如果孩子最终满足了你的所有希望,或者孩子令你不顺心的方面都处于你自信的领域,这都不是什么大问题。然而,如果你童年时期的痛苦埋下了隐患,孩子需求过多或脾气不好的问题就可能与之产生某种化学反应。例如,如果你对自己的价值怀有根本性的疑问,那么孩子对你的攻击绝不会让你感觉好些。如果你的父亲专横,你就不太可能对十几岁儿子专横的行为给出有益的回应。如果你觉得父母拒绝与你交心,或者他们没有参与你的成长,那么在孩子大发雷霆、要求与你分开,或者对你的不完美之处做出合理的健康反应时,你就更难静下心来。如果成年子女切断了与你的联系,你可能会觉得这有力地证实了你父母对你说的所有最糟糕的话,即使你一生都在努力证明这些话不是真的。

在下一节中,我们将关注童年可能对你产生负面影响的常见方式,以及这些经历可能如何影响你的育儿方式。它包括具有下列父母的家庭:

- 追求完美的父母。
- 长期抑郁的父母。
- 控制欲过强的父母。
- 疏忽大意的父母。
- 批评、拒绝或虐待孩子的父母。

> 为什么孩子越大，我们越疏远

追求完美的父母

肯来找我，他希望我就他该如何养育 16 岁的儿子马库斯提供建议。马库斯对学校和父母来说都是个谜，因为他在学校算是很聪明的学生，但在大学二年级时，他却是班上 GPA 最低的学生之一。随着肯的叙述，我渐渐明白他是一个有很高期望的人。例如，当他告诉我他女儿的成功之处时，他批评她做得还不够。

"马库斯的妹妹希拉获得了斯坦福大学的全额奖学金，"肯说，"但自从她入学，她就一直在混日子。"

"她的成绩也有问题吗？"我问道。

"希拉？从来没有。学习对她来说太容易了。她 GPA 可以拿到 4.0，然后跳过所有课程。这就是她的问题所在，她不知道努力的价值。"

我想要在他的抱怨背后寻找自豪感，却发现他的话里只有抱怨。

"你和她的关系怎么样？"我问道。

"哦，还好。她一直告诉她妈妈，她觉得我不喜欢她。但那是胡说八道。她这么做只是因为我的妻子是个心软的人。我妻子会说：'哦，是的，你真可怜。你的生活太艰难了。'是的，太'艰难'了。她上了最好的预科学校，在最好的社区长大，拿斯坦福大学的全额奖学金。饶了我吧。她们互相发牢骚，说她们认为我是个浑蛋。"

第十三章 父母也曾是孩子

虽然肯的女儿在学业上表现出色,但他的儿子马库斯却不是这样。他搬起石头砸自己的脚,好提醒他人,把事情搞砸的是他们。他在学业上的失败是他的一种表达方式,他是在对他父亲说:"你或许可以说我不够好,但我要提醒你和我自己,这是我的生活,不是你的。所以我要做的恰恰是你最讨厌的事情,那就是做一个懒鬼。"

我询问了肯自己的成长经历,因为我感觉他也有一个吹毛求疵的家长。他说:"没有人得到过我父亲的认可,无论我或我的兄弟们做了什么,在他看来都不够好。他总是督促我们。但是,你猜怎么着?这造就了今天的我,所以我不能抱怨。"

我问肯和他父亲有多亲近。"没多么亲近。他对待我母亲的方式让他像个浑蛋,和他相处会有点儿累。"

"嗯,听起来这有点儿像你妻子和你女儿口中的你。"

"哈!"他看起来既惊讶又有点儿恼火,"我真没这样想过。我不是我父亲,我也不想成为他。"

"好吧,我还不认识你和你的家人。"我说,"但听起来你做得很好,给了他们美好的家庭和生活,这是值得骄傲的事情。然而,当一位父亲走进我的办公室,告诉我他的女儿认为父亲不喜欢自己,而他很有天赋的儿子辍学时,我很想知道这位父亲内心的波澜。我认为,当女儿说她认为父亲不喜欢她时,这位父亲需要非常认真地对待这件事。这些不是孩子们为了获得关注而编造出来的——即使是编造出来的,那也是因为他们不知道如何以更

· 305 ·

好的方式获得他们真正需要的关注。我接诊过太多的成年子女，他们最终与父母一刀两断，是因为与父母的互动让他们自我感觉很糟糕。所以，我们必须从改变显而易见的事情开始，我猜你的高标准就是其中之一。"

在随后的几个月里，肯采纳了我的建议，从充当子女的"首席执行官"，转变到单纯地为他们提供支持。他需要很多指导，但他愿意做这项工作。幸运的是，他的孩子们对他的努力做出了积极的回应。由于肯能够更多地欣赏孩子并且不再那么挑剔，他的儿子马库斯觉得自己没有必要和父亲对抗。于是，马库斯开始在学校表现出色。肯从前没有意识到他父亲的完美主义对他自己在这方面的倾向产生了强烈的影响，但他现在能够利用对此的洞察力在生活的其他方面更多地放松自己的标准，以便更好地享受生活。

很多父亲不知道什么时候该放弃敦促孩子。不过，他们也有着矛盾的感受。有时，他们对自己年轻时教练、朋友或父亲用激进的方式敦促他们更加努力、跑得更快怀有积极的记忆，即使他们得到的奖励只是被轻轻地拍了一下后背，或者看到对方点了点头。又或者，他们克制了对此的负面观点。因此，他们对育儿必须始终在温情脉脉的环境中进行的观点持怀疑态度。

这种态度不同于完美主义。虽然追求完美的父母可能会教育孩子"努力工作会有结果"，但他们没有教育孩子应该享受生活。他们养育的孩子可能更容易焦虑和抑郁[2]，因为这些孩子不断要求自己达到不断提高的标准。孩子需要一种能够取悦父母的感觉,以此让自己感到安全和快乐,而那些在追求完美的家庭长大的孩子往往被剥夺了这种机会。

完美主义者有时会在处理与孩子的关系时遇到问题,因为他们看不到自己的高标准可能伤害了孩子。他们也可能在修复亲子关系方面遇到问题,因为孩子的批评或抱怨让他们感到强烈的自责,从而拒绝做出回应。

调查问卷:完美主义的影响

如果你是一个完美主义者,或者是由身为完美主义者的父母抚养长大的,那么以下描述可能符合你的情况。

选出最适合用来描述你的句子:

☐ 我不能容忍我的孩子屈居第二。

☐ 我让我的孩子觉得他做的一切都不够好。

☐ 如果我的孩子做得不好,或者他看起来不好,我会很在意。

☐ 我的孩子不断抱怨我在极力催促他取得成功或表现得体。

☐ 我花了太多时间担心孩子是否足够优秀,或者是否能够出人头地。

- ☐ 我的配偶和朋友告诉我，我需要减轻给孩子的压力。
- ☐ 由于我对自己的要求很高，如果我的孩子批评我的教养方式，我会感觉很糟糕。
- ☐ 由于我对自己的要求很高，如果我的配偶批评我的教养方式，我会感觉很糟糕。
- ☐ 我一直觉得，作为一名家长，我应该做得更好。

练习：减少完美主义

想一想，完美主义给你带来了哪些影响。

执行以下任务：

- 在另一张纸上列出你的标准可能会给你和/或你的孩子带来哪些问题。
- 列出继续采用这一方法的优势和劣势。
- 描述一下你父母的完美主义期望对你有什么帮助。
- 描述一下你父母的完美主义期望对你产生了什么伤害。

想一想，如果你能放松自己的标准，你与孩子以及与自己的关系会有怎样的改善。

选出可能发生的情况:
- ☐ 我可以更享受我的生活。
- ☐ 我可以更喜爱我的孩子。
- ☐ 我的孩子会觉得我更欣赏他们,更少受到批评。
- ☐ 对于我那些让孩子感到被控制或不被赏识的行为,我会感到不那么内疚。
- ☐ 我可以不那么担心他们是否达到要求。
- ☐ 我会觉得自己不那么容易受到他们对我的抱怨。

长期抑郁的父母

布伦达在一个大家庭长大,她的母亲患有慢性抑郁症。"我小时候真的不认为我母亲患有抑郁症。"布伦达在我们最初的一次咨询中对我说,"我不认为哪个孩子会这样想。我只是觉得她对我不是很感兴趣,也不能被打扰。她并不刻薄。那更像冷漠,更像我并不存在。"

研究表明,由患有慢性抑郁症的母亲抚养的孩子更容易患上抑郁、焦虑和其他一系列心理问题[3]。这在一定程度上是因为抑郁的父母无法为孩子提供培养自我意识所需的日常反思和协调。

调查问卷：抑郁父母的影响

如果你在一个抑郁的家长身边长大，或患有慢性抑郁症，那么以下描述可能符合你的情况。

选出符合你情况的说法：
- ☐ 我不得不为我的兄弟姐妹、我的父母和我自己承担很多责任。虽然这可能让我变得更强大，但也让我很难不负责，或相信别人会或能够照顾我。
- ☐ 我有时会感到空虚，好像生活没有多大意义。
- ☐ 我对他人应该如何慷慨地对待我抱有很高的期望。
- ☐ 对我来说，给予比接受容易，但当人们不能满足我的需求时，我会感到不满。

如果你因为童年环境或者其他原因患上抑郁症，作为父母，你可能有以下行为。

选出符合你情况的说法：
- ☐ 我希望我的孩子像我支持父母一样支持我。
- ☐ 我非常担心我的孩子会感到负担过重，所以我没有让他承担足够的责任。
- ☐ 我希望我的孩子让我放心或爱我，而我期望他采取

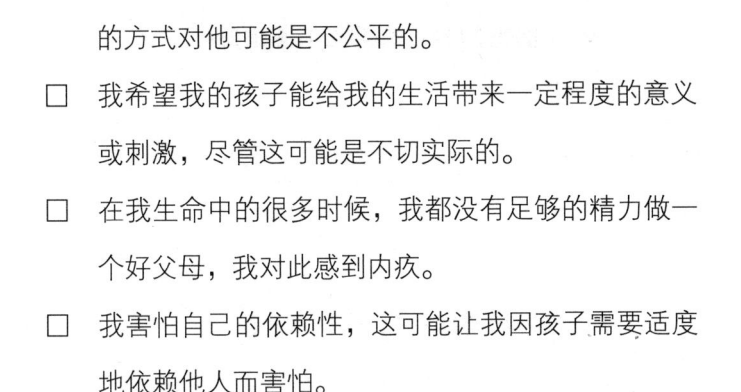

的方式对他可能是不公平的。
- ☐ 我希望我的孩子能给我的生活带来一定程度的意义或刺激，尽管这可能是不切实际的。
- ☐ 在我生命中的很多时候，我都没有足够的精力做一个好父母，我对此感到内疚。
- ☐ 我害怕自己的依赖性，这可能让我因孩子需要适度地依赖他人而害怕。

练习：摆脱抑郁的影响

如果你患有慢性抑郁症，或者由抑郁的父母抚养长大，下列准则有助于你的康复：

- 优先考虑你自己的需求。利用这些经历的乐趣和意义来发展和活跃你的内心世界。
- 你的抑郁症可能很难让你成为你想要成为的父母。如果是这样，且你的孩子觉得你以种种方式忽视了他，请努力进行弥补。不要因为过去而惩罚自己。练习在不批评自己的同时弥补错误。
- 无论你犯了哪些和你父母一样的错误，都要努力原谅自己。
- 用自我对话来反驳源于内疚感的自责。

- 在家庭之外寻求支持和激励，帮助你变得更有活力和更加机敏。
- 如果你正在和抑郁症斗争，考虑接受药物治疗和心理治疗。

控制欲过强的父母

格雷格和梅琳达的第一个孩子在 2 岁时因一种罕见疾病离开了他们。当卢安出生时，尽管这对夫妻担心同样的命运会降临到她身上，但他们感到自己很幸运。由于失去了第一个孩子，他们过度保护卢安，很少让她出门，哪怕在她十几岁的时候也是如此。随着卢安接近上大学的年纪，因为预计她即将搬走，这对夫妻加强了对女儿的限制。

在另一个家庭中，女儿乔治娅性格安静而且容易害羞，这让她对父母的限制保持顺从。然而，在乔治娅成年后，她非常害怕在亲密关系中被控制，所以她避免恋爱。乔治娅也限制了自己与父母的联系，因为她担心如果自己花时间和他们联系，她会重新被他们控制。这让她的父母十分沮丧。当乔治娅最终结婚生子时，她几乎不管孩子，因为她极力想要避免让孩子觉得自己受到控制，而这正是乔治娅自己渴望避免的。

调查问卷：父母控制欲强的影响

如果你在控制欲强的父母身边长大，下面的一些说法对你来说可能是正确的[4]。

选出符合你情况的说法：
- ☐ 我觉得自己很容易被控制。
- ☐ 我可能是一个控制欲很强的人。
- ☐ 我在人际关系中很容易陷入绝境。
- ☐ 我不喜欢人们依赖我。
- ☐ 我可以很容易地感觉到人们需要精神支持。
- ☐ 我非常需要独立。

由于这种童年环境，或者你对被控制有其他焦虑，作为父母，你可能犯了以下一些错误。

选出最能反映你的经历的说法：
- ☐ 我对我的孩子有很强的占有欲和控制欲，就像我的父母对我一样。
- ☐ 因为我自己的父母需要精神支持，我可能不喜欢我的孩子需要占用我的时间或获得我的关注。
- ☐ 我采取了一种"不听我的就滚！"的育儿方式，以此保持我的独立感。

□ 我给了孩子太多的独立性,因为我担心他们像我一样在成长过程中感到受控制。

> **练习:摆脱过强控制欲的影响**
>
> - 如果你的监管过于松懈,如果你的孩子仍然住在家里,你可以考虑调转方向。如果没有为青少年提供任何限制或结构,他们会感到自己不受保护。
> - 更多地关注孩子对你的限制或苛刻对待的抱怨。考虑改变你的标准。过度控制青少年将后患无穷。具体建议见第八章。
> - 当孩子提出健康的需求时,我们有时会感到不舒服,因为我们在童年时不得不压抑这些需求。将你因孩子的需求感到的不适当作自我发现的工具。

疏忽大意的父母

被忽视的孩子在成长过程中常常感到孤独、害怕和自己无足轻重[5]。他们有时很难认真对待自己,从而无法开始成功的成年生活。正如一位母亲所说:"我抚养了我自己,因为我必须这样做。我的父母都是瘾君子,我不能指望他们为我做任何事。家里常常没有食物,因为他们把所有钱都花在了找'乐子'上。我接受了多年治疗才觉得自己有资格拥有真正的生活。"

调查问卷:由疏忽大意的父母养大对你有何影响

在你自己的童年阶段,你的父母可能是疏忽大意的,对你的关注不足,因此你可能有以下问题。

选出最能反映你的经历的说法:
- ☐ 我很难在生活中保持任何动力。
- ☐ 我经常感到孤独、害怕和自己无足轻重。
- ☐ 当人们对我感兴趣时,我总是感到惊讶。
- ☐ 我经常忍不住做出自我破坏或自我伤害的事。

由于这种童年环境,作为父母,你可能有以下行为。

选出符合你情况的说法:
- ☐ 我在一些方面忽视了我的孩子,就像我被父母忽视一样。
- ☐ 我不想忽视我的孩子,这让我过度关注他们。
- ☐ 我很难相信我对我的孩子有任何价值。
- ☐ 我很难花时间和精力做一名好家长。

> **练习：摆脱曾被忽视的影响**
>
> - 承诺每天做一些有意义和对自己有帮助的事。
> - 如果你很难评估自己，可以考虑参加个人或团体治疗，这样你就能获得更健康、更积极的自我认知。
> - 如果你忽视了你的孩子，直接向他们承认这一点并做出弥补。
> - 如果你过度参与孩子的生活，那就努力忍受你在给孩子更多独立性时产生的焦虑。你可能需要朋友或其他家庭成员的帮助，好将你参与孩子生活的程度调整到合适水平。

批评、拒绝或虐待子女的父母

在充满混乱、威胁或虐待的环境中长大的孩子往往会在成年阶段十分害怕被遗弃和不被信任。像科莉特一样，他们可能会对自己有多大权力去限制子女虐待他们的行为感到非常困惑。

> **调查问卷：**
> **由批评、拒绝或虐待子女的父母养大对你有何影响**
>
> 如果你在批评、拒绝或虐待你的父母身边长大，下

面的一些说法对你来说可能是正确的。

选出最能反映你的经历的说法：

☐ 你经常把孩子的批评或恼怒解读为背叛的象征或冲突的起因。

☐ 你责怪孩子让你感到恐惧、抑郁或愤怒，而他们可能对此只有很少或没有责任。

☐ 你认为孩子拒绝你说明了你的父母虐待你是正确的——你不值得被爱或关心。

☐ 为了让自己感觉更安全，你过度控制自己的孩子。

☐ 你过度保护你的孩子，因为你觉得这个世界充满危险或敌意。

练习：摆脱批评、拒绝或虐待的影响

- 通过使用本书提供的决断力技巧，降低孩子让你感到害怕或被威胁的可能性。
- 确保你的生活中有足够的支持，这样你就不会把对孩子的批评、拒绝或虐待放在心上。
- 当你感到害怕时，努力用自我对话、肯定和放松技巧安慰自己。
- 采用积极的自我对话让自己免受孩子的指责。你的

自尊不应取决于你的孩子如何对待你。努力将自己视作比你的认知中更有韧性的人。
- 对你与孩子消极的互动方式负责。一旦互动变得消极，就努力脱离互动或重新安排互动方式。
- 用你感受自己受到何种虐待的方式，识别你如何虐待了孩子。为你过去伤害了他们做出补偿。
- 给你的父母或过去虐待过你的其他重要人物写一封信。告诉他们，他们在你最需要指导和支持的时候伤害你是错误的。让他们知道你在儿时或成年后因他们施加的错误对待而遭受了怎样的痛苦。与你的愤怒情绪建立联系，因为这将帮助你对抗来自它们的内化信息。你可以稍后再决定是否寄出这封信。
- 不要责怪你的孩子妨碍你获得快乐。列出你在生活中需要什么东西才能获得快乐，然后去追求这些东西。

管理你的压力水平

控制你的压力是你康复和最终获得平静的关键。下面的四个问题可以帮你评估你目前的压力水平和压力管理方式。

你目前应对压力的方式是什么？例如，你会内化压力、外化

第十三章 父母也曾是孩子

压力、分散自己注意力还是忽视自己?

除了你的孩子,你目前还有哪些压力源? 压力源包括:财务问题;婚姻或其他家庭压力源,如应对年迈的父母或与兄弟姐妹的关系;工作问题;与育儿无关的抑郁或焦虑;住房问题;健康问题。你也可以思考除此之外你还面临哪些压力。

你目前能从哪里获得支持? 包括:朋友;配偶或伴侣;宗教或宗教机构;心理治疗师;外部家庭成员,如父母、兄弟姐妹、(外)祖父母、堂/表兄弟姐妹;同事。请思考除此之外你还可以获得哪些支持。

你在哪些方面感受到了压力? 请向自己承诺你会通过心理治疗、药物治疗、冥想、瑜伽、锻炼或增加与朋友相处的时间等方式来减轻压力。

儿时的经历可能会让我们对育儿过程中常常无法预见的困难准备不足。请了解童年对你的影响。这是一个强大的工具,可以让你摆脱被孩子伤害的感觉。当你发现自己的一些感觉和反应的基础时,你会对自己更加宽容。此外,你还可以在你的行为,以及你对孩子和生活中的其他人的看法方面体验到更大的自由。

后 记

在隆冬，我终于知道了，我身上有一个不可战胜的夏天。[1]
——阿尔贝·加缪（Albert Camus）

在过去 40 年间，抑郁症的患病率在最富裕的国家出现了最为显著的增长[2]。人们比以往任何时候都更有能力购买能给人带来快乐和满足的产品与体验，而不满情绪却达到了历史最高水平。这是因为这些物质和情感商品都以转瞬即逝的体验为基础，几乎不需要自我投资。写着"离场时拥有最多的人是赢家"的保险杠贴纸简直愚蠢至极。

目前，心理学领域正在开展一种运动，其目标是通过实践值得提倡的同情、宽恕、感激和乐观原则来扭转这一趋势。我重视这一运动，并将这些原则作为本书的基础。

让我们回顾一下这些原则：

- 无论你的何种行为导致你与孩子的关系出现了问题，都要勇

- 敢地承担起责任。
- 弥补你的过错。
- 开始原谅你的孩子过去或现在对你的伤害（这并不意味着宽恕或原谅不良行为，或忽视和贬低你受到的伤害）。
- 开始原谅你作为父母所犯的错误。
- 培养对子女的同情心。
- 培养对自己的同情心。
- 不再过度陷于愤怒、内疚、羞耻和懊悔，将注意力集中于希望、感激和乐观。
- 基于你作为父母和个人的优点和成就，建立你的身份认同，并书写你的人生故事，而不是书写关于你的痛苦或失败的故事。
- 获得并保持来自朋友、家人或信仰的支持。
- 回馈社会。

在所有原则中，我认为感恩和寻求支持最重要。正如西塞罗（Cicero）写的那样："感恩不仅是最伟大的美德，更是其他一切美德之源。"正是通过支持，我们才培养出原谅自己和原谅他人的同情心；正是通过支持，我们才知道自己并不是唯一遭受苦难的人；正是通过支持，我们才想起自己所拥有的一切，而对此我们心存感激。

我最深切的愿望是本书能给你带来些许安慰。我创作本书是因为我知道与书中讨论的许多问题做斗争是什么感觉。我可以向你保证，有些日子里你会感到快乐，有希望，前路清晰，不过随之而来的日子里你会感到悲伤、绝望和困惑。实践本书的原则将帮助你减

后 记

少困惑的日子,让你的生活更清楚明白。

当我和女儿的关系出现问题时,我总是给两个朋友打电话。我之所以选择这两个朋友,是因为他们当时也因自己的某个孩子经历类似的挑战,很容易和我产生共鸣。你的支持小组不一定非得正在经历类似的挑战,但其中有同病相怜的朋友会很有帮助。出于这个原因,我在我的网站上设立了一个板块,供你联系其他正在应对相同问题的父母。我希望它可以成为你的社区的一部分,成为你们获得支持、安慰和希望的地方。请给我发邮件,因为我很想收到你的来信。

约书亚·科尔曼
旧金山

致　谢

我很幸运，在本书的写作过程中，有很多很棒的人曾给予我帮助。我的经纪人费丝·哈姆林（Faith Hamlin）非常出色，她是有智慧的同行、忠实伙伴和战略家的完美结合体。在从哈珀·柯林斯出版社（Harper Collins）为本书找到一个好归宿之前，她与我一起努力权衡了多个版本的出版计划，为此我永远感激她。

能够与出色的编辑托妮·夏拉（Toni Sciarra）合作真是三生有幸。她聪明伶俐、一丝不苟、风趣幽默。托妮的想法是让我的书成为一本既内容广泛又能提供解决方案的书，适合许多正在为书中所述的主题而挣扎的人。她是对的。

我还要感谢柯林斯公司的优秀团队：柯林斯公司总裁乔·泰西托雷（Joe Tessitore）、柯林斯生活方式/健康（Collins Lifestyle/Wellness）出版社的出版人玛丽·埃伦·奥尼尔（Mary Ellen O'Neill）、印制经理卡伦·拉姆利（Karen Lumley）、艺术总监乔治娅·莫里西（Georgia Morrissey）、设计总监杰茜卡·赫斯林（Jessica Heslin）、主编戴安娜·阿伦森（Diane Aronson）、资深流程编辑玛丽娜·帕达基斯（Marina Padakis）、营销总监安吉·李（Angie Lee）、宣传总监谢尔比·梅兹利克（Shelby Meizlik）、销售总监乔治·比克（George Bick），以及副主编安妮·科尔（Anne Cole）。

我要特别感谢我才华横溢的朋友兼同事，心理学家杰米·埃德蒙（Jamie Edmund）博士，感谢她贡献了儿童和家庭方面的专业知识。此外，我还要特别感谢我的朋友达内尔·莫顿（Danelle Morton），她慷慨地就出版计划和手稿频繁提出建议。我还要感谢我的朋友哈尔·考克斯（Hal Cox）对科学材料提出的建议。由于他们的贡献，我的书充实出色了很多。

有几位学者同意与我讨论书中的概念。埃佛格林州立学院（The Evergreen State College）的历史学家斯蒂芬妮·孔茨以及休斯敦大学（University of Houston）的历史学家史蒂文·明茨通过他们的书籍和信件慷慨地为我提供了帮助，帮我将本书中的主题置于社会和文化背景之中。奥古斯塔纳学院（Augustana College）的拉里·麦卡勒姆（Larry McCallum）就父母过度关注儿童自尊的问题发表了自己的见解。伦敦国王学院（King's College London）的凯瑟琳·阿斯伯里（Kathryn Asbury）帮助我理解了非共享环境影响因素对儿童发展的重要性。加州大学戴维斯分校（University of California, Davis）的凯瑟琳·康格帮助我厘清了关于兄弟姐妹的有时相互矛盾的发现。我还要特别感谢历史学家彼得·斯特恩斯写出了《焦虑的父母：美国现代育儿史》这部著作。

我非常感谢许多自愿为了本书接受采访的父母，感谢他们愿意与我分享他们的故事。他们的贡献使本书成了一个真实而生动的实体。

为什么孩子越大,我们越疏远

为了确保本书清晰易懂,许多朋友和同事自发讨论了手稿或阅读了手稿的不同版本。他们是(按姓氏首字母顺序排列)内尔·巴雷特(Nell Barrett)、肯尼·本德尔(Kenny Bender)、珍妮特·贝弗利(Janet Beverly)、杰茜卡·布罗伊特曼(Jessica Broitman)、芭芭拉·弗洛里斯(Barbara Flores)、杰茜卡·弗林(Jessica Flynn)、梅洛迪·马修斯·洛曼(Melody Matthews Lowman)、玛丽莲·米德尔顿(Marilyn Middleton)、卡伦·施瓦茨曼(Karen Schwartzman),以及海迪·斯威林格(Heidi Swillinger)。

我很幸运能有朋友、兄弟和父母以我能够想象得到的一切方式给予我支持。

感谢我的三个孩子,米沙、麦克斯和丹尼尔,你们是很棒的人。

最后也是最重要的是,我要向与我结婚十九年的妻子埃莉·施瓦茨曼(Ellie Schwartzman)表达爱意和感谢。她是儿童心理学家、朋友和红颜知己。她慷慨地在本书的每一章进行每一次改动后阅读我的手稿。同样重要的是,当无序状态成为我们家庭办公空间的决定性特征时,她没有抱怨。我现在就去清理干净。我是诚心实意的。

注 释

第二章

1. Aldous, J., Klaus, E., Klein, J., The understanding heart: Aging parents and their favorite children. *Child Development* (1985) 56(2): 303–16.
2. Harris, Judith Rich, *The Nurture Assumption: Why Children Turn Out the Way They Do* (New York: Touchstone, 1999), 29; Reiss, D., Neiderhiser, J. M., Hetherington, E. M., and Plomin, R, *The Relationship Code: Deciphering Genetic and Social Influences on Adolescent Development* (Cambridge, MA: Harvard University Press, 2000). 在该书第377页，作者引用了范登博姆和赫克斯马的研究。该研究提出："与更易养育的儿童相比，脾气不好的儿童会让他们的母亲感到厌烦：这些儿童得到的视线交流和身体接触更少，而且他们的母亲与他们的情绪互动也更少，即使这些母亲更频繁地尝试安抚孩子。实际上，即使这些爱哭的孩子表现出一些积极行为，已经习以为常的母亲也很难注意到。" van den Boom, D. C., and Hoeksma, J. B., The effect of infant irritability on mother-infant interaction: A growth curve analysis. *Developmental Psychology* (1994) 4:581–90.
3. 赫瑟林顿发现，儿童和青少年具有的难相处气质可能会引起他们父母的反感：Hetherington, E. M., The role of individual differences and family relationships in children's coping with divorce and remarriage. In P. A. Cowan and E. M. Hetherington, eds., *Family Transitions* (Hillsdale, NJ: Lawrence Erlbaum, 1991), 165–94. 另见Reiss et al., *The Relationship Code*, 5: "影响青少年反社会行为的遗传因素也影响着他们受到严厉管教的程度。"

4. Baumrind, D., Rearing competent children. In W. Damon, ed., *Child Development Today and Tomorrow* (San Francisco: Jossey-Bass, 1989), 349–78; Baumrind, D., The influence of parenting style on adolescent competence and substance use. *Journal of Early Adolescence* (1991) 11(1): 56–95.

5. 每个孩子受到家长和兄弟姐妹的对待都不同。即使家长对待每个孩子似乎都是一样的，但不同孩子的感受也可能大相径庭：Dunn, Judith, and Plomin, Robert, *Separate Lives: Why Siblings Are So Different* (New York: Basic Books, 1990), 41. 另见 J. R. Harris, *The Nurture Assumption*, 47–49. 在本书中哈里斯指出，与鲍姆林德的研究类似的研究并没有充分地控制儿童对家长的影响。另见Jenkins, J. M., Dunn, J., O'Connor, T. G., Rashbash, J., and Behnke P., Change in maternal perception of sibling negativity: Within and between family influences. *Journal of Family Psychology* (2005) 19(4): 633–42; Shebloski, B., Conger, K. J., and Widaman, K. F., Reciprocal links among differential parenting, perceived partiality, and self-worth: A three-wave longitudinal study. *Journal of Family Psychology* (2005) 19(4): 633–42.

6. Dunn and Plomin, *Separate Lives*. 另见Plomin, R., and Asbury, K., Nature and nurture: Genetic and environmental influences on behavior, *The ANNALS of the American Academy of Political and Social Science* (2005) 600(1): 86–98. 在文章中，作者们描述了一些分子遗传学研究。这些研究已经开始识别对精神疾病之类的行为障碍，以及人格的行为维度有着遗传影响的DNA序列。作者们写道："这项研究对社会科学家来说最重要的意义是，当一个特定特征的多个效量最小的QTL（数量性状位点）被识别出来时，它们可以聚集在一个'QTL集'中。而这个'QTL集'随后就可以像社会经济地位或教育等环境风险指数一样，被用作遗传风险指数。"

7. Stern, Daniel, *The Interpersonal World of the Infant: A View from Psychoanalysis and Developmental Psychology* (New York: Basic Books, 2000), 25.

8. Scarr, S., and McCartney, K., How people make their own environments: A theory of genotype → environment effects. *Child Development* (1983) 54: 424–35; Reiss et al., *The Relationship Code*, 245. 研究者称之为"唤起性基因–环境相关性"。这两项研究都讨论了童年时期的遗传影响如何导致孩子引起家庭、学校和同龄人的排斥的行为。这些影响可能会在孩子的成长过程中持续存在，即使这些行为的成因在以后的生活中基本已不再受基因的影响。

9. Reiss et al., *The Relationship Code*, 243. 遗传影响与反社会行为、认知能力、社会责任、抑郁和自主神经功能有关。

10. Dunn and Plomin, *Separate Lives*, 79; Shebloski, Conger, and Widaman (2005).

11. Harris, J. R., The Nurture Assumption, 133.

12. Mayhew, K. P., and Lempers, J., The relation among financial strain, parenting, parent self-esteem and adolescent self-esteem. *The Journal of Early Adolescence* (1998) 18(2): 145–72.
13. Coontz, Stephanie, *The Way We Really Are: Coming to Terms with America's Changing Families* (New York: Basic Books, 1997), 40–41.
14. Hardy, Sara Blaffer, *Mother Nature: Maternal Instincts and How They Shape the Human Species* (New York: Ballantine, 1999); Haig, D., Genetic conflicts of human pregnancy. *Quarterly Review of Biology* (1993) 68: 495–532.
15. Barker, D. J. P., Bull, A. R., Osmond, C., and Simmonds, S. J., Fetal and placental size and risk of hypertension in adult life. *BMJ*, v. 301(6746), Aug 4, 1990.
16. Stern, *The Interpersonal World*, 30.
17. Izard, C. E., Fantauzzo, C. A., Castle, J. M., Haynes, O. M., Rayias, M. F., and Putnam, P. H., The ontogeny and significance of infants' facial expressions in the first 9 months of life. *Developmental Psychology* (1995) 31(6): 997–1013; Zahn-Waxler, C., and Radke-Yarrow, M., The origins of empathic concern. *Motivation and Emotion* (1990) 14(2): 107–130.
18. Dunn and Plomin, *Separate Lives,* 72.
19. Trivers, R. L., Parent-offspring conflict. *American Zoologist* (1974) 14:249–64, in Hardy, *Mother Nature*, pp. 429–30.

第三章

1. Stearns, Peter N, *Anxious Parents: A History of Modern Childrearing in America* (New York: University Press, 2003).
2. Luskin, Fred, *Forgive for Good: A Proven Prescription for Health and Happiness* (New York: Harper Collins, 2002), 42.

第四章

1. 行为遗传学家将人们在一个家庭内部和外部可能拥有的不同经历称为非共享经历。正如阿斯伯里、邓恩和普罗明所写的那样："在这个层面上，它们要么代表客观的非共享经历，要么代表对表面上共同环境的不同反应，比如社会经济地位、父母离婚，甚至是家庭度假。" Asbury, K., Dunn J. F., and Plomin, R., Birthweight-discordance and differences in early parenting relate to monozygotic twin differences in behaviour

· 329 ·

problems and academic achievement at age 7. *Developmental Science* 9(2): F10–F19, 2006; Reiss et al., *The Relationship Code* (p. 407). 该文章指出，在青春期，"非共享环境是个体差异最主要的环境影响因素"。

2. Dunn and Plomin, *Separate Lives*, 108.

3. Sato, Tadao, *Rashomon*. Ed. Richie Donald (New Brunswick, NJ: Rutgers, Tadao, 1987).

4. Dorris, Michael, *A Yellow Raft in Blue Water* (New York: Warner Books, 1998).

5. Tan, Amy. *The Joy Luck Club* (New York: Ivy Books, 1990).

6. 精神分析学家约瑟夫·韦斯（Joseph Weiss）将弗洛伊德的"化被动为主动"概念进行了扩展，他认为，人们在试图控制无意识的冲突时，有时会用类似于自己曾被对待的方式去对待他人。关于这种现象的讨论见Foreman, S., The significance of turning passive into active in control mastery theory. *Journal of Psychotherapy Practice and Research* (1996) 5: 106–21.

7. Coontz, Stephanie. *The Way We Never Were: American Families and the Nostalgia Trap* (New York: Basic Books, 1992), 277–278.

8. Mintz, Steven. *Huck's Raft: A History of American Childhood* (Cambridge, MA: Harvard University Press, 2004), 4.

9. Luskin, *Forgive for Good*, 17.

10. Seligman, Martin. *Authentic Happiness: Using the New Positive Psychology to Realize Your Potential for Lasting Fulfillment* (New York: Free Press, 2002), 70; Ostir, G., Markides, K., Black, S., and Goodwin, J., Emotional wellbeing predicts subsequent functional independence and survival. *Journal of the American Geriatrics Society* (2000) 48: 473–78.

11. Luskin, *Forgive for Good*, vii.

12. See Weiss, Joseph, *How Psychotherapy Works: Process and Technique* (New York: The Guilford Press, 1993); Seligman, *Authentic Happiness*, 95.

13. Seligman, *Authentic Happiness*, 76.

14. Beck, Aaron. *Love Is Never Enough: How Couples Can Overcome Misunderstandings, Resolve Conflicts, and Solve Relationship Problems Through Cognitive Therapy* (New York: Harper and Row, 1988); Burns, David. *Feeling Good: The New Mood Therapy* (New York: Wholecare, 1999).

15. Emmons, R. A., and Crumpler, C. A., Gratitude as a human strength. *Journal of Social and Clinical Psychology* (2000) 19(11): 56–69; McCullough, M. E., Emmons, R. A., and Tsang, J., The grateful disposition: A conceptual and empirical topography. *Journal of Personality and Social Psychology* (2002) 82: 112–27; Emmons, R. A.,

McCullough, M. E., and Tsang, J., The assessment of gratitude. In S. Lopez and C. R. Snyder, eds., *Handbook of Positive Psychology Assessment* (Washington D.C.: American Psychological Association, 2003), 327–42.

16. Bryant, Fred, and Veroff, Joseph. *Savoring: A New Model of Positive Experience* (New York: Lawrence Erlbaum Associates, 2006).

第五章

1. "Reality Check," *Parenting Magazine*, July 2005.
2. Ehrensaft, Diane. *Spoiling Childhood: How Well-Meaning Parents Are Giving Children Too Much—But Not What They Need* (New York: Guilford Press, 1997), 10.
3. Coleman, Joshua. *The Marriage Makeover: Finding Happiness in Imperfect Harmony* (New York: St. Martin's Press, 2004), 18.
4. Aquilino, W., Predicting parents' experiences with coresident adult children. *Journal of Family Issues* (1991) 12: 323–42. 然而，阿奎利诺发现，成年子女的年纪越大，共同居住对于父母生活的负面影响就越强。
5. Coltrane, Scott. *Family Man: Fatherhood, Housework, and Gender Equity* (New York: Oxford University Press, 1996), 33.
6. Mintz, *Huck's Raft*, 219.
7. Stearns, *Anxious Parents*, 39.
8. Freud, Sigmund. "Inhibitions, Symptoms, and Anxiety," in *The Complete Works of Sigmund Freud: The Standard Edition* 20 (London: Hogarth Press, 1926), 77–175. 另见Stearns, *Anxious Parents*, 41.
9. Watson, John. *Psychological Care of Infant and Child* (New York: Norton, 1928), 被引用于Stearns, *Anxious Parents*, 18. 见Stearns, 67–70, 就行为主义如何影响育儿态度的叙述。另见Coontz, *The Way We Never Were*, 214–15.
10. Mintz, *Huck's Raft*, 58; Harris, Ian. *The Mind of John Locke: A Study of Political Theory in Its Intellectual Setting* (Cambridge: Cambridge University Press, 1995).
11. Spock, Benjamin. *The Common Sense Book of Baby and Child Care* (New York: Pocket Books, 1946), 被引述于Mintz, *Huck's Raft*, 279.
12. Mintz, *Huck's Raft*, 279.
13. Stearns, *Anxious Parents*, 213.
14. Mintz, *Huck's Raft*, 27–37. 在讨论贵格会教徒的态度如何更具有感情基础时，明茨写道（第49页）："贵格会教徒比任何早期的英国移民团体都更推崇一种以夫妻之间的感情和陪伴，以及对孩子的爱、关心和情感支持为中心的家庭生活。与清教徒不同，贵格会教徒强调平等而不是等级制度，强调温和的指导而不是严格的纪律，他们还强调孩子早期的自主性。"明茨还指出（第35页）："美洲原住民父母的目标是潜移默化地培养孩子的勇气、尊严，以及独立性。"

15. 斯特恩斯在 *Anxious Parents*, p. 72, 中写道："无论是积极的还是消极的，这些限制都与关于儿童脆弱性和潜在的家长过度参与的新观念相符……它们与其他纪律方面的变化交织在一起，比如越来越多的父亲希望与孩子成为好朋友，而不是在无可奈何时登上法庭；与此同时，它们还与将更多的纪律义务与母职混合的趋势交织在一起。"

16. Ibid., 108. 斯特恩斯指出，"自尊运动受到美国经济向需要社交技能的服务部门职能转移的影响，正因如此，社交能力和学校表现之间的联系越来越紧密"。

17. Ibid., 108–109.

18. Marano, Estroff Hara, "A Nation of Wimps," *Psychology Today*, Nov./Dec. 2004.

19. Stearns, *Anxious Parents*, 117.

20. Bettelheim, Bruno. *The Empty Fortress* (New York: Free Press, 1967).

21. Bateson, Gregory. *Steps to an Ecology of Mind* (New York: Ballantine, 1980).

22. Mead, Margaret. 见以下书籍序言 Ruth Benedict's *Patterns of Culture*, 2nd ed. (Boston: Houghton Mifflin, 1959).

23. Stearns, *Anxious Parents*, 35–37.

24. Ibid., 37.

25. Ibid., 177.

26. Mintz, *Huck's Raft*, 282.

27. Stearns, *Anxious Parents*, 35.

28. Ibid., 35.

29. Jenkins, Philip. *Concepts of the Child Molester in Modern America* (Cambridge, MA: Yale University Press, 1998).

30. Mintz, *Huck's Raft*, 347–48.

31. *Statistical Abstract of the United States*: *The National Data Book*, 122nd edition (US Dept. of Commerce/US Census Bureau, 2002). 更多关于儿童玩耍本质的内容，见 Chamberlin, J., Childhood revisited: Through longitudinal research, Roger Hart seeks to inform debate on the changing nature of childhood play. *Monitor on Psychology*, March 2006 (Vol. 37).

32. Stearns, *Anxious Parents*, 163.

33. Ehrensaft, *Spoiling Childhood*, 11–12.

34. Mintz, *Huck's Raft,* 282.
35. Coontz, *The Way We Really Are,* 15.
36. Mintz, S. "How we all became Jewish mothers," *National Post,* February 17, 2006.
37. Stearns, *Anxious Parents,* 185.
38. Carter, C. "Cookie Monster Eating Less," *San Francisco Chronicle,* April 7, 2005.
39. Stearns, *Anxious Parents,* 108–109.
40. Hackstaff, Karla B. *Marriage in a Culture of Divorce* (Philadelphia: Temple, 1999), 36.
41. Amato, Paul R., and Booth, Alan. *A Generation at Risk* (Cambridge, MA: Harvard University Press, 1997), 115.
42. Coontz, *The Way We Never Were,* 226.
43. Mayhew, K. P., and Lempers, J., The relation among financial strain, parenting, parent self-esteem and adolescent self-esteem. *The Journal of Early Adolescence* (1998) 18(2): 145–72.

第六章

1. Nathanson, Donald, *Shame and Pride: Affect, Sex and the Birth of the Self* (New York, NY: Norton, 1992), 31.
2. Gottman, John. *Why Marriages Succeed or Fail ... And How You Can Make Yours Last* (New York: Simon and Schuster, 1994), 58.
3. Kiecolt-Glaser, J. K., and Newton, T. L., Marriage and health: His and hers. *Psychological Bulletin* (2001) 127: 472–503.
4. Marano, "A Nation of Wimps."
5. Erikson, Erik. *Identity and the Life Cycle* (New York: Norton,1994).
6. Jung, Carl G. *The Archetypes and the Collective Unconscious.* In *Collected Works of C. G. Jung,* vol. 9, part 1 (Princeton: Princeton University Press, 1981).
7. Marano, "A Nation of Wimps."
8. Marano, E. H., "Crisis on the Campus," *Psychology Today,* May 2002.
9. Nathanson, *Shame and Pride,* 7.
10. Harris, J. R., "How Can We Tell Which Teen Will Kill?" *Los Angeles Times,* March 8, 2001.
11. Nathanson, *Shame and Pride,* 365.
12. Baron-Cohen, S., The extreme male brain theory of autism. *TRENDS in Cognitive Sciences* (2002), 6 (6).

13. Lewis, Thomas, Amini, Fari, and Lannon, Richard. *A General Theory of Love* (New York: Random House, 2000), 207.
14. Thompson, L., and Walker, A. J., Gender in families: Women and men in marriage, work and parenthood. *Journal of Marriage and the Family*, Nov. 1989, 845–71.
15. Ehrensaft, *Spoiling Childhood*, 190.
16. Jung, *The Archetypes and the Collective Unconscious*, 172.
17. Nathanson, *Shame and Pride*, 115.

第七章

1. Dunn and Plomin, *Separate Lives*, 8.
2. Pinker, Stephen. *The Blank Slate: The Modern Denial of Human Nature* (New York: Viking, 2003), 375.
3. J. R. Harris, in *The Nurture Assumption*, p. 28. 引用如下："当处于青春期的双胞胎被问到他们各自有多么被家长喜爱或排斥时，同卵双胞胎比异卵双胞胎更可能给出相同的回答……但如果异卵双胞胎中的其中一个说觉得自己被家长爱着，那么另一个可能要么说他有相同的感受，要么说他觉得自己被排斥。"
4. Ibid., 119.
5. Dunn and Plomin, *Separate Lives*, 10.
6. "How Your Siblings Make You Who You Are," *TIME*, July 2006.
7. Dunn and Plomin, *Separate Lives*, 64.
8. Ibid., 75. 例如，在一项研究中，61%的母亲表示，她们对年龄较小的孩子更有感情，她们的孩子平均年龄为6岁；只有10%的人说他们对大一点儿的孩子更有感情。然而，家庭社会学家凯瑟琳·康格从她的观察研究中得出结论，大多数父母都会优先照顾年龄较大的孩子。*TIME*, "How Your Siblings."
9. Dunn and Plomin, *Separate Lives*, 72.
10. 作家亨利·詹姆斯显然觉得自己在兄弟威廉·詹姆斯的智慧和作品的对比下显得相形见绌了。Dunn and Plomin, *Separate Lives*, 95.
11. Reiss et al., *The Relationship Code*, 155. 在另一处，赖斯说："基因既会引起特定反应，也会主动寻求特定经验。这是因为每个人的DNA都会编码一种特定类型的神经系统。一个人的神经系统可能在新环境中感到警觉，也可能渴望强烈的感觉刺激，还可能反应迟钝或缓慢。"被引述于A. M. Paul, "The Gene Responsibility," *Psychology Today*, Jan./Feb. 1998.
12. Shebloski, Conger, and Widaman, "Reciprocal Links," 633–42.

注　释

13. Katherine Conger, personal communication, Oct. 1, 2006.
14. Greenspan, Stanley. *The Challenging Child: Understanding, Raising, and Enjoying the Five "Difficult" Types of Children* (Cambridge, MA: Perseus, 1995), 136.
15. Ibid., 125.
16. Ibid., 237.
17. Baumrind, "The influence of parenting style," 56–95.
18. Harris, J. R., Socialization, personality development, and the child's environments: Comment on Vandell. *Developmental Psychology* (Nov. 2000) 36: 6.
19. Paul, A. M., "The Gene Responsibility," *Psychology Today*, Jan./Feb. 1998.
20. Sells, Scott. *Parenting Your Out-of-Control Teenager* (New York: St. Martin's Press, 2001), 45.
21. Greenspan, *The Challenging Child*, 38.
22. Weissman, M., Warner, V., and Wickramaratne, P., Offspring of depressed parents: Ten years later. *Archives of General Psychiatry* (1997) 54: 932–40.
23. Coontz, *The Way We Really Are*, 129.
24. Ibid., 147.
25. Pleck, J. H., Paternal involvement: Levels, sources, and consequences. 见*The Role of the Father in Child Development*, 3rd ed., Lamb (New York: Wiley & Sons, 1997).

第八章

1. Seligman, *Authentic Happiness,* 117.
2. Coontz, *The Way We Really Are*, 14. 史蒂文·明茨写道："出版物中第一次使用'青少年'一词是在1941年9月，当时为《通俗科学月刊》(*Popular Science Monthly*) 撰文的一名专栏作家谈论青少年时说：'我从未意识到青少年可以这样严肃。'" Mintz, *Huck's Raft*, 252.
3. Riera, Mike. *Uncommon Sense for Parents with Teenagers* (New York: Celestial Arts, 2004), 24.
4. Sells, *Parenting Your Out-of-Control Teenager.* 本章提出的许多策略来自斯科特·赛尔斯。
5. Ibid., 99.
6. Ibid., 194.
7. Riera, *Uncommon Sense*, 24.
8. Sells, *Parenting Your Out-of-Control Teenager*, 98.

· 335 ·

9. Dissell, R., "When Children Are the Abusers," *Cleveland Plain Dealer*, August 28, 2006.
10. Sells, *Parenting Your Out-of-Control Teenager*, 217.
11. "Teens Skilled at Manipulating Divorced Parents," http://www.medicineonline.com, June 23, 2004.
12. Riera, *Uncommon Sense*, 100.
13. Reiss et al., *The Relationship Code*, 240.
14. Ibid., 96.

第九章

1. Coleman, Joshua D. "When a family man thinks twice," *San Francisco Chronicle*, Sunday June 18, 2000.
2. Hetherington, E. Mavis, and Kelly, John. *For Better or For Worse*: *Divorce Reconsidered* (New York: W. W. Norton, 2002), 2.
3. Aquilino, W. S., Later life parental divorce and widow hood: Impact on young adults' assessment of parent-child relations. *Journal of Marriage and the Family* (Nov. 1994) 56: 908–22; Booth, A., and Amato, P. R., Parental marital quality, parental divorce, and relations with parents. *Journal of Marriage and the Family* (Feb. 1994) 56(1): 21–34.
4. Marquadt, Elizabeth. *Between Two Worlds: The Inner Lives of Children of Divorce* (New York: Crown, 2005), 93.
5. Amato and Booth, *A Generation at Risk*, 74; Cooney, T. M., Young adults' relations with parents: The influence of recent parental divorce. *Journal of Marriage and the Family* (Feb. 1994) 56(1): 45–56.
6. Hetherington and Kelly, *For Better or For Worse*; Kaufman, G., Uhlenberg, P., Effects of life course transitions on the quality of relationships between adult children and their parents. *Journal of Marriage and the Family* (1998) 60(4): 924–38.
7. Marquadt, *Between Two Worlds,* 38.
8. Allen, S. M., and Hawkins, A. J., Maternal gatekeeping: Mothers' beliefs and behaviors that inhibit greater father involvement in family work. *Journal of Marriage and the Family* (1999) 61: 199–212; Belsky, J., Youngblade, L., Rovine, M., and Volling, B., Patterns of marital change and parent-child interaction. *Journal of Marriage and Family* (1991) 53: 487–98; Fagan, J., Barnett, M., The relationship between maternal gatekeeping, paternal competence, mothers' attitudes about the father role, and father involvement. *Journal of Family Issues* (2003) 24(8): 1020–43; De Luccie, M. F.,

Mothers as gatekeepers: A model of maternal mediators of father involvement. *Journal of Genetic Psychology* (1995) 156(1): 115–31.
9. Hetherington and Kelly, *For Better or For Worse*, 149.
10. Ibid., 13.
11. Ibid., 121.
12. Ibid., 193.
13. Ibid., 191; Visher, Emily B., and Visher, John S. *Stepfamilies: Myths and Realities* (New York: Citadel, 1979).
14. Hetherington and Kelly, *For Better or For Worse*, 74.
15. Ibid., 175.
16. Amato and Booth, *A Generation at Risk*; Neighbors B., Forehand R., and McVicar, D., Resilient adolescents and interparental conflict. *American Journal of Orthopsychiatry* (1993) 63: 462–71.
17. Pollack, Rachel, "Grandparents Struggle to Hang On after Divorce," *St. Petersburg Times*, Aug. 29, 2006.
18. Marquadt, *Between Two Worlds*, 129.

第十章

1. Hetherington, *For Better or For Worse*, 121.
2. Amato, P. R., Loomis, L., and Booth, A., Parental divorce, parental marital conflict, and offspring well-being during early adulthood. *Social Forces* (1995) 73: 895–916; Jekielek, S. M., Parental conflict, marital disruption, and children's emotional well-being, *Social Forces* (1998) 76: 905–35.
3. Amato and Booth, *A Generation at Risk*; Reiss et al., *The Relationship Code*, 96; Booth and Amato, "Parental marital quality."
4. Gottman, *Why Marriages Succeed or Fail*, 57.
5. Booth and Amato, "Parental marital quality."
6. Hetherington, *For Better or for Worse*, 41.

第十一章

1. Teicher, M., "The neurobiology of child abuse," *Scientific American*, March 2002, p. 70.
2. Ibid.; Miller, Alice, *For Your Own Good: Hidden Cruelty in Child-Rearing and the*

Roots of Violence (New York: Noonday Press, 1990); Cummings, E. M., and Cummings, J. L., A process-oriented approach to children's coping with adult's angry behavior. *Developmental Review* (1988) 8: 296–321.

3. Bass, Ellen, and Davis, Laura, *The Courage to Heal: A Guide for Women Survivors of Child Sexual Abuse* (New York: Collins, 1994); Widom, C. S., Posttraumatic stress disorder in abused and neglected children grown up. *American Journal of Psychiatry* (1999) 156(8): 1223–29.

4. Aquilino, W., Predicting parents' experiences with coresident adult children. *Journal of Family Issues* (1991) 12: 323–42.

5. Engel, Lewis, and Ferguson, Tom. *Imaginary Crimes* (Boston: Houghton Mifflin Company, 1990).

第十二章

1. *Diagnostic and Statistical Manual of Mental Disorders* (2000), American Psychiatric Press.

2. Pillemer, K., and Suitor, J., Will I ever escape my children's problems? Effects of adult children's problems on elderly parents. *Journal of Marriage and Family* (Aug. 1991) 53: 585–94. 这些研究者发现，在女性中，比起婚姻状态或受教育程度，孩子有问题是家长抑郁的更强的预测因素。另见Judith Cook, Who mothers the chronically mentally ill? *Family Relations* (1988) 37: 42–49.

3. Cicirelli, V., A comparison of helping behavior to elderly parents of adult children with intact and disrupted marriages. *Gerontologist* (1983) 23: 619–25; Aquilino, W. S., Impact of childhood family disruption on young adults' relationship with parents. *Journal of Marriage and the Family* (1994) 56: 296–313.

4. Amato, Loomis, and Booth, "Parental divorce"; Cummings, E. M., and Cummings, J. L., "A process-oriented approach"; Emery, R. E., Interparental conflict and the children of discord and divorce. *Psychological Bulletin* (1982) 92: 310–30.

5. Doherty, W. J., Responsible fathering: An overview and conceptual framework. *Journal of Marriage and the Family* (1998) 60: 277–92; Pleck, J. H., Paternal involvement: Levels, sources, and consequences. In *The Role of the Father in Child Development*, 3rd ed., Lamb, (New York: Wiley & Sons, 1997).

6. Amato, Loomis, and Booth, "Parental divorce," 115.

7. Lacar, M., "The Bank of Mom and Dad," *The New York Times*, April 9, 2006.

8. Gottman, John. *The Seven Principles for Making Marriage Work* (New York: Crown Publishing, 1999).
9. Ellison, K., "Mastering Your Own Mind," *Psychology Today*, Sept./Oct. 2006.
10. Ibid.

第十三章

1. Winnicott, Donald. *The Child, the Family, and the Outside World* (New York: Addison Wesley, 1992).
2. Flett, G. L., and Hewitt, P. L. *Perfectionism: Theory, research and treatment* (Washington, D.C.: American Psychological Association, 2002); Haring, M., and Hewitt, P. L., Perfectionism, coping, and quality of intimate relationships. *Journal of Marriage and the Family* (2003) 65(1): 143–58.
3. Murray, L. P., Cooper, P. J., and Stein, A., Postnatal depression and infant development. *British Medical Journal* (1991): 978–79; Lewis, Amini, and Lannon, *General Theory of Love*.
4. Bourne, Edmund J. *The Anxiety and Phobia Workbook* (Oakland, CA: New Harbinger Publications, 2000).
5. Engel and Ferguson. *Imaginary Crimes*.

后 记

1. Lottman, Herbert. *Albert Camus: A Biography* (Corte Madera, CA: Gingko Press, 1997).
2. Seligman. *Authentic Happiness*, 117.

附录　当顾家的男人三思而行

约书亚·科尔曼

《旧金山纪事报》

2000年父亲节星期日版

你结婚了。而有时候，你不知道这段婚姻是否会成功。由于这是你的第一段婚姻，你感到沮丧和绝望，开始认为你的婚姻看起来一点儿也不像电视上或《美国周刊》(*Us Weekly*)上描述的婚姻。你在想，如果能像那上面描述的，拥有一段建立在友谊的基础上，生活中充满徒步旅行和美满的性生活的婚姻该有多美好。

你在这段婚姻里有了孩子。你不知道在有孩子的情况下离婚是什么感觉，但你认为可能没那么糟糕。这是权衡利弊，放弃一种快乐去换另一种。人们都说生活总是有得有失，所以这样做一定有点儿好处。

离开电影院后，你开始思考，因为你的婚姻曾经就像电影中演的那样，至少在你第一次与妻子约会时如此。也许你看的这部电影

附录　当顾家的男人三思而行

是现实主义的，里面有很多边缘化的、困惑的成年人。但即使是这部电影也以坠入爱河的人为主角，就像《美国丽人》(American Beauty)中的两个青少年。因此，你将自己的婚姻与电影《美国丽人》中的青少年进行比较，想知道你是怎么像凯文·斯派西（Kevin Spacey）[①]那样偏离正轨的。你会思考，即使你足够聪明，选择和同龄人约会，而不是去和女儿的朋友谈恋爱，你是否也需要去买辆庞蒂亚克火鸟并再次开始吸大麻才能找回自我[②]。

也许你意识到，你拿那些演员在银幕上演出的婚姻来与你自己的婚姻做比较，可这些演员在银幕外的婚姻中遇到的麻烦和你在家里遇到的一样多。因此，你不再将自己的婚姻与银幕上的快乐婚姻进行比较，而是将自己与快乐的离异演员进行比较。他们能得到孩子的陪伴，而且住在洛杉矶、纽约，或者蒙大拿州的牧场上。

而你在操场上，看着妻儿一起滑下滑梯，自己却坐在一位离婚的父亲身边。你笑着朝正在荡秋千或者在那个让你眩晕的大转盘上玩的孩子招手。如果你从未离过婚，当你身边那位男士对他的孩子做同样的事时，你不会看出他的孤独，因为他看起来同你一样。你可能不知道，那个在秋千上喊着"看着我，看着我"的孩子在六点之前必须像录像带一样被送回母亲家，因为那是离婚协议中约定的时间。你可能不知道你身边那位男士把孩子送还给前妻时内心的悲

[①] 凯文·斯派西（1959—　），美国演员、制片人、配音演员、导演、编剧；电影《美国丽人》男主角。
[②] 指《美国丽人》的剧情。电影中，人到中年的男主角工作不顺，整日郁郁寡欢。在一次参加女儿的学习活动时，莱斯特爱上了女儿的朋友安吉拉，而安吉拉也向莱斯特示好。之后，莱斯特开始重视打扮、锻炼肌肉以吸引安吉拉，不考虑财务状况买下一辆梦寐以求的车，还吸食大麻以寻求刺激。

为什么孩子越大，我们越疏远

伤。他会看到孩子的母亲关上那扇犹如金库大门的屋门，而孩子悲伤、困惑地向他挥手。在更糟糕的情况下，孩子会高兴地回到母亲身边，而完全忘记了父亲。

你每天带着妻子和孩子进出自己的家，不知道你独自坐在车里，看着孩子在你曾经与家人生活过的房子里大声谈笑，或者像其他亲戚离开时那样透过窗户向你短暂挥手是什么感觉。因为你已经结婚了，每天醒来都会听到孩子大笑，没完没了地提问题和要求，抱怨受到挫折和伤害，所以你无法想象一座没有这种声音的房子中会充斥着怎样的死寂和荒凉。你在婚后曾经有很多次渴望回到家后迎接你的是这种沉默。但你不知道，这种沉默更常出现在大火烧过的荒野上。

婚后，你和妻子可能总是用《哈利·波特》(*Harry Potter*)或《小火车做到了》(*The Little Engine That Could*)之类带有魔法色彩、传授永不放弃以及和与困难做斗争之价值的儿童故事哄孩子睡觉。但随着时间流逝，你最终却和妻子发生了激烈的冲突，而这让你感到孤独，不知道为什么自己要像工作时一样努力地忍耐。你觉得没人会有和你一样糟糕的处境，也没人理解你的感受，这令你难过。当然，开始与你有婚外情的那位女性除外。她总是说正确的话，让你自我感觉良好。你觉得，这理所当然是你应得的。和与你有婚外情的女性发生性关系是令人难以置信的，因为婚外性关系总是令人难以置信地感到兴奋，否则为什么会有人费心这样做呢？

由于你是一位已婚父亲，会和孩子们一起度假，在足球、家庭作业或人际关系方面帮助他们，你可能会低估看到孩子牵着前妻新任丈夫的手走出你曾经作为他们的家人住过的那所房子时的感觉。

附录 当顾家的男人三思而行

当你听到你的孩子叫你前妻的新任丈夫"我的另一个爸爸"时,你也许会惊讶于自己因感觉被背叛而感到刺痛。尽管你已经接受了足够多的心理治疗,在美国的东西海岸都开了诊所,但你发现自己变得越来越疯狂和伤心。你告诉孩子,他没有、不能有也不会有另一个爸爸,因为这个位置只有你才能填补。如果他再次这样称呼那个男人,就会有非常糟糕的事情发生在某人身上,不过你不确定这个人会是谁。

你开始怀疑是否真的有什么东西值得你这样痛苦。有什么快乐值得你付出如此沉重的代价,让你亲生的孩子每周被交到你手里一会儿,到时间又被从你身边剥离,就像流水线上的机器人切开前面的材料?你的朋友、家人,以及专业人士表示,随着时间推移,情况会好转。确实会好转,因为你最终会更好地找到新的、改进的方法来蒙蔽和麻痹自己。人们会告诉你,这种变化叫作成长。你知道,这一定意味着成长的价值被严重高估了。

你总是信誓旦旦地说自己会是一位好父亲,而你的确曾是一位好父亲。但你现在最好赶紧离婚,感激涕零地每隔一个周末见到孩子,或者等夏季孩子来你这儿住,又或者为了你还能保持另一种与家庭无关,而是与只有法院才能发明出来的探望安排息息相关的父亲身份而欣喜。也许当你的孩子长大后去上大学或搬出去时,你会感觉好一些。但也许你不会。也许孩子变得独立会让他更清楚地看到你的缺陷。

尽管你永远不会那样做,但你会开始理解那些"失踪"的父亲。他们因自己的错误或糟糕的探望安排而被边缘化,搬到数公里之外的地方,很少给孩子打电话。这让他们的孩子像从移动的船尾扔下来的玩具一样漂泊不定。

多年后,当已经长成青少年或成年的孩子打来电话,并且言语间充满遭到背叛的愤怒时,这些父亲会哑口无言。这些父亲会结结巴巴地找到一个借口试图道歉,最后却又开始责怪孩子和前妻。这会让孩子庆幸父亲一开始就不在他身边,心想"难怪母亲想要离开"。

也许你永远不会让事情发展到这个地步,但你确实需要结束你的婚姻。也许堆积多年的伤害和怨恨正在污染你和家人呼吸的空气,而且你确定没有牧师、拉比或心理治疗师可以扭转这种局面,因为你已经全部尝试过了。你最终爱上了另一个女性,因为她让你想起了你最爱的所有品质:你的孩子的品质,你最亲密的朋友的品质,以及——你不愿承认,但确实如此——你前妻的品质。

然后,无论是正确的事情还是错误的事情,无论是好是坏,你都会回首往事。在某个时刻,你的孩子会问你和他母亲什么时候会再次生活在一起。尽管孩子最终会不再追问,但他不会停止这样希望。孩子心怀希望,就像你心怀着对他的爱一样。这种爱柔软、稳定、显而易见。不管婚姻有多糟糕,你有多感激能离婚,离婚是多么正确的决定,你内心的某个部分可能总是在想:我还能做些别的什么,好挽救这段关系吗?